COLLECTION « VÉCU »

DU MÊME AUTEUR

Chez le même éditeur

LE PALANQUIN DES LARMES, 1975

CHOW CHING LIE

CONCERTO
DU FLEUVE JAUNE

ÉDITIONS ROBERT LAFFONT
PARIS

COÉDITION ROBERT LAFFONT - OPERA MUNDI

Si vous désirez être tenu au courant des publications de l'éditeur de cet ouvrage, il vous suffit d'adresser votre carte de visite aux Editions Robert Laffont, Service « Bulletin », 6, place Saint-Sulpice, 75279 Paris Cedex 06. Vous recevrez régulièrement, et sans aucun engagement de votre part, leur bulletin illustré, où, chaque mois, sont présentées les nouveautés que vous trouverez chez votre libraire.

© Opera Mundi, Paris, 1979

ISBN 2-221-00386-1

Créé par Shi Ching Haï en 1966, à Pékin, le *Concerto du fleuve Jaune* a été joué pour la première fois en Europe, au Théâtre des Champs-Elysées, le 1ᵉʳ décembre 1973 par un premier prix de piano de l'Académie Marguerite Long nommé Chow Ching Lie, avec un orchestre de soixante-cinq musiciens. L'auteur a symboliquement emprunté à ce concerto le titre de son livre parce qu'elle le considère comme « une très intéressante rencontre de la musique chinoise avec les instruments occidentaux. »

L'éditeur.

PROLOGUE

La Chine de mon enfance, il faut bien que je le redise, fut celle de la misère et des larmes. Je suis née en 1936, l'année de la guerre sino-japonaise, cortège d'horreurs parmi quelques autres. Les seigneurs de la guerre, les inondations et la famine avaient plongé mon pays dans un chaos qui n'empêchait pas les compagnies étrangères de prospérer. A Shanghai, ma ville natale, on donnait des concerts classiques sous les kiosques de la concession internationale et les boîtes de nuit ne désemplissaient pas. Dans cette même ville, la voirie municipale ramassait chaque année quelques milliers de bébés abandonnés dans les immondices et les poubelles par des parents trop pauvres pour les nourrir. A la guerre avec le Japon était mêlée, parfois inextricablement, la guerre civile, déjà vieille de dix ans : c'était la lutte sans merci entre les forces de Tchang Kaï-chek et celles de Mao Tsé-toung augmentées chaque jour par les paysans ralliés qui en firent bientôt un grand fleuve.

Treize ans nous séparaient de la libération de la Chine et mon pays était plongé dans les ténèbres du Moyen Age. A Tchao Tcheou, le pays de mes grands-parents, on achetait encore, dans les années 40, des petites filles destinées à devenir esclaves, concubines ou prostituées. Partout — c'était

9

une vieille tradition —, les parents fiançaient de petits enfants qui ne faisaient connaissance que le jour de leurs noces. Le plus grand malheur, à cette époque, était encore de naître une fille, fardeau inutile, bouche à nourrir jusqu'au jour où cette fille appartiendrait au mari et surtout à la toute-puissante belle-mère.

Mon témoignage pourrait être celui de millions de Chinoises. J'avais treize ans quand je fus mariée de force. Mon père était un modeste professeur, ma mère une fille de paysans. A cause de ma beauté, on me vendit chèrement à l'une des plus riches familles de Chine afin de m'épargner la servitude plus cruelle de la pauvreté. J'avais pourtant les meilleurs parents du monde, mon père était la lumière de ma vie, et ceux qui m'envoyèrent au sacrifice m'avaient choyée pendant toute mon enfance. C'étaient là, je le répète, des choses courantes. Mes noces, à moi, ne furent exceptionnelles que par leur faste. Dans le plus grand hôtel de Shanghai, parmi deux mille invités, elles furent célébrées avec tout le décorum de l'ancienne coutume. Ma belle-famille avait amoncelé les cadeaux. Dans Nan King Road, des soldats de l'Armée rouge, qui avaient peut-être fait la Longue Marche, regardaient avec indifférence les voitures américaines de la noce. La Chine venait d'être libérée, on ne comprenait pas encore, autour de moi, ce que cela signifiait exactement.

Six mois plus tard, une loi de Mao Tsé-toung interdisait les mariages arrangés, tels que le mien. En attendant, j'étais fière, en secret, de mon sacrifice, qui apportait l'aisance à mes parents. J'avais rêvé du Prince Charmant et je me mariais sans amour, répondant comme une automate aux félicitations des invités. Par bonheur, Liu Yu Wang, mon mari, m'aimait profondément ; il eut toute la patience de son amour, si bien que par sa bonté et sa sagesse, il sut forcer mon affection : il ne me fut pas difficile de respecter un tel homme et de devenir une bonne épouse. Liu Yu Wang était malheureusement très malade et le savait. Il mourut très tôt, à l'âge de trente-neuf ans, me laissant deux enfants, Paul et Juliette, ma consolation et mon bonheur.

Par la mort de mon époux, je me trouvai privée brutalement de tendresse et de protection. Lors des énormes changements qui commençaient à bouleverser la Chine, mes beaux-parents, comme beaucoup d'autres capitalistes, avaient dû fuir leur riche maison de Shanghai pour s'installer à Hong Kong. J'étais consciente que mon chagrin personnel n'était qu'une

10

goutte d'eau dans l'océan et que la ruine de quelques familles, dont la mienne, ne comptait pas, dès lors que des millions de pauvres gens pouvaient enfin espérer manger à leur faim. Je le dis sincèrement, j'applaudissais à la libération de la Chine. Cependant, qu'allais-je devenir au milieu de cette tempête, veuve à vingt-six ans avec mes deux enfants ? Paul avait treize ans, Juliette huit ans. Quand des circonstances familiales dramatiques m'obligèrent, en 1964, à quitter la Chine pour la France et à laisser Paul et Juliette à Hong Kong, il me semblait avoir laissé ma vie derrière moi.

Le récit de toutes ces années devint un livre[1]. Et, si pénible qu'ait été mon effort pour faire revivre par la parole les épreuves de ma jeunesse, je n'ai pas regretté cette entreprise : j'ai reçu tant de lettres d'inconnus m'encourageant à vivre, tant de messages de sympathie et d'amitié que j'y ai puisé un grand réconfort. Je remercie chaleureusement tous ceux qui m'ont manifesté leurs sentiments, et aussi tous ceux qui, sans m'écrire, ont eu quelque bonne pensée pour moi. J'avais cru longtemps être condamnée à la solitude, et voilà que je me découvrais des amis dans le monde entier. Mais tous me posaient la même question : tous me demandent encore ce qu'il est advenu, ensuite, de moi et de mes enfants.

C'est pour répondre à cet intérêt bienveillant que je reprends aujourd'hui le fil de mes souvenirs, au point où je m'étais interrompue. Ce n'est pas sans appréhension que je m'y engage : que d'heures difficiles, encore, que de tribulations à souffrir une nouvelle fois en les racontant. Mais mon destin personnel n'est pas ce qui importe le plus : c'est plutôt l'extraordinaire transformation de mon pays que je voudrais évoquer à travers mes aventures — cette transformation dont je continue d'être le témoin, puisque j'ai le bonheur, habitant en France, de retourner souvent dans cette Chine où je suis née, et dont aucun malheur, aucun bonheur ne sauraient m'être jamais étrangers.

1. *Le Palanquin des larmes*, Éd. Robert Laffont.

1 *Mon départ en pleine Fête de la lune / Une Chinoise à Paris / M. Chee à Orly / Les Yuan de l'avenue du Maine / Où je fais connaissance d'un certain M. Tsing / Premiers sujets d'étonnement / Apparition des roses Baccarat / Un piano sur une caisse de riz / Une casserole contre des fleurs.*

Le nombre 13 a-t-il, comme certains le prétendent, une valeur magique ? Il a toujours marqué, dans ma vie, de grands changements ou des ruptures brutales. J'ai été mariée à l'âge de treize ans avec un homme de treize ans plus âgé que moi. Treize ans plus tard mon mari succombait à une longue maladie. Le cœur atteint de faiblesse congénitale, il m'avait avertie, sitôt après mon mariage, qu'il pouvait à tout instant mourir. Accoutumée à le voir surmonter ses crises, je demeurai abasourdie quand on m'apprit qu'il venait de s'endormir pour toujours — sans souffrir, me dit-on, tout simplement, comme une flamme qui s'éteint. De Hong Kong, sa dépouille fit un long voyage jusqu'à Ning Po, non loin de Shanghai. C'est là, sur la colline choisie selon les horoscopes pour la bonne sépulture de ses parents que, longtemps avant eux, il fut enseveli.

Mon chagrin était immense. Je n'avais jamais éprouvé de sentiments passionnés pour lui, mais sa bonté, sa délicatesse, l'élégance de son cœur avaient fait de notre mariage une traversée paisible, sans heurts ni orages. A Shanghai, il m'avait choisie alors que j'étais une écolière qui allait en classe à bicyclette. Sa tendresse avait su amortir le choc d'un tel mariage, lorsque je m'étais trouvée transplantée dans l'opu-

15

lente maison de ses parents, le puissant Liu Pin San dont les paumes étaient rouges et le front brillant, et sa femme aux yeux étincelants, au port de reine qui fut, du moins au début, la plus redoutable des belles-mères. Puis, mon bonheur conjugal, fait d'attention mutuelle, s'était éclairé de la présence de nos deux beaux enfants, Paul et Juliette, dont la gentillesse et l'intelligence précoce nous emplissaient d'espérance et de fierté. En cette année 1964 où cette histoire commence, il ne me restait plus que mes enfants. Mes enfants et mon piano.

J'étais encore petite fille quand mon père avait loué mon premier instrument, achat luxueux pour sa bourse et considéré comme une folie par mon avaricieuse grand-mère. Plus tard, entrée dans la riche famille Liu, je possédai un Steinway et un Bechstein. Mes années de formation au conservatoire de Shanghai avaient porté leurs fruits : j'étais devenue, depuis l'âge de vingt ans, artiste d'Etat, « ingénieur des âmes » comme on disait dans le nouveau langage. A présent, il me fallait acquérir mon indépendance et assurer l'éducation de mes deux petits et, pour cela, continuer à donner des leçons particulières, travailler le plus possible et mettre de l'argent de côté. Mais je voulais aller plus loin, me perfectionner réellement, devenir une artiste, sachant que la différence est grande entre un talent d'amateur et la sûreté d'un virtuose capable d'assurer par son art sa propre subsistance et celle de ses enfants. A cette époque encore, les artistes chinois avaient une situation meilleure s'ils avaient fait leurs preuves à l'étranger. Certains musiciens avaient même acquis un prestige injustifié pour avoir fait un simple voyage d'agrément en Europe. Pourquoi n'irais-je pas tenter ma chance, moi aussi ?

Ma belle-mère, la sévère Mme Liu, avait beaucoup changé à mon égard avec les années. La mort de son fils nous avait rapprochées comme jamais. Je pouvais confier mes projets à mes beaux-parents. Après beaucoup d'hésitations, ils m'autorisèrent à préparer mon voyage pour Paris. Ce n'était pas au hasard que je choisissais Paris : j'étais par avance admise à suivre les cours de la célèbre Marguerite Long, à qui j'avais envoyé, de Hong Kong, un enregistrement, sur les conseils d'une amie chère, du nom de Barbara Fei. Cette fois, j'espérais devenir une vraie pianiste, peut-être une concertiste. Après un an ou deux, je regagnerais la Chine avec un métier assuré : puisque, par bonheur, j'avais ce don, je mettrais toutes mes forces, toute ma volonté, à le développer. Je le devais d'abord

16

à mes deux enfants, pour remplacer le père qu'ils avaient perdu.

Je n'en avais pas moins le cœur brisé à la pensée de quitter un garçon de treize ans, une fillette de huit ans. Comment m'éloigner de Paul et de Juliette ? De la tendresse qui nous unissait ? C'était pour eux, cependant, qu'il me fallait prendre ce parti, pour eux et leur avenir. Quand j'eus réuni assez d'économies pour payer mon voyage, je me décidai à prendre mon billet d'avion : j'avais de quoi vivre quelques mois à Paris, à condition, bien sûr, de dépenser le moins possible.

La réputation de Paris expliquait pour une grande part l'appréhension de mes beaux-parents. J'avais beau leur dire, et c'était vrai, que Paris était pour nous la capitale mondiale des arts et de la musique, Paris, c'était surtout, pour les Chinois, la ville que nous appelions Whato, Wha, signifiant fleur romantique : Paris représentait les bons vins, les parfums exquis et les plaisirs faciles, autrement dit, pour une jeune Chinoise, une ville de perdition où, ne connaissant personne, je serais exposée à tous les dangers qu'une femme peut courir. Je rassurai de mon mieux mes beaux-parents : j'allais à Paris pour travailler avec acharnement le piano, je ne verrais personne et personne ne me verrait.

Je pris donc mon billet d'avion. Les adieux à l'aéroport furent déchirants. Durant tout le voyage, mes pensées furent sombres : mon esprit était resté en Chine auprès de ma famille. Je revoyais, dans les yeux de mon cher Paul et de ma petite Juliette, les larmes provoquées par notre séparation ; je me remémorais les conseils et les ultimes recommandations que m'avait faits mon beau-père avant que je monte dans le Boeing pour aller vers le pays qui allait devenir en quelque sorte ma patrie d'adoption.

Dans ma hâte, et au cœur de mes préoccupations, je ne m'aperçus pas que j'avais retenu ma place pour le jour même où en Chine on célèbre la Fête de la lune. Comment avais-je pu l'oublier ? J'étais partie le jour correspondant au 15 août dans le calendrier chinois.

Le calendrier chinois est fondé sur les mouvements de la lune : le premier de chaque mois correspond à la nouvelle lune, qui n'est encore qu'un fin croissant : celui-ci grossit, et le 15 du mois correspond à la pleine lune. Puis, la lune décroît, et l'on retourne au premier jour du mois suivant. Tous les quatre ans, un mois est doublé. Mais c'est le

15 août que la lune est la plus ronde, la plus proche, et ce jour est l'occasion de grandes réjouissances en Chine. Les familles, traditionnellement, se réunissent : c'est un jour férié, et les personnes éloignées ont la possibilité de voyager pour rejoindre leurs parents. Que les générations vivantes d'une même famille partagent ensemble le dîner de fête, et c'est joie et prospérité pour tous les assistants. Une grande table est généralement dressée en plein air, où petits et grands se régalent au clair de lune des nourritures les plus délicieuses, et spécialement des « gâteaux de lune », salés ou sucrés, qu'on ne confectionne que ce jour-là. Le bonheur est symbolisé par la pleine lune, qui est ronde comme le bonheur.

Et c'est justement à cette date que j'allais partir si loin, seule, et le cœur navré... Pendant que tous les autres se réjouiraient d'être ensemble, il me fallait partir parmi des inconnus, pour affronter une nouvelle vie. Me retrouverais-je jamais parmi les miens ? J'avais vingt-huit ans, et l'avenir était un trou noir.

Le lendemain, à 8 heures du matin, je débarquai à Orly — dans un monde où tout m'était inconnu, les visages, l'écriture et la langue. Ma fidèle amie Barbara m'avait assuré qu'un Chinois, M. Chee, à qui elle avait envoyé ma photographie, m'attendrait à l'aéroport. Elle m'en avait fait le portrait minutieux, et je ne courais pas le risque de me tromper, puisque M. Chee était, selon elle, très corpulent.

J'étais fort encombrée. Une partie de mes bagages avait été envoyée par bateau. Pour le reste, afin de ne pas payer un excédent de bagage, et comme je partais sans doute pour longtemps, j'avais pris avec moi trois objets indispensables à tout Chinois lors d'un grand voyage.

Le premier de ces objets c'était ma grande couverture capitonnée, en soie rose. Les Chinois sont persuadés qu'il fait très froid partout en Europe. En réalité, il s'agit d'un froid différent de celui de Shanghai, comme la chaleur est différente aussi. Chez nous, le froid est humide, insidieux : nous nous en défendons par d'épais vêtements matelassés. En France, le froid est peut-être plus vif, mais sec, et beaucoup plus supportable, comme la chaleur : car dans mon pays, les jours chauds sont moites, et on respire mal dans cette vapeur diffuse.

A l'intérieur de la grande couverture que j'avais roulée, mais qui tenait encore beaucoup de place, j'avais placé deux autres objets précieux pour tout Chinois en déplacement. Le premier était une belle bouteille thermos en émail décoré de motifs fleuris : on a toujours besoin d'eau chaude — pour le thé bien sûr, mais aussi pour se laver les mains ou le visage. En Chine on utilise toujours l'eau bouillie. L'eau chaude n'est pas distribuée à profusion comme en Europe : on s'embarque donc toujours avec une petite provision d'eau chaude pour les heures à venir. L'autre objet que j'avais glissé dans ma couverture, c'était ce récipient qui nous sert à nous laver la bouche. Un Chinois n'envisagerait pas de partir en voyage sans sa tasse individuelle spécialement affectée à cet usage. Au cœur de mon gros rouleau rose, j'avais donc ma bouteille thermos et ma tasse pour me laver la bouche, le tout sur mes genoux.

Dès mon arrivée, je cherchai M. Chee. Pour moi, il *devait* être là. Il était le seul lien, bien incertain, entre tout mon passé, et le monde inconnu qui m'attendait.

Me voici donc à l'aéroport, à Orly, prise dans la foule. Je suis les couloirs, tenant serré dans mes bras mon matelas plus gros que moi et qui me bouche la vue. Je ressemble à un colis qui aurait deux pattes. Pas de M. Chee à l'horizon. Je commence à être inquiète, à regretter d'être partie. J'attends, je me remets à marcher dans le hall. Après l'inquiétude, voici l'angoisse : et si M. Chee n'était pas venu ? Soudain, j'aperçois enfin un Chinois dont la silhouette imposante correspond bien à la description de Barbara. Je pousse un grand soupir de soulagement, je souris dans ma détresse, et je marche vers lui. A ma grande stupeur, il reste immobile et n'a pour moi ni un regard ni un geste. Alors, réunissant mes dernières forces, je m'approche de lui et pose mon énorme paquet à terre. C'est à ce moment que l'homme éclate de rire. Il cherchait une Chinoise et vient seulement de m'apercevoir : il n'avait vu jusque-là que mes pieds. Je rougis, mal à l'aise : les pieds sont l'objet d'une pudeur particulière chez les Chinoises, et rien ne peut me gêner comme cette allusion dans la bouche d'un inconnu.

Mon guide, que j'avais eu tellement peur de ne pas trouver, me conduisit jusqu'à la voiture que son patron avait mise à sa disposition, avec un chauffeur de sa société. Une fois entassés dans le coffre les bagages que j'avais mis dans l'avion, il n'y avait plus de place, encore une fois, pour ma couverture, que je dus prendre avec moi sur mes genoux. Comme M. Chee était lui-même très volumineux, sur la banquette où il se casa près de moi, je dois dire que je ne vis rien du trajet, ni de notre arrivée à Paris.

En descendant de voiture, je ne trouvai pas bien belle la bâtisse où se logeaient les bureaux de M. Chee. Situé au centre de la capitale, l'immeuble, sombre et triste, ne représentait guère la beauté tant vantée de Paris. Il travaillait ici, me dit-il, c'était à la fois son bureau et le logement où il dormait, dans une petite pièce dont on lui laissait la jouissance. Il régnait là un désordre indescriptible de vêtements jetés pêle-mêle sur le lit, et M. Chee s'en excusa : il avait dû partir précipitamment pour me chercher à l'aéroport. Il me pria de m'asseoir et de l'attendre pendant qu'il finirait un travail urgent après quoi nous irions déjeuner, et il me chercherait un hôtel.

Lorsqu'il prononça ce mot « hôtel », je sentis mes veines se vider de leur sang, je lui répondis que je refusais de me rendre dans un tel endroit ; M. Chee me demanda alors où je voulais dormir ; je ne sus évidemment que lui répondre ; je ne pus que lui rappeler qu'en Chine, il était inconcevable pour une femme seule de descendre dans un hôtel et par surcroît lorsqu'elle était veuve. En Chine, une femme qui se déplace réside généralement dans une famille ou chez des amis. Les hôtels conviennent aux voyages en famille, ou aux hommes d'affaires, ou encore — et c'est ce qui me faisait horreur — à la prostitution. Je refusai catégoriquement d'aller à l'hôtel.

M. Chee parut comprendre mon refus, et montra beaucoup de confusion de m'avoir choquée. Que faire ? Il m'offrit de m'installer pour la nuit dans sa propre chambre, tandis que lui-même irait dormir ailleurs. Je ne doutais pas de sa bonne foi, mais je ne pouvais pas non plus accepter cette solution. Quelle jeune veuve peut consentir à coucher dans le lit d'un homme seul, même si cet homme lui laisse la place ? Je le dis à M. Chee qui fut, cette fois, tout à fait agacé. Il me dit sans ménagement que j'aurais dû prévoir le problème de mon logement.

Il n'avait pas tout à fait tort. Cependant, lorsque j'avais quitté la Chine, l'agence de voyage avait envoyé une lettre à un couple qui habitait la France : un certain M. Yuan, un docteur et sa femme. Ces personnes devaient m'aider à me procurer un logement. Mais nous n'avions pas pensé au temps qui s'écoulerait entre mon arrivée en France et le moment où j'aurais un appartement.

Tandis que M. Chee terminait son travail, je restai assise docilement sur ma chaise, exactement comme j'étais restée, pendant vingt-six heures, dans mon avion. Le décor qui m'entourait me rendait encore plus mélancolique ; tout était gris et vide de chaleur ; par la fenêtre, je pouvais apercevoir un morceau de ciel aussi triste et sombre que ma solitude. Tout ce qui était en moi s'éteignait lentement.

Le silence engourdissant n'était rompu que par le tic-tac d'un réveil qui martelait mes pensées, mes pensées qui étaient en Chine ; il me semblait entendre les cris de ma petite Juliette, sa voix désespérée m'appelait ; j'étais si inquiète à l'idée que peut-être ma petite fille avait eu besoin de moi pendant la nuit et que nul autre que moi ne pouvait l'apaiser et la rassurer.

Il était plus de midi quand M. Chee vint me chercher : l'heure du déjeuner me sauvait. Le repas avait été commandé dans un restaurant chinois du boulevard Montparnasse, et nous prîmes un taxi pour y aller. Cette fois, je n'étais pas encombrée de ma couverture, et je regardai Paris avec une grande curiosité. Je fus surtout frappée d'emblée par l'ampleur des perspectives, la largeur des voies, la hauteur des immeubles, les vastes proportions des rues, des avenues, des boulevards.

La directrice du restaurant, Mlle Lin, était une très belle jeune femme et une amie de M. Chee. Elle nous reçut avec beaucoup d'amabilité. D'appétissants plats de poissons et de fruits de mer, que j'aime beaucoup, avaient été préparés spécialement pour nous. Malheureusement, je ne pouvais pas y goûter ce jour-là, ma religion bouddhiste m'imposant une période de régime strictement végétarien. Je dus refuser toutes ces bonnes choses, et je dois dire que M. Chee fut à nouveau blessé et donna des signes d'exaspération : navrée de heurter sa susceptibilité, je lui expliquai les raisons de mon refus. Il est recommandé, en effet, aux croyants bouddhistes, de n'imposer aucune souffrance aux animaux. Je devais m'abstenir de consommer leur chair, non seulement pour moi, mais pour mon mari, afin de contribuer à lui assurer une existence future aussi douce que possible. Si vraiment l'homme a besoin de tuer des animaux pour se nourrir, il est moins criminel de sacrifier un bœuf, qui fournit beaucoup de repas, qu'une grande quantité de crabes et de crevettes, ce qui représente une quantité de vies détruites pour le plaisir de la gourmandise. Mlle Lin s'étonna de mes explications : elle ne pouvait concevoir, disait-elle, que de telles croyances soient encore si importantes de nos jours, pour une jeune femme comme moi. M. Chee, sa première déception passée, montra qu'il me comprenait, et me demanda de l'excuser.

Il était doué d'un robuste appétit, et fit honneur aux mets préparés pour nous deux. A la fin de son repas, il exposa à Mlle Lin mon problème de logement. Elle allait y réfléchir, nous dit-elle, et nous donna rendez-vous en fin d'après-midi.

En attendant, comme il faisait beau, M. Chee me proposa de faire une promenade à pied. Je me souviendrai toujours de la joie que j'éprouvai tout de suite, à me promener ainsi pour la première fois dans les rues de Paris : tout me semblait conçu à une autre échelle qu'en Chine, où les rues sont le plus souvent étroites et encaissées. J'étais à l'aise, dans ces espaces largement découverts, où je passais inaperçue sans plus être complexée, car étant très grande pour une Chinoise, à Shanghai, je n'osais pas me tenir droite, ni, encore moins, porter des chaussures à hauts talons.

Dans la grande avenue que nous empruntions, je marchais respectueusement derrière M. Chee, comme devait le faire une Chinoise, de sorte que mon guide était fréquemment obligé de se retourner et de m'attendre. Et nous voilà devant un édifice majestueux où il me demande de le suivre. Nous traversons une longue galerie sous une voûte, nous arrivons sous une sombre coupole. A peine ai-je franchi le seuil que je reste immobile, incapable de faire le moindre mouvement tant le choc est intense. Sous la coupole sont disposés une dizaine de cercueils autour d'une tombe centrale. Cette vision ravive en moi une ancienne douleur, celle que j'ai éprouvée à la mort de mon époux. L'inconscience de M. Chee me scandalise. Pourquoi m'a-t-il emmenée ici ? Où suis-je donc ? Qu'est-ce que cette nécropole ?

C'était tout simplement les Invalides, ainsi que M. Chee devait me l'expliquer par la suite. Quant aux raisons pour lesquelles il m'avait conduit en ces lieux, je finis par les comprendre aussi : M. Chee n'avait nullement voulu m'effrayer ni me bouleverser avec les tombes de Napoléon et de ses maréchaux.

En Chine, le bonheur et la fortune sont symbolisés par divers éléments tels que le feu, l'eau, les excréments et les cercueils ; c'est donc dans une excellente intention que M. Chee m'avait fait voir des tombeaux. Par ce geste, il me souhaitait une grande prospérité, en pensant que ce serait pour moi une

22

sorte de compensation pour le décès de mon mari. Depuis le matin, j'avais suffisamment déçu mon guide : il était temps de lui rendre justice et de reconnaître ses délicatesses, même quand elles étaient déconcertantes. Au reste, dans un pays dont j'ignorais les usages, j'allais avoir bien d'autres occasions de m'étonner.

Nous reprîmes le chemin du restaurant où nous attendait la charmante Mlle Lin. Pendant notre absence, elle avait réfléchi et trouvé la solution la plus simple et la plus généreuse, à laquelle je n'aurais pas osé penser : elle proposait de me garder chez elle jusqu'au moment où j'aurais pu m'organiser. Je devais prendre contact avec M. et Mme Yuan, qui m'avaient été indiqués par l'agence de voyage. On m'avait assuré qu'ils m'aideraient à trouver un gîte, et ce ne serait que l'affaire de quelques jours. Je remerciai beaucoup Mlle Lin. J'étais soulagée d'un grand poids. M. Chee devait penser que j'étais une personne très exigeante et compliquée : il fut si content de me voir heureuse de cette solution, qu'il me félicita, remercia Mlle Lin... et s'en fut précipitamment, redoutant peut-être que je ne vienne à changer d'avis.

Je dus rester dans le restaurant en attendant la fermeture. Mlle Lin avait un bel appartement, assez éloigné, puisqu'il se situait avenue de Versailles, et elle m'y emmènerait avec elle, une fois tous ses clients partis.

La salle exiguë du restaurant se remplit vite. Pour éviter de gêner le service, je tâchais de me faire toute petite. A l'arrivée de chaque nouveau client, je reculais progressivement. J'arrivai ainsi jusqu'aux portemanteaux qui tenaient lieu de vestiaire. Ainsi je finis par rester adossée aux vêtements des clients. J'étais là, dans mon coin, lorsque approcha un couple de dîneurs qui, s'apprêtant à partir, après avoir payé leur addition, essayaient d'atteindre leurs manteaux, ce que l'affluence rendait difficile. Il n'était pas nécessaire de savoir le français pour comprendre la situation. Je me levai avec une expression interrogative, et la cliente en souriant me désigna son vêtement, que je décrochai ; je me faufilai jusqu'à elle, et, tout naturellement, je l'aidai à passer les manches de son manteau. Me prenant pour l'employée du vestiaire, cette dame me tendit une pièce de monnaie. Quelle surprise pour moi ! Je refusai. Elle insista. Je me sentis devenir écarlate. En Chine, pour une artiste, considérée comme un « ingénieur des âmes », il n'est pas question de gratification. Comme concertiste de l'Etat, je n'avais jamais reçu la moindre somme d'argent en remerciement d'une action accomplie, aussi mon embarras et ma confusion étaient inexprimables.

Je ne sais comment cette scène aurait trouvé sa conclusion, si Mlle Lin n'était intervenue. Elle me saisit le coude et le poussa pour que j'accepte l'argent. Je fus donc contrainte de le faire — tout à fait à contrecœur. Pourtant Mlle Lin avait raison : je n'avais pas pensé que mon refus mettait ses clients eux aussi dans l'embarras. Il me fallait apprendre à devenir plus simple, à ne pas mettre mon orgueil au premier rang. Je ne savais pas encore que la vie difficile se chargerait de me l'enseigner, et que j'accepterais un jour les pourboires en remerciant, ce que je fis plus tard sans difficulté, dans des circonstances à vrai dire bien différentes. Sur le moment, il me sembla que ma première journée en Europe avait commencé par un malentendu, quand j'étais cachée par ma grosse couverture, à l'aéroport, et qu'elle se terminait sur un autre malentendu, avec cet incident que je trouvais à la fois cocasse et pénible.

Je ne dormis qu'une nuit chez Mlle Lin, et je dois dire que j'y dormis profondément. Après tant d'émotions et de sentiments contraires, après aussi ce très long voyage en avion, j'avais grand besoin de repos. Mlle Lin me déchargea du soin de joindre M. et Mme Yuan : je me laissais protéger avec délices. Mme Yuan vint nous rejoindre au restaurant, accompagnée de sa petite fille âgée de trois ans. C'était une femme délicieuse, petite, menue, délicate, qui avait tout le raffinement et la beauté qu'on reconnaît aux personnes de la ville où elle était née : Sou Tcheou. Sa fille et elle se ressemblaient trait pour trait, et c'était un spectacle ravissant. Dès les premières paroles échangées, je pus comprendre que l'intelligence et la bonté de Mme Yuan égalaient sa grande beauté. Elle avait reçu pour moi une lettre amicale de recommandation, et elle m'invita dans son foyer, en attendant d'avoir une chambre convenable à me proposer. Ainsi le jour même, je pus remercier Mlle Lin de son hospitalité, reprendre au bureau de M. Chee mes bagages volumineux — là encore j'avais beaucoup de reconnaissance à exprimer — et nous nous rendîmes chez la famille Yuan, avenue du Maine. M. Yuan m'accueillit comme s'il eût été un proche parent.

La situation de cette famille est représentative de celle de beaucoup de familles chinoises à Paris. En effet, le Dr Yuan était, dans son pays, très renommé : il soignait admirablement ses malades par l'acupuncture. Malheureusement, les diplômes prestigieux du Dr Yuan n'étaient pas reconnus en France, et son expérience pratique, si précieuse pourtant, ne comptait pour rien. Il n'eut que la ressource d'ouvrir un restaurant, comme l'ont fait beaucoup de Chinois cultivés. Que d'hommes et de femmes remarquables par leur science et leur talent se sont retrouvés ainsi à la cuisine ou servant à table. Au moins pouvaient-ils ainsi survivre : que de dons, que de savoir ainsi condamnés à demeurer sans issue, et sans application... Pour moi, qui ai le plus grand respect des qualités de l'esprit, c'est un regret sans fin. Mes hôtes ne montraient aucune amertume, acceptant avec constance leur changement de condition. L'atmosphère de leur famille était douce et chaleureuse, on y sentait beaucoup d'amour et de mutuel respect. Cette tendresse m'allait au cœur, et je partageai avec joie la chambre de la charmante petite fille, car il n'y avait pas de chambre d'ami dans leur appartement.

Après une semaine de recherches, Mme Yuan m'annonça qu'elle avait trouvé ce qu'elle espérait : une chambre libre chez une personne, Mlle Sylvie, qui habitait un rez-de-chaussée simple et confortable. Cette dame était libraire à Montparnasse. Je n'avais encore rencontré aucune Française, et je sentis tout de suite que nous nous entendrions très bien. Je pris possession de mon nouveau domaine. La chambre était petite et meublée tout simplement : un lit, un bureau et, près du lit, une petite table sur laquelle je disposai avec amour mes bouddhas dont je ne me suis jamais séparée. Je vis aussitôt où je pourrais placer le piano que j'avais hâte d'acquérir. Le prix de mon loyer était modique, ce qui convenait à mes raisonnables projets. Ainsi, j'allais en finir avec les lits provisoires : j'étais heureuse de penser que je ne serais plus une gêne pour personne. Car s'il est vrai que j'avais eu le privilège de rencontrer partout un accueil sincère et bienveillant, je préférerais de beaucoup ne plus avoir à déranger les habitudes des uns et des autres.

Il me faudrait bientôt me suffire à moi-même, et d'abord me familiariser avec la langue française. Jusque-là, j'avais pu m'exprimer soit en chinois soit en anglais, mais cela ne pouvait durer dans la vie de tous les jours. Comme je l'avais prévu déjà depuis Hong Kong, j'allai m'inscrire à l'Alliance française, boulevard Raspail, où se donnaient les cours, c'est-à-dire tout près de ce boulevard du Montparnasse, où je m'installais, et je me réjouis de penser que je n'aurais pas de temps perdu en allées et venues.

Mais auparavant, Mme Yuan voulait donner un dîner, pour mon dernier soir chez elle. C'était le 1er octobre, et nous passâmes l'après-midi à préparer le repas de cette réunion. J'étais bien loin de penser que cette soirée aurait une telle importance dans ma vie.

A ce dîner, qui fut en tout point parfaitement réussi, je fis la connaissance de M. Mâ et de M. Tsing — ou du moins ce sont les noms que nous donnerons à ces deux messieurs, tous deux fort distingués. M. Mâ, qui pouvait avoir l'âge de mon père, et qui se trouvait, à ma table, mon voisin, représentait en France l'important groupe Tong, l'armateur de Hong Kong dont la puissance est comparable à celle d'Aristote Onassis. Il était très courtois et cultivé : ses attentions à mon égard furent celles qu'aurait eues mon père lui-même s'il avait été présent. Quant à M. Tsing, qui me faisait face, c'était un homme de quarante-cinq ans à peu près. Brillant ingénieur en Chine, il était venu en France avec l'intention de se perfectionner, et n'était plus reparti, depuis près de vingt ans. C'est dire qu'il était parfaitement accoutumé à la vie de son pays d'adoption. Or, ce M. Tsing, par une curieuse coïncidence, avait sa famille dans mon ancien quartier de Shanghai. Il me bombarda de questions sur les transformations de notre ville, et sur les familles qu'il avait connues autrefois et que je connaissais aussi. Je répondais de mon mieux, le cœur serré d'évoquer pour lui ce que j'avais quitté avec tant de douleur. Il semblait ne pas voir mon chagrin, et voulait toujours plus de détails, toujours plus de précisions, curieux de tout savoir, de tout comprendre. Sa belle intelligence scientifique ne lui permettait pas de voir ce qui était pourtant l'évidence : ma peine, qu'il ne soupçonnait même pas.

Mme Yuan m'autorisa à l'aider, après le départ de ses invités, quand il fallut remettre tout en ordre. Je lui sus gré de me permettre d'être ainsi un peu utile, pour mon dernier soir, et de retrouver une heure ou deux ce rôle de maîtresse de maison qui avait été longtemps le mien, qui ne le serait plus avant longtemps.

Le lendemain, c'était le grand jour de mon installation : avec quelle amitié Mme Yuan m'y aida ! Mlle Sylvie, qui parlait l'anglais parfaitement, tint à me présenter son logis dans les moindres détails, m'expliquant le maniement de tous les appareils ménagers : elle voulait que je me sente tout à fait chez moi, pendant ses longues absences quotidiennes, où sa librairie l'accaparait.

J'avais beau être touchée par sa gentillesse, la pensée de mes chers enfants ne me quittait pas un seul jour. Mlle Lin, Mme Yuan, tour à tour, venait me chercher pour me faire découvrir Paris. Je les accompagnais dans leurs courses, j'apprenais à me diriger. C'est au cours de ces expéditions que j'eus le bonheur de découvrir un piano d'occasion, d'excellente qualité, qui allait devenir mon compagnon le plus proche et le plus fidèle. Tout était en place pour l'exécution de mes projets. Enfin, j'allais pouvoir suivre les cours de l'académie de Mme Marguerite Long.

Chez ce prestigieux professeur, aucune limite d'âge n'était imposée, alors que l'accès au Conservatoire de Paris n'était ouvert qu'aux élèves âgés de moins de dix-huit ans. J'avais dix ans de trop pour être admise au Conservatoire. Je me rendis donc à l'académie de Marguerite Long que j'admirais infiniment.

Pour me rendre aux cours, comme pour aller à l'Alliance française, je me familiarisai avec les allées et venues dans Paris, à pied, en autobus, et par le métro. Pendant tous ces premiers temps, j'allais de surprise en surprise. Aux terrasses des cafés, des couples enlacés échangeant des baisers en pleine rue, c'était un spectacle bien nouveau pour moi, car en Chine, il n'y a jamais d'effusions en public et, pendant longtemps, je dois dire que je me sentis si gênée par ces manifestations que parfois je ne savais trop où poser les yeux. Cela me rappelait aussi ma stupeur, à Shanghai, lorsque adolescente, je vis, dans les années 40, les premiers films américains où les stars, en gros plan, s'embrassaient sur la bouche. Ces Parisiens ne faisaient pas semblant et leurs baisers n'étaient pas du cinéma. Je me sauvais le plus vite possible, avec le sentiment d'avoir été indiscrète sans l'avoir voulu. J'étais aussi bien étonnée par les manières des agents de police, qui paraissaient toujours prêts à plaisanter, complimentant volontiers les jolies femmes, et s'amusant tout haut des personnages ridicules.

A Hong Kong et dans l'ancienne Chine, avant la révolution de Mao Tsé-toung, il en allait tout autrement : les policiers étaient revêtus d'uniformes barbares, qui ressemblaient à des armures ou à des carcasses, et, à les voir, on ressentait plutôt de la crainte que l'envie de plaisanter. Ils ne circulaient jamais qu'une matraque à la main et n'étaient guère les protecteurs des pauvres et des faibles. Depuis la révolution, ces

27

terrifiants uniformes avaient fait place à des tenues plus humaines, et les policiers, serviables et humanisés, n'inspiraient plus la peur, mais ils demeuraient extrêmement sérieux dans toute leur attitude, et rien ne les rendait ressemblants aux agents parisiens, pleins de gouaille et de bonne humeur.

Un de mes sujets d'étonnement fut aussi l'état des trottoirs, dans cette ville si belle. Je n'avais jamais vu tant d'excréments de chiens, partout étalés. Whato, ville des fleurs, comme nous disions en Chine, était plutôt la ville des cacas. Quelle surprise ! A la réflexion, je dus reconnaître que les villes de la vieille Chine n'avaient pas de trottoirs plus nets : ceux-ci n'étaient pas souillés par les chiens, mais par les hommes, qui crachaient abondamment. Certes, aujourd'hui en Chine, il y a des crachoirs partout, et si un passant est surpris crachant par terre, il doit payer une amende. Mais qui me dira pourquoi les Chinois ont tant besoin de cracher ? C'est une chose qui étonne (et souvent dégoûte) les Européens voyageant dans mon pays : pourquoi tous ces crachats ? Dans les salons les plus élégants, on dispose des crachoirs comme des cendriers, mais on laisse un peu d'eau au fond pour que les crachats y flottent, au lieu de se coller aux parois du récipient. Je reconnais que c'est une vision peu agréable, mais, comme j'y étais depuis toujours accoutumée, cela ne m'avait jamais frappée. Je voyais tous ces crachats sans étonnement, comme les Parisiens regardent les excréments de chiens sans en être bien émus. N'est-ce pas étrange, ce pouvoir sur nous, de l'habitude ?

Un après-midi que j'étais comme de coutume à mon cher piano, Mme Yuan me téléphona, pour m'inviter à dîner chez elle. Cette attention me fit grand plaisir, et je décidai de lui apporter, comme c'est la coutume en Chine, une corbeille de fruits, quelque jambonneau ou une volaille castrée. En Chine, afin que la chair d'une volaille mâle soit plus tendre, l'animal est castré tout jeune, comme le sont en France le porc et le bœuf. Malheureusement, ne parlant pas encore le français, je ne pouvais demander au volailler de me donner, comme je l'aurais souhaité, un coq castré. En Chine, les chapons ont la chair la plus réputée : c'est une viande de luxe, un peu onéreuse, mais par laquelle on honore celui à qui on en fait don. Je dus me contenter d'un gros poulet que je pris moi-même à l'étalage. Je me félicitai de ce qu'il était déjà tué, puisque ma religion m'interdit de mettre à mort un animal : en outre, il est déplaisant, pour une jeune femme qui prend

28

le métro, de promener une bête vivante, qui piaille et se débat. Je ne trouvai pas de corbeille convenable pour présenter les beaux fruits que j'avais achetés : je me résignai à les placer dans un vulgaire sac de matière plastique.

Je n'oublierai jamais la surprise et l'amusement de Mme Yuan quand elle ouvrit la porte et me découvrit, chargée de mon poulet et de mes fruits. Toujours riant, elle m'expliqua qu'en Europe on offre des fleurs, des gâteaux, des bonbons, mais évidemment pas de viande. Je lui fus bien reconnaissante de me l'avoir dit franchement : elle m'évitait ainsi de commettre la même erreur auprès de personnes moins indulgentes. J'avais grand besoin d'être instruite et je ne demandais qu'à apprendre. Mme Yuan emporta discrètement dans sa cuisine mes présents saugrenus, et m'emmena au salon pour me présenter à ses invités de ce soir-là. La société était surtout composée de peintres : mais je retrouvai parmi eux ce M. Tsing, qui m'avait posé tant de questions, à un autre repas. Il faut croire que sa curiosité n'était pas rassasiée, car de nouveau il me harcela de son intérêt pour notre vieux quartier de Shanghai, ses habitants, et ses changements. Quand je voulus prendre congé, assez tôt car j'habitais loin, Mme Yuan, qui s'inquiétait de me voir partir seule dans la nuit, demanda à M. Tsing d'avoir l'amabilité de me raccompagner en voiture. Il accepta très volontiers : et quand il me déposa devant ma porte, je le quittai rapidement, car j'étais fatiguée. J'avais de dures journées, avec mon piano que je travaillais dix heures par jour. Ainsi se termina la soirée.

Le lendemain matin de très bonne heure, Mlle Sylvie fut réveillée comme moi par un coup de sonnette à la porte de l'appartement. Mlle Sylvie se leva pour aller ouvrir et vint aussitôt frapper à ma porte. Elle m'apportait un énorme bouquet de roses Baccarat. C'était pour moi. Je fus stupéfaite : qui pouvait m'envoyer ces fleurs, à moi qui ne connaissais personne et que personne ne connaissait ? Il y avait une carte de visite, au milieu des roses, et c'était celle de M. Tsing, qui m'avait quittée quelques heures plus tôt. Je fus horriblement gênée. C'était moi qui étais redevable à M. Tsing, pour m'avoir raccompagnée la nuit dernière, et voilà que je recevais un présent de lui, qui augmentait encore ma dette morale à son égard. Mlle Sylvie me conseilla de ne pas tant me tourmenter. Je surmontai ma contrariété, et ne voulus plus penser qu'à mon travail.

Mme Ligier, assistante de Marguerite Long, me donnait

des leçons précieuses. Elle ne parlait que le français. Nous nous comprenions par ce langage international que sont les termes musicaux, et par les gestes, la mimique. En fait, nous arrivions à nous entendre pleinement sans grande difficulté. Elle me composa un programme de cinq ou six morceaux que je devais préparer pour le premier concours de l'année. Avec une grande ardeur, je me mettais au piano le matin, dès que Mlle Sylvie était sortie, je travaillais sans relâche jusqu'au soir, où je me rendais à l'Alliance française, pour suivre les cours de langue. Je me couchais tôt, et chaque jour était semblable au précédent.

Malheureusement, ce bonheur (car c'était pour moi un vrai bonheur) fut troublé, un samedi où j'étais bien en paix devant mon piano. On sonnait furieusement à la porte : je n'avais peut-être pas entendu tout de suite. L'homme que je trouvai sur le palier parlait si vite, avec tant d'agitation, il paraissait si nerveux que je fus effrayée : je ne comprenais rien à son discours. Il ne put recueillir de moi que des signes d'impuissance, et il s'éloigna en parlant tout seul. Le soir même, après le retour de Mlle Sylvie, il se présenta à nouveau, et il put s'expliquer auprès de ma propriétaire, qui se fit son interprète auprès de moi.

J'appris donc que cet homme furieux était architecte : il travaillait au premier étage de notre maison, juste au-dessous de moi. Mes exercices le mettaient dans un état d'exaspération tel qu'il perdait par ma faute beaucoup de temps, disait-il, car il était incapable de se concentrer sur ses études pendant que je jouais, reprenant cent fois le même passage, répétant les difficultés, recommençant depuis le début le morceau (trop connu à son gré) que je voulais amener à la perfection absolue. Mlle Sylvie réussit à l'apaiser en lui promettant que nous allions faire tous les efforts possibles pour assurer sa tranquillité.

Le lundi suivant, comme convenu, avant de me mettre au piano, je fermai tous les volets, toutes les fenêtres, afin d'amortir de mon mieux le son de l'instrument et je dus travailler à la lumière d'une lampe.

A peine avais-je commencé à jouer que l'on frappa violemment à la porte ; c'était toujours le même homme avec la même expression effrayante sur le visage, ses yeux semblaient lui sortir de la tête ; comme je ne comprenais toujours pas ce qu'il disait, il repartit aussi furieux que la première fois. Selon le même scénario, le soir il revint voir Mlle Sylvie et menaça de porter plainte et d'entamer des poursuites contre nous. Sa réaction et sa colère étaient vraiment incompréhensibles car sa femme était également pianiste, mais sans doute devait-il l'empêcher de jouer.

Mlle Sylvie, afin de ne pas avoir d'ennuis, lui promit que nous poserions des plaques d'insonorisation sur les murs et le plafond de la pièce dans laquelle se trouvait mon instrument de travail.

En Chine, les artistes sont respectés et honorés, nul n'oserait les déranger pendant leur travail ; je pensais qu'en France il en était de même, je n'aurais jamais pu imaginer une attitude semblable chez un Français de Paris.

Notre engagement était bien difficile à tenir. En effet, l'insonorisation d'une pièce, réalisée par des spécialistes, est un aménagement très onéreux : ni Mlle Sylvie ni moi-même, nous ne pouvions envisager de tels frais. D'un commun accord, nous prîmes le parti de placer nous-mêmes les plaques d'insonorisation que nous achèterions. Pendant deux longues journées, elle et moi, grimpées sur des échelles, nous parvînmes à revêtir murs et plafond de ces panneaux destinés à absorber le son. Lorsque ce fut fini, nous étions toutes les deux bien lasses, mais heureuses d'avoir mené à bien cette tâche pénible. Au moins, cette fois, j'allais pouvoir travailler en paix, avec la certitude inappréciable de n'être pas entendue. Aussi, dès le premier soir qui suivit nos travaux, je fus plus que mécontente de voir revenir chez nous notre voisin, toujours furieux. A vrai dire, je cherchais quelque chose de bref et de décisif à lui dire en français : je ne trouvai pas. Longtemps plus tard, je compris que j'aurais eu besoin ce soir-là d'un équivalent du mot de Cambronne, que je ne connaissais pas encore. Mais c'est bien ce mot qui me manquait. Ne pas connaître les ressources de la langue du pays où l'on vit est une infirmité.

Mlle Sylvie, bien plus patiente que moi, parlementa avec notre voisin : il lui révéla que pour arrêter les vibrations qui le rendaient fou, il fallait faire exécuter par un menuisier un caisson qui surélèverait mon piano et l'isolerait du sol. Cette boîte, d'une hauteur de cinquante centimètres environ, serait par nous emplie de grains de riz, et tout irait bien. Nous nous conformâmes à cette bizarre exigence, après quoi je me demandai sur quoi me hisser pour jouer à cette altitude : le clavier était devenu tout à fait inaccessible. Après maintes recherches dans les boutiques d'occasion, je trouvai le siège le plus élevé qui fût : mais il me fallut encore placer sur ce haut tabouret force coussins et piles de partitions pour me situer en bonne place devant mon piano. Je ne me souviens pas sans sourire des efforts acrobatiques par lesquels je me hissais chaque matin sur mon perchoir. Le caisson, ébranlé par mon jeu, exhalait des nuages de poussière qui me faisaient tousser. Pendant huit mois — jusqu'à la période des examens de fin d'études — je travaillai dix heures par jour sans jamais voir un rayon de soleil. Le voisin ne se plaignit plus : sa méthode, il faut croire, était aussi efficace qu'incommode. Et moi, juchée sur mon échafaudage, je connaissais des heures merveilleuses : musique, travail, solitude, n'était-ce pas ce que j'avais demandé à ce séjour en France ? N'avais-je pas tout ce que j'avais souhaité ?

Tout s'arrangeait en somme selon mes vœux : mais mon cœur demeurait chez les miens, là-bas, loin, et j'attendais les lettres avec une grande anxiété. Les nouvelles de ma famille, de mes parents, de mes enfants, c'est ce que j'espérais chaque jour avec impatience. Bonnes ou moins bonnes, ces nouvelles me faisaient presque toujours pleurer, soit parce qu'elles m'attristaient, soit parce que j'étais attendrie de savoir chacun en bonne santé. J'étais heureuse de savoir que mes chers enfants me regrettaient, me réclamaient, et certes, j'aurais été bien triste de leur indifférence et de leur oubli : mais leur chagrin, qui montrait leur affection, me faisait partager leurs larmes. C'était une peine à la fois douce et amère d'apprendre que je leur manquais, qu'ils ne s'habituaient pas à mon éloignement. On me remettait le courrier à l'heure du déjeuner, et je le lisais à table, pleurant bien plus que je ne mangeais.

Les lettres de mon père, très effrayé de me savoir seule à Paris, laissaient toujours entendre son inquiétude : il craignait qu'à la longue je ne sache pas résister aux paroles fleuries des séducteurs. Je comprenais bien son souci : en Chine, le devoir de fidélité n'est pas interrompu par la mort, et une veuve doit demeurer pure. Une veuve infidèle ne rend-elle pas stérile la terre sur laquelle elle a marché ? C'est ce qu'on dit. Et, isolée comme je l'étais, chaque jour attelée à ma tâche, sans sorties, sans distractions, j'aurais pu sourire de ces recommandations. Mais qu'aurait-il pensé, s'il avait su que M. Tsing n'arrêtait pas de m'envoyer des roses ? Car les douzaines de Baccarat continuaient d'affluer. J'étais embarrassée de ces présents un peu trop fastueux, mais comment ne pas l'avouer ? j'aime tant les roses, et depuis longtemps je n'avais pas eu l'occasion d'en manger.

Le lecteur occidental sera peut-être étonné d'apprendre ici l'usage que je faisais des bouquets de mon admirateur : c'est vrai, je les mangeais, déplorant d'avoir à jeter nombre de fleurs qui s'étaient trop vite flétries. Manger des roses n'est nullement une habitude chinoise — même si nous employons, par exemple, dans le thé, des fleurs séchées comme celles du jasmin. C'était uniquement chez moi une habitude prise depuis l'enfance, que d'aimer les roses au point de les sentir, de les toucher, et même de les manger. Quand j'habitais Shanghai, j'avais pris l'habitude d'absorber beaucoup de pétales de roses : mon corps prenait l'odeur des fleurs, et quand je retirais les multiples épaisseurs de vêtements matelassés qui me garantissaient du froid, ce n'est pas une âcre odeur corporelle que ma nudité exhalait, mais le parfum des roses que j'avais ingérées. A Hong Kong, où les fleurs sont beaucoup plus chères qu'en Chine, j'avais dû renoncer à cette pratique.

Les lettres de mon père me donnaient à penser que j'étais imprudente en acceptant les envois fleuris de M. Tsing. Mais comment les refuser ? Je demandai à Mme Yuan de me donner son numéro de téléphone : j'avais une bonne idée. Au cours d'une conversation, il m'avait dit qu'il n'avait pas de casserole automatique pour la cuisson du riz. Comme j'avais apporté de Chine un autocuiseur, j'allais le lui offrir, pour m'acquitter de ma dette, et obtenir de lui, sans le froisser, qu'il renonce à ses envois de fleurs. Je l'appelai donc pour lui annoncer qu'un autocuiseur était à sa disposition chez moi, et qu'avec Mlle Sylvie, nous l'attendrions le dimanche suivant dans l'après-midi. Il vint, reçut mon cadeau avec une grande satisfaction et, dans son euphorie, m'invita à dîner, ce que je refusai aussitôt. Je lui avais, en quelque sorte, rendu ses roses : il devait comprendre, cette fois, que nos relations prenaient fin.

Rien ne devait se passer comme je l'avais prévu.

2 *Le geste du général de Gaulle / Libidineux empereurs / Filles nues et poisson à la moutarde / Le présage des œufs doubles / Un fils de mandarin / Inconvénients de l'humilité chinoise / Une sonate de Chopin me fait perdre les cheveux / Sollicitude de M. Tsing.*

Mon premier automne à Paris fut aussi studieux, aussi réglé que celui d'une écolière : toute la journée, je travaillais mon piano, et tous les soirs, en dépit de ma fatigue, j'allais suivre les cours de l'Alliance française, car mon ignorance de la langue était une gêne de tous les instants. Comme j'avais étudié l'anglais dans mon enfance, j'étais au moins familiarisée avec l'alphabet, et je pus faire des progrès rapides. Pendant les repas, ou le soir avant de m'endormir, et au cours des voyages en métro, je compulsais mon cahier de vocabulaire, qui s'enrichissait un peu tous les jours. Et je m'entraînais à lire le journal. C'est ainsi que le 16 octobre, j'appris avec beaucoup d'émotion une nouvelle que je lus et relus, dictionnaire en main pour être sûre de bien comprendre : la Chine avait fait exploser sa première bombe atomique.

Certes, toute bombe atomique fait peur et entraîne de tristes pensées : mais en celle-ci, je vis surtout le signe de l'extraordinaire progrès de mon pays. Après des siècles d'abaissement et de misère, le président Mao Tsé-toung, qui avait libéré notre peuple, avait permis à notre nation ce relèvement spectaculaire qui la plaçait au rang des grandes puissances modernes. Il me semblait que l'année 1964 ouvrait à notre histoire une ère nouvelle : c'est en 1964 qu'au nom de la

France le général de Gaulle avait pris l'initiative de reconnaître la République populaire de Chine, et cet acte courageux, bientôt imité par les grands Etats européens, annonçait l'entrée future de notre pays dans le concert des nations, alors même que l'ONU venait de refuser pour la quinzième fois l'admission de la République populaire chinoise.

L'intervention du général de Gaulle, si décisive pour l'avenir de mon pays, me donna à penser qu'il avait dû être profondément lié à la Chine dans une vie antérieure. J'éprouvais une reconnaissance infinie pour le président français et, quand il mourut, je consacrai toute une journée à prier pour lui, formant des vœux fervents pour qu'il devienne dieu parmi les dieux. J'avais aussi un grand respect pour Mme de Gaulle, dont la modestie et la dignité avaient conquis mon cœur : à la parution du *Palanquin des larmes,* en 1975, j'osai lui en adresser un exemplaire dédicacé, et je garde précieusement la carte qu'elle m'envoya pour me remercier.

Il me semblait qu'après des siècles de misère et de décadence, mon pays relevait la tête. Pourquoi cette décadence ? En grande partie à cause de la conduite des empereurs et de leurs goûts pour les femmes et de l'influence acquise par celles-ci, notamment avec l'avènement de la dynastie mandchoue des Tsing. Ce premier empereur fut de loin le meilleur et le plus capable. En raison du caractère héréditaire de la couronne, le fils de l'empereur prenait automatiquement le pouvoir à la mort de son père, même si ses capacités à gouverner étaient très limitées.

En 1840, avec l'empereur Tao Kouan, la situation déjà dramatique ne fait qu'empirer ; cet homme très frivole néglige totalement les affaires du pays pour se livrer à une vie de plaisir. Son fils Yen Fon qui lui succéda en 1851 se montra encore plus incapable que lui. Son épouse Tsy An ne pouvant lui assurer une descendance, il prit ce prétexte pour choisir des maîtresses.

Contrairement à l'épouse de l'empereur qui doit appartenir à la famille impériale, les maîtresses sont issues de n'importe quelle classe de la société.

Le jour où l'empereur décidait de prendre des maîtresses était un funeste jour pour toutes les familles de l'Empire car les envoyés de l'empereur allaient de village en village pour ramener les plus jolies filles au palais. Parmi toutes, l'empereur en choisit trois ou quatre qui deviendront ses maîtresses, les autres devront rester au palais en tant que servantes et n'en pourront jamais plus sortir.

Cet événement était un véritable drame pour les familles dans lesquelles pénétraient les soldats de l'empereur ; certaines familles essayaient de tricher, soit en maquillant les jeunes filles de façon épouvantable pour les faire paraître disgracieuses, soit en simulant la maladie ; mais ces ruses pouvaient devenir très dangereuses si elles étaient découvertes, car tous les membres de la famille risquaient une très forte punition, parfois même de perdre la vie.

Ainsi pour la seule satisfaction de l'empereur, un grand nombre de filles devaient être malheureuses et souffrir toute leur vie.

L'empereur Yen Fon choisit pour maîtresse une fille très belle et intelligente et lui donna le nom d'Orchidée ; cette dernière lui donna un fils. Orchidée, qui était issue d'une famille très modeste, n'avait donc aucun titre de noblesse ; grâce à la naissance de son fils, elle eut le titre d'impératrice car elle était devenue la mère du futur empereur.

Tsy An, la première impératrice, conserva cependant son titre et se retira dans un petit palais à l'Est, elle devint l'impératrice de l'Est. She Shi, la maîtresse, demeurait dans le palais impérial à Pékin, elle fut appelée l'impératrice de l'Ouest.

L'empereur, qui continuait à mener une vie de plaisir, dépérissait de jour en jour ; lorsque intervint la guerre de l'opium avec les Anglais, il était déjà si affaibli qu'il ne supporta pas le choc provoqué par cette nouvelle et en mourut.

Son fils Tong Se devint empereur en 1862 ; son comportement fut similaire de celui de son père ; il se livra lui aussi à une vie de débauche ; le soir il se rendait dans les quartiers des prostituées, déguisé en homme du peuple ; il avait des rapports avec des filles appartenant à toutes les classes sociales sans distinctions. A l'âge de dix-neuf ans, il avait contracté de graves maladies vénériennes que son entourage prit pour la variole.

Si l'empereur allait ainsi chercher des filles dans les quartiers mal famés de la ville, c'était pour échapper au cérémonial de son palais, car, au temps des Tsing, un règlement sévère organisait dans ses moindres détails la vie sexuelle du souverain. Il devait épouser une fille de sang royal, qui était l'impératrice. Chaque soir, après dîner, l'empereur se retirait dans sa propre chambre, où un serviteur (castré) lui présentait un plateau : sur ce plateau, des cartes de bois laqué de couleur verte — car le vert est la couleur de la féminité comme le rouge est celle de la virilité — sur lesquelles étaient inscrits les noms des filles du palais. L'empereur choisissait la carte portant le nom de celle qu'il voulait pour la nuit.

Le serviteur allait présenter la carte à l'impératrice pour lui demander son autorisation, qu'elle donnait en apposant une marque sur la plaque de bois. Si l'impératrice avait ainsi manifesté son consentement, deux serviteurs allaient chercher la fille désignée. Ils la baignaient, la parfumaient, s'assuraient qu'elle ne cachait sur elle aucune arme, puis ils la roulaient dans une couverture de soie matelassée — comme un rouleau de printemps — et, la chargeant sur une épaule, ils allaient la livrer à l'empereur, qui était déjà au lit.

On déroulait la couverture, et la fille devait grimper à quatre pattes sur le lit du côté des pieds de l'empereur, auprès de qui elle allait s'allonger.

Les deux serviteurs se retiraient alors, mais ils demeuraient tout près de la porte, et attendaient à peine un quart d'heure. Puis, ils annonçaient leur retour, et venaient remporter la fille dans sa couverture.

Ils demandaient à l'empereur, avant de le quitter, s'il désirait un enfant de cette femme. Quand l'empereur disait non, on conduisait la femme auprès du médecin qui connaissait le point d'acupuncture à toucher pour vider son ventre. Quand l'empereur disait oui, on devait prévenir l'impératrice.

Voilà pourquoi l'empereur Tong Se se déguisait en homme du peuple, et fuyait le protocole de la cour.

Certains familiers du jeune empereur firent même courir le bruit que, malgré sa maladie, il se rendait dans une maison du quartier le plus populaire et le plus sale de la ville, cette maison étant celle d'une prostituée que tout le monde disait extraordinaire, sans toutefois l'avoir jamais vue ; dont le savoir-faire était inégalable et qui avait la caractéristique de pratiquer ses talents dans l'obscurité. L'empereur fut tellement satisfait de ses services qu'il voulut voir le visage de cette fille ; mais lorsqu'il éclaira, il fut horrifié : cette soi-disant créature de rêve était une femme très âgée, et très laide, son visage était livide et fantomatique.

L'état de santé de l'empereur fut aggravé par l'obsession créée par le souvenir de cette femme et il mourut peu de temps après.

Après tous ces empereurs corrompus, le pire règne fut sans doute celui d'une femme, l'impératrice douairière Tseu Hu, qui, sans posséder aucune des capacités nécessaires au gouvernement d'un si vaste pays, en fut cependant un des monarques les plus autoritaires. Ce qui n'empêcha pas la Chine de perdre le Viêt-nam cédé à la France par l'impératrice.

Les couleurs du ciel, à la tombée de la nuit, me faisaient penser au ciel de Shanghai : les rues ressemblaient à celles de la concession française que j'avais traversée tous les jours autrefois, à l'époque bénie où mon père me promenait à Jessfield Park et sur les bords du Wong-Po. Et même, chose étrange, l'odeur de la Seine me rappelait celle de mon fleuve. Le froid devenait vif. Je m'enveloppais dans la grande écharpe que ma belle-mère m'avait donnée quand j'étais encore à Hong Kong, et je serrais mon manteau autour de moi, pressant le pas pour regagner ma chambre, quand je sortais des cours. La nostalgie était parfois si forte que je craignais de ne pas en guérir. Pourtant, les amis, à qui j'avouai ces impressions mélancoliques, m'affirmèrent qu'ils les avaient connues aussi, et qu'un jour viendrait où j'aimerais assez Paris pour y être heureuse. J'attendais impatiemment ce jour.

Au début du mois de novembre, un soir où, sortant de l'Alliance française, je me hâtais d'aller prendre le métro, j'eus la surprise de m'entendre appeler par mon nom. Je me retournai : c'était M. Tsing, qui m'avait vue passer, de l'intérieur d'un café, et qui maintenant, sur le seuil de la porte vitrée, m'invitait à entrer. Il était avec un ami qui insistait lui aussi pour que je me joigne à eux, car il voulait, disait-il, faire ma connaissance. Je refusai, invoquant la fatigue de ma longue journée. M. Tsing me poussait presque. Il me sembla que les consommateurs et les passants nous dévisageaient curieusement, et je me sentis gênée par tous ces regards. Je n'avais pas de chance : il avait promis de ne plus m'envoyer de fleurs, et voilà que je le rencontrais par hasard. Comprenant que décidément je ne voulais pas entrer dans le café, il m'invita à dîner le samedi suivant. Pour mettre fin à cette scène qui me déplaisait, je lui proposai de me téléphoner la veille : je lui donnerais alors ma réponse.

Il ne téléphona pas, et je n'y pensais plus quand samedi, il sonna à ma porte, et entra, très à son aise, comme toujours : il avait retenu une table au Lido, et il venait me chercher.

J'étais en deuil, et les coutumes chinoises m'interdisaient toute espèce de divertissement, aussi cette invitation presque forcée m'embarrassait beaucoup. Mlle Sylvie, prise à témoin, protesta qu'il n'y avait aucun mal à sortir, qu'un peu de détente m'était nécessaire. Je renonçai à résister, et me laissai emmener.

C'était la première fois que je circulais en voiture dans Paris illuminé : les boulevards, la place de la Concorde, l'éblouissante avenue des Champs-Elysées montant vers l'Arc de Triomphe, je ne pouvais être insensible à ce spectacle neuf pour moi.

J'avais entendu parler du Lido de Paris, mais je ne savais pas au juste ce que j'allais y voir. En Chine, le terme Lido était très répandu, notamment à Shanghai dans les concessions où des quantités de lieux de plaisirs, restaurants, cinémas, boîtes de nuit et même des photographes, portaient ce nom. Voir un Lido à Paris, c'était voir un *vrai* Lido. Nous entrâmes dans une grande salle brillamment éclairée, où ma simple robe noire me parut bien déplacée parmi tant de femmes qui rivalisaient d'élégance et d'éclat. Notre table était juste devant la scène, une table chargée de verres de différentes tailles, de couverts et d'accessoires dont chacun allait être un problème pour moi. C'était la première fois que j'allais prendre un repas dans un vrai restaurant français : car les restaurants français de Chine sont mis à la mode chinoise comme les restaurants chinois d'Europe sont européanisés, au point que les Chinois n'y retrouvent guère la cuisine et la présentation dont ils ont l'habitude chez eux.

Ainsi, les inévitables beignets de crevettes qu'on trouve en Europe dans les restaurants chinois et qui ont la faveur de la clientèle, je n'en ai guère mangé à Shanghai où l'on connaît surtout les crevettes sautées et entourées de légumes, sans cet enrobage de pâte qui en change le goût. Quant aux beignets de pommes, c'est à Paris que j'en ai goûté pour la première fois. De la même façon, mon expérience de la cuisine française, je l'avais faite en Chine et cette cuisine adaptée aux goûts des Chinois n'était pas tout à fait française. Aussi allais-je faire bien des découvertes ce soir-là.

En Chine, tous les plats sont présentés en même temps sur la table, au moins dans les repas ordinaires ; chaque convive a son bol et ses baguettes, il se sert dans les plats

42

communs à tous, quatre plats et une soupe, le plus souvent, quand on est en famille.

Lors des repas de fête, les plats se succèdent quatre par quatre ; ce sont d'abord les hors-d'œuvre froids, puis des plats chauds où les aliments sont découpés soit en petits morceaux soit en lamelles, sautés ou frits ; puis viennent quatre plats où cette fois on présente en entier soit une volaille, soit un beau poisson, ou un jambonneau ; enfin, ce sont les desserts, sucrés et salés, et les fruits. Le temps de cuisson ne varie pas selon les goûts de chacun, mais selon la nature des mets. Je fus bien étonnée lorsque M. Tsing me demanda si je voulais ma viande bleue, saignante, ou à point. Ce choix, en Chine, est l'affaire du cuisinier.

Comme j'hésitais sur les couverts à utiliser, j'eus le sentiment que M. Tsing s'amusait de mon embarras, et je me sentis humiliée. Lorsqu'on servit le poisson, je trouvai qu'il n'avait aucun goût. Et comme je voyais sur la table, à côté du sel et du poivre, un pot à moutarde, je pensai, dans mon ignorance, que c'était peut-être là un ingrédient qui relèverait le goût de ce poisson plutôt fade. Je ne compris pas très bien pourquoi M. Tsing me regardait du coin de l'œil avec ironie en mâchonnant sa cigarette. Sous son regard, je me sentais devenir une petite paysanne.

J'arrivai tant bien que mal au dessert quand le rideau de scène se leva lentement. M. Tsing m'avait annoncé un spectacle de danse et je m'apprêtais à admirer un ballet classique. Quelque chose comme le *Lac des Cygnes* ou *Gisèle*. Quel étonnement, quelle gêne, quel désappointement, de découvrir alors ce que je vis ! Des filles aux seins presque nus, aux croupes découvertes, s'exhibaient sans aucune honte, souriantes sous le regard des spectateurs, et se déhanchaient au rythme d'une musique assourdissante, perchées sur leurs hauts talons. Tout le monde paraissait à l'aise et content, sauf moi, en deuil, à la table la plus en vue. Je craignais d'être ridicule en tenant les yeux baissés, et la vue de ces femmes provocantes me faisait mal.

Comment M. Tsing avait-il pu me manquer de respect en me proposant un spectacle d'une telle indécence ? Quelle idée se faisait-il de moi ? Et que devais-je penser de lui ? En dépit de la beauté de ces jeunes femmes, et malgré la perfection de leurs mouvements d'ensemble, j'étais beaucoup trop choquée par leur tenue pour apprécier leur talent. En Chine, les femmes, très réservées en public, portent en toutes circonstances des robes montantes : elles ne découvrent jamais leur gorge ni leurs épaules. Nos robes sévères sont fendues sur le côté, c'est vrai, et laissent voir la jambe assez haut, mais c'est sans importance pour nous, car notre pudeur nous fait un devoir de cacher surtout notre corps et nos pieds. Le moment le plus pénible de ma nuit de noces — à quoi il faut ajouter il est vrai que j'étais une enfant — avait été celui où il fallut dénuder mes pieds dans la chambre conjugale.

Dès mon retour, je confiai mes sentiments et mes doutes à Mlle Sylvie. Quelles étaient donc les intentions de M. Tsing ? Elle m'affirma qu'il n'y avait pas lieu de s'inquiéter : le Lido était un lieu de grande réputation, et le spectacle, de haute valeur artistique, n'avait rien de commun avec la pornographie. Elle conclut son discours en m'exhortant de faire un effort sur moi-même pour m'adapter aux goûts et aux coutumes de l'Occident puisque j'avais choisi d'y résider provisoirement. En dépit de ma bonne volonté, je ne fus pas très convaincue par son éloquence : j'étais encore trop inexpérimentée, pour moi la pudeur — sentiment si naturel, me semblait-il — ne pouvait être que partout la même. Pourquoi aurait-elle changé avec tel pays ou telle civilisation ? J'avais encore beaucoup à apprendre. Et je gardai un peu de rancune à l'organisateur de cette soirée : il me semblait que M. Tsing, étant chinois, aurait dû prévoir mon déplaisir. Il m'était désagréable de le soupçonner d'avoir voulu s'en amuser.

Il me téléphona tous les jours de la semaine et, par politesse, je l'invitai à déjeuner le dimanche suivant. Je décidai de préparer un repas chinois, et pour ce faire, j'achetai six œufs. Le premier que je cassai avait deux jaunes, ce qui est une rareté. Le second était semblable, et semblable fut le suivant. Quatre de mes œufs étaient ainsi doubles. J'en fus très étonnée, et plus qu'étonnée : troublée. Pour moi, c'était un symbole, le présage d'un événement qui allait intervenir dans mon existence, et en bouleverser le cours.

En Chine, certains faits qui peuvent paraître insignifiants à des Occidentaux ont à nos yeux une grande importance. Par exemple, si un jour de fiançailles ou de mariage il arrive qu'un miroir soit brisé, cela signifie que le nouveau couple ne sera uni que peu de temps. Lors d'un mariage, deux bougies sont allumées, celle de gauche représentant l'homme et l'autre la femme. Selon qu'elles se consument et s'éteignent ensemble, ou que l'une des deux s'éteint la première, on peut prévoir que les époux vivront vieux l'un près de l'autre, ou que soit l'homme soit la femme mourra prématurément. A la naissance d'un enfant, si le nouveau-né urine d'abord, c'est mauvais signe ; s'il défèque, c'est au contraire un présage de bonheur. Il en va de même pour les moribonds, dont l'âme aura un sort malheureux ou paisible.

C'était la première fois en France que je voyais un œuf double — et non pas un, mais quatre ! Bien étrange coïncidence, on en conviendra, le jour même où M. Tsing était mon invité. Etait-ce par lui qu'un changement surviendrait dans ma vie ?

Au cours de cette rencontre, M. Tsing se montra comme à son habitude très bavard ; nous parlâmes une fois de plus de notre pays, et, ce qui n'était pas encore arrivé, il évoqua longuement sa famille et moi la mienne. J'appris ainsi que le père de M. Tsing était très connu, parce qu'il avait été un des derniers mandarins.

La syllabe « Man » signifie Mandchourie, « Da » veut dire grand, et « Rin », homme. « Mandarin » signifie donc : « Grand homme de la Mandchourie ». Le titre de mandarin était obtenu à la suite d'une série de concours, ouverts à tous les hommes, sans distinction de classe sociale et sans limite d'âge. Pour l'inscription des candidats, une seule condition était requise : une honnêteté sans tache.

Le titre de mandarin n'était pas héréditaire : le pouvoir lié à ce titre n'était donc pas le monopole de quelques familles privilégiées. Ce système dura pendant dix-sept siècles, de la dynastie des Tang jusqu'à celle des Tsing en 1908.

Les épreuves éliminatoires se présentaient sous la forme de trois concours. Le premier avait lieu dans la ville-préfecture ; une fois ce cap franchi, les heureux candidats prenaient le nom de Tchan Saï. Le second concours se passait dans la capitale de la province : ceux qui réussissaient devenaient Tchu Rin. Ces deux premiers concours avaient lieu tous les ans.

Les épreuves du troisième concours se déroulaient à Pékin, une fois tous les trois ans. Toutes les dépenses des candidats pour se rendre dans la capitale étaient prises en charge par l'Etat.

Au terme de ce concours, quatre-vingt-trois candidats appelés Tching Su restaient encore en présence ; ils étaient reçus par l'empereur en personne, qui leur soumettait le dernier questionnaire, concernant l'Histoire, la Philosophie, la Littérature, et la doctrine de Kon Fu Chu.

Pendant trois jours, chaque concurrent était isolé dans une pièce dont il ne pouvait sortir sous aucun prétexte ; la surveillance très sévère de cette épreuve était indispensable tant l'enjeu était important : si un candidat était surpris en train d'essayer de tricher, la tête lui était coupée sur l'heure.

Le concours terminé, les devoirs étaient soigneusement recopiés par une personne étrangère au concours, afin d'éviter tout favoritisme : les correcteurs ne savaient pas les noms de ceux dont ils lisaient les devoirs. Grâce à ces précautions, aucune fraude n'était possible.

Le dernier concours avait pour but de sélectionner le meilleur d'entre tous, nommé Tseu Huen, qui deviendrait, s'il n'était pas déjà marié, le gendre de l'empereur. Durant la dynastie des Tsin, qui étaient mandchous, il y eut une restriction concernant le mariage de la fille de l'empereur, car celle-ci ne devait épouser qu'un Mandchou.

Les mandarins étaient intouchables, au-dessus des lois, ils n'avaient de comptes à rendre qu'à l'empereur lui-même. Leur titre les plaçait au-dessus des ducs, marquis, comtes, vicomtes, barons et chevaliers. Ils leur étaient en tous points supérieurs, car ils ne devaient leur puissance qu'à leurs capacités et connaissances, et non au privilège de la naissance.

Les Européens qui vivaient autrefois dans les concessions étrangères distinguaient aisément les mandarins par leur robe plus élégante, et surtout par le bouton sphérique au sommet du chapeau officiel : le mandarin de premier rang portait un bouton de rubis, les autres boutons étaient de corail, de saphir, de lapis-lazuli, de cristal, de nacre, d'or et d'argent. C'est parmi les mandarins du premier degré, qualifiés « d'excellences au renom éclatant » que se recrutaient les gouverneurs et les ministres. Puis venaient les juges et les ingénieurs.

Le père de M. Tsing fit partie de la dernière génération de mandarins, à la fin de l'Empire, dans le premier quart du XXe siècle.

Le jeune mandarin fut envoyé au Japon par l'Etat afin d'y terminer ses études ; lorsqu'il rentra en Chine, il assuma ses fonctions sans jamais faillir à son devoir. Lors de la venue de Tchang Kaï-chek au pouvoir, il fut sollicité par le nouveau gouvernement, mais il refusa de travailler pour lui, car la politique de Tchang Kaï-chek était en désaccord avec ses principes et ses convictions.

En 1949, en signe de reconnaissance pour sa fidélité, il fut nommé académicien par Mao Tsé-toung.

Plus tard, j'écrivis à mon père qui me confirma que tout ce que M. Tsing m'avait dit était vrai : en effet, son père le mandarin était renommé pour son savoir et sa vie irréprochable.

Au cours de ce repas pris ensemble, où nous avançâmes beaucoup dans la connaissance l'un de l'autre, M. Tsing me parla de son enfance à Shanghai, qui avait été bien différente de la mienne. En effet, dans la riche famille où il était né, il avait été élevé beaucoup plus par des gouvernantes et des précepteurs que par ses parents : sa mère avait la passion du jeu, et s'adonnait quotidiennement au majong, qui semblait absorber toutes ses pensées. Ainsi, M. Tsing et ses frères grandirent sans affection, dans un climat de froideur qui devait les marquer pour toujours. Ils avaient beaucoup de goût pour les études, et le travail occupait toutes leurs journées. M. Tsing, qui avait des relations plutôt que des amis, s'en trouvait très bien. Il n'était pas sentimental, et j'eus l'impression que chez lui l'intelligence passait avant le cœur. Ce brillant ingénieur n'était guère séduisant avec sa petite taille, son teint foncé, ses lunettes, son air toujours sérieux, mais j'avais du respect pour la force de caractère qu'on sentait en lui. Il s'était parfaitement adapté à la vie en Europe. Pourtant, depuis qu'il m'avait emmenée au Lido, je ne le considérais plus comme un homme très sérieux. Je comprenais à présent mon erreur.

Je commençais à parler français, après quelques mois d'études, mais je conservais la mentalité chinoise qui place la modestie parmi les premières vertus. Un incident me fit comprendre que cette modestie pouvait donner lieu à de pénibles malentendus.

En hommage à Marguerite Long, dont c'était l'anniversaire, un concert devait être donné sur les ondes de Radio Monte-Carlo par certains de ses élèves, et j'eus l'honneur d'être désignée pour représenter les élèves étrangers : mon professeur avait choisi pour moi une étude de Chopin.

Nous nous rendîmes, deux camarades et moi, avec le directeur, à la station de radio. Avant de jouer, par modestie, je dis à la personne qui dirigeait l'enregistrement que je jouais très mal. Je pensais en me montrant humble que j'allais recevoir des encouragements, comme cela se serait passé en Chine. Mais mon interlocuteur se mit en colère, et me demanda avec brusquerie pourquoi j'étais venue, si j'étais incapable de jouer correctement. Je répondis que j'avais été désignée, et que je n'avais absolument rien fait pour cela.

Le technicien, me prenant toujours au mot, cherchait comment réorganiser le concert sans ma participation, quand, heureusement, une de mes camarades entreprit de le rassurer en lui affirmant que tout se passerait très bien.

En effet, mon passage à l'antenne se déroula sans encombre, et tout le monde me félicita pour mon interprétation : j'avais suscité d'inutiles inquiétudes par ma trop grande modestie, et je compris qu'en Occident il ne faut pas se dénigrer soi-même, car si vous cherchez à vous minimiser aux yeux des autres, ils vous croient sur parole au lieu de protester gentiment.

Encore aujourd'hui, il m'arrive de l'oublier. A des amis que j'avais invités et pour qui j'avais préparé un excellent dîner, j'ai dit un jour qu'il faudrait excuser mon modeste repas, car je n'avais pas grand-chose à leur offrir : ils m'ont aussitôt proposé de m'emmener au restaurant, ce qui m'emplit de confusion. Mes invités furent bien étonnés quand ils virent les mets qui couvraient la table de ma salle à manger.

Je m'étais à peine aperçue de la venue du printemps, absorbée comme je l'étais par mon travail. J'avais renoncé aux cours de l'Alliance française, et n'avais pas vu verdir les grands arbres du boulevard Raspail, car il fallait me consacrer entièrement à la musique.

La date du concours de fin d'année approchait à pas de géant, et j'étudiais plus de dix heures par jour, prenant à peine le temps de manger. Aucun sacrifice ne me rebutait : l'enjeu était pour moi si important ! Si j'obtenais le premier prix, je pourrais tout de suite rentrer à Hong Kong, où j'avais hâte de retrouver mes chers enfants, qui avaient besoin de moi et qui me manquaient terriblement.

Mon programme se composait de deux préludes et fugues de Bach, deux études de Chopin, deux études de Liszt, une sonate de Chopin et un concerto de Beethoven. Je passais de l'un à l'autre, à la recherche de la perfection, dans une tension nerveuse de tous les instants.

Durant la période qui précéda le concours, je perdis l'appétit, et le peu de nourriture que j'absorbais ne compensait pas les dépenses de mon énorme effort : aussi ma santé présenta des signes inquiétants. Mes pieds et mes jambes gonflèrent, je perdis mes cheveux à poignées.

Les lettres que je recevais de Chine ne faisaient que me rendre plus impatiente de rentrer. J'étais très inquiète pour Paul qui était souvent malade, et pour Juliette, qui était une fois sortie toute seule de la maison, et qu'on avait retrouvée au milieu de la chaussée. Mon sang se glaçait à l'idée de ce qui aurait pu arriver.

Par ailleurs, la santé de ma belle-mère déclinait de jour en jour, et mon beau-père était trop âgé pour s'occuper seul de deux jeunes enfants.

Le mois de juin arriva enfin, et avec lui le grand jour du concours. Dans la grande salle où nous allions nous produire, se tenait le jury, qui comptait parmi ses membres des professeurs du Conservatoire, des critiques musicaux, et notre professeur.

La tension avait atteint son point culminant chez les candidats qui attendaient leur tour et qu'on appelait un par un. Dans cette atmosphère survoltée, je luttais pour demeurer maîtresse de moi-même : j'avais toujours réussi à me maîtriser, mais cette fois, l'enjeu était si important, ce premier prix qui m'aurait permis de gagner une année, je le désirais si fort, qu'il me semblait n'avoir jamais connu une pareille anxiété : ce qui allait se jouer était pour moi une question de vie ou de mort.

Certains de mes camarades, afin de se tranquilliser, prenaient des calmants : je n'avais pas voulu les imiter de peur de perdre mon ardeur.

Afin de me concentrer et de retrouver la paix intérieure, je fis une intense prière à Bouddha, et je me remis entièrement à lui, car il avait toujours entendu mes prières lors des moments difficiles de ma vie, et je savais qu'il ne m'abandonnerait pas aujourd'hui.

Je fus enfin appelée à me présenter devant le jury : j'étais la dernière à concourir. Je commençai par Bach, les autres morceaux s'enchaînèrent, et je jouai comme jamais je ne l'avais fait. Le dernier morceau de mon programme était la sonate de Chopin : je la connaissais fort bien, et je l'aimais profondément. Je comptais y mettre tout mon cœur, car son intensité correspondait à mes dispositions d'esprit, et je voulais exprimer mes propres sentiments dans cette musique admirable.

Malheureusement, j'avais déjà tant donné lors des interprétations précédentes, la fatigue se faisant sentir, il me sembla que je massacrais cette magnifique sonate, que je la parsemais de fausses notes.

J'étais anéantie en sortant de la salle de concours : tout l'espoir que j'avais mis en ce premier prix s'était évanoui en un instant, tous mes efforts, toute cette année de travail, tout cela était perdu.

Avant de partir, les élèves interrogeaient leur professeur pour connaître son avis. Pour moi, c'était inutile, je m'apprêtais à partir.

Mais voilà que mon professeur me rejoint, m'attire à elle, et m'embrasse une première fois. Avait-elle compris ma détresse ? Je me détourne pour sortir — et elle me retient, pour m'embrasser une deuxième fois. Cette fois, je veux m'en aller — elle m'embrasse une troisième fois.

Ne sachant plus que faire, je demeurai devant elle, étonnée, ne sachant si elle allait m'embrasser encore. Elle paraissait ravie, et, me prenant par le bras, elle m'accompagna jusqu'à la porte, en me disant que j'avais très bien joué.

C'était la première fois qu'on m'embrassait en France, et ce moment me frappa si fort qu'aujourd'hui encore, si l'on m'embrasse deux fois, j'attends le troisième baiser, et je tends ma joue.

Cette attitude inattendue de mon professeur me rendit un vague espoir. Je rentrai chez moi en me disant que peut-être tout n'était pas perdu.

Il fallut attendre trois longues semaines, où, dans la confusion, je passai par des phases d'accablement et d'espérance ; la grande nouvelle me parvint enfin : j'avais le premier prix. J'étais invitée à me rendre à l'académie pour y recevoir mon diplôme.

J'avais tenu bon jusqu'au jour du concours, et, malgré mon état physique de plus en plus déplorable, j'avais réussi à tout surmonter par la force de la volonté. Mais tout se relâcha ensuite. Je me détendis complètement, et il me sembla que tout craquait à la fois. Tous mes cheveux tombèrent, mon corps tout entier se mit à gonfler, des pieds jusqu'au visage. J'étais à la fois épuisée, et défigurée. Il n'y avait pas un endroit de mon corps, pas un organe qui ne me fît souffrir.

M. Tsing n'avait pas cherché à me voir, il ne m'avait même pas téléphoné pendant les semaines de travail intensif quii avaient précédé mon examen : il savait de quelle concentration j'avais besoin, et il avait compris que rien ne devait venir me distraire. Lorsqu'il revint à la maison après l'épreuve, il y avait un mois à peu près qu'il ne m'avait pas rencontrée. En m'apercevant, il ne put cacher son effroi. Il décida immédiatement que je devais être examinée par un bon médecin. Il prit donc rendez-vous pour moi, et le lendemain même, il vint me chercher. Son médecin habitait près de chez lui, à Rueil-Malmaison, il m'ausculta soigneusement, et donna sur mon état des explications que je ne compris pas, mais que M. Tsing traduisit pour moi. Le très grand surmenage avait entraîné chez moi un dérèglement complet de l'organisme, en particulier du foie et de la circulation sanguine. C'est cette mauvaise circulation qui expliquait, en particulier, la chute de mes cheveux.

Le médecin me prescrivit un traitement complet destiné à rétablir mon équilibre et à me rendre les forces perdues. Il affirmait que j'allais guérir, à condition de bien me reposer et de suivre son ordonnance scrupuleusement.

M. Tsing, en sortant de cette consultation, me conduisit chez lui, et me pria de l'attendre pendant qu'il irait me chercher les médicaments dont j'avais besoin. J'en profitai pour visiter son appartement. Il avait trois petites pièces au rez-de-chaussée d'un immeuble moderne, assez confortable. La fenêtre du salon donnait sur une magnifique pelouse. Ce logis de célibataire était bien rangé, il n'y avait pas la moindre trace de poussière sur les meubles, et la cuisine était un vrai bijou : cependant je remarquai que le revêtement de sol n'avait pas dû être lavé depuis longtemps car il n'avait plus de couleur.

Quand il revint de la pharmacie, M. Tsing eut la gentillesse d'écrire en chinois sur chaque boîte les indications à suivre pour le traitement. Je le remerciai beaucoup.

Comme l'après-midi était déjà bien avancé, il me proposa de dîner avec lui. Ce fut un repas tout simple, que nous partageâmes dans une atmosphère de quiétude et d'amitié. Il y avait bien longtemps que je n'avais pas éprouvé ce sentiment de réconfort : quelqu'un s'occupait de moi, s'inquiétait de ma santé, prenait les décisions à ma place. Une douce musique, venue de l'électrophone, m'enveloppait d'une ambiance chaleureuse. M. Tsing me raccompagna vers dix heures, car je devais dormir beaucoup.

Les effets du traitement furent rapides, et dès les premiers jours, je constatai que mon corps commençait à dégonfler. Il faudrait plus de temps pour voir repousser mes cheveux. J'achetai une perruque, en attendant que les médicaments obtiennent tout le résultat espéré. Mais je ne pourrais pas la porter à Hong Kong, où il fait très chaud, et où elle me serait insupportable. En outre, je ne voulais pas me montrer à mes enfants dans l'état pitoyable où j'étais, et enfin, je craignais de ne pas trouver là-bas un médecin aussi compétent que celui de M. Tsing. J'écrivis donc à mon beau-père que je rentrerais dans un mois environ.

Cette grande nouvelle fut accueillie avec une joie immense, et ma famille se prépara à me recevoir : mon beau-père envisageait de déménager, pour que dans un appartement plus grand je puisse disposer d'une pièce particulière, où serait mon piano, et où je pourrais recevoir mes élèves. Pour mes enfants et mes beaux-parents, le compte à rebours des jours qui nous séparaient des retrouvailles commença. Il en était de même pour moi à Paris. J'étais heureuse de rentrer auprès des miens ; me jurant à moi-même de ne plus jamais me séparer de mes enfants, car nous avions trop souffert eux et moi de notre éloignement.

Ainsi, je me remettais doucement des énormes fatigues de la préparation du concours, je suivais minutieusement le traitement qui m'avait été ordonné, je voyais avec joie mes cheveux qui commençaient à repousser, et j'étais toute à l'attente de mon prochain départ, quand une lettre de mon beau-père vint perturber ma tranquillité. En effet, il m'annonçait que mon beau-frère Fong devait traverser la France pour se rendre en Allemagne, et qu'il désirait me rencontrer. Mon beau-père n'avait pas osé refuser de lui donner mon adresse, mais il avait assuré qu'à cette adresse on ne pouvait pas me trouver, car, — avait-il dit en mentant — j'étais en Espagne pour les vacances.

Je fus très vivement contrariée.

Peu après la mort de mon mari, quand j'étais encore à Hong Kong, mon beau-frère Fong s'était pris pour moi d'une passion violente, qui avait ajouté à mon malheur. Incapable de dominer ses honteux désirs, Fong ne s'était pas contenté de m'avouer son amour impossible : il avait osé me prendre dans ses bras, et je ne m'étais dégagée de son étreinte qu'au prix d'une lutte dont le souvenir me demeurait pénible.

Depuis ce jour, je souhaitais surtout ne pas me trouver seule encore une fois devant cet audacieux.

J'éprouvai un très fort sentiment de colère contre mon beau-père qui, connaissant la situation, n'aurait jamais dû donner mon adresse à Fong, personnage cruel, sauvage, et qui semblait n'avoir aucune notion de ce que peut être la raison.

Pour moi, il était hors de question de le voir : étant donné ce qu'avait été son attitude avec moi, quand nous étions près de notre famille, jusqu'où n'irait-il pas, s'il me rencontrait à Paris, où il n'y avait personne pour me défendre ?

Ne sachant que faire, je téléphonai à Mlle Lin pour lui demander conseil. Elle fit de son mieux pour me rassurer : puisque mon beau-père avait assuré que j'étais en Espagne, Fong ne viendrait certainement pas sonner à ma porte ; et si même il le faisait, je le verrais par le judas, et il me suffirait de ne pas faire de bruit et de ne pas lui ouvrir.

Cela paraissait très simple : je n'en vivais pas moins dans la peur. Et si j'allais me trouver nez à nez avec Fong en sortant de chez moi ? Je redoutais tant cette rencontre, que je demeurais le plus possible terrée dans ma chambre, ne faisant pas plus de bruit qu'une souris.

Un matin, Mlle Lin me téléphona pour me prévenir que Fong était arrivé au restaurant, dont il avait réussi à obtenir l'adresse en interrogeant des amis communs.

Fong s'était installé dans un hôtel tout proche, et il harcelait Mlle Lin de ses questions : il voulait connaître mon adresse en Espagne, persuadé que je l'avais donnée à mon amie, ou peut-être même doutait-il de mon prétendu voyage.

Pour en finir avec l'insistance de Fong, Mlle Lin lui raconta que je m'étais mariée, et qu'étant en voyage de noces, je n'avais pas d'adresse fixe.

Pendant trois jours, je me sentis plus tranquille, sans l'être tout à fait. Le mensonge de Mlle Lin allait peut-être éloigner Fong définitivement : en tout cas, c'était un répit. Mais le quatrième jour, la jeune femme m'appela de nouveau : Fong ne la quittait plus, bien décidé à ne pas repartir avant de m'avoir vue. Mlle Lin n'en pouvait plus, et me demandait de la délivrer d'une façon ou d'une autre. Il fut décidé que le soir même nous inviterions Fong, et que je me rendrais au restaurant avec « un mari ». Mlle Lin m'expliqua également que Fong ne voulait pas rentrer à Hong Kong, mais qu'il avait fait le projet de rester avec moi en France et d'y faire des affaires.

Quelle situation embarrassante ! Il fallait le jour même

me trouver un mari, ou plutôt un homme prêt à jouer ce rôle devant mon beau-frère. Je ne connaissais qu'un seul homme : M. Tsing, mais je n'oserais jamais lui demander un service aussi bizarre ; ma fierté se révoltait à cette idée. Cependant, il n'y avait pas le choix. Mlle Lin comprit très bien ma gêne, et me promit de parler elle-même à M. Tsing.

Moins de dix minutes après la fin de notre conversation, le téléphone sonna de nouveau : c'était encore Mlle Lin, de plus en plus importunée par Fong : elle devait se rendre chez son comptable, et il l'empêchait de partir, pensant qu'elle avait peut-être rendez-vous avec moi. Elle me priait instamment de venir tout de suite. Je ne pouvais pas me dérober, elle n'avait eu déjà que trop de désagréments depuis l'arrivée de Fong à Paris.

La distance séparant le restaurant de l'appartement était assez courte, et je ne tardai pas à voir Mlle Lin et Fong qui m'attendaient sur le trottoir.

Dès qu'il m'aperçut, mon beau-frère se mit à courir vers moi ; lorsqu'il m'eut rejointe, il s'immobilisa et me regarda fixement sans rien dire. Je lisais dans ses yeux une souffrance immense, une tristesse qui me bouleversa. Lui qui avait toujours été si sûr de lui, conquérant et dominateur, il semblait avoir perdu toute son assurance, il paraissait anéanti.

Après ce silence, il me demanda pourquoi je m'étais tant jouée de lui : il avait beaucoup souffert en pensant à moi, et ne comprenait pas pourquoi je refusais de le revoir après si longtemps.

A le voir si désemparé, je sentis mes craintes se dissiper quelque peu. Je lui demandai des nouvelles de mes enfants.

Le restaurant de Mlle Lin étant fermé, nous nous dirigeâmes vers un café pour y être tranquilles. J'avais hâte de l'entendre parler de ceux, si chers à mon cœur, que j'avais laissés à Hong Kong.

Fong m'apprit qu'il se rendait très souvent chez mes beaux-parents, qui étaient âgés et ne pouvaient assurer totalement l'éducation de Paul et de Juliette ; c'est pourquoi Fong surveillait leur travail scolaire, les aidait quand ils en avaient besoin, et les emmenait souvent en promenade pour les distraire, et les invitait au restaurant pour rééquilibrer leur alimentation.

En effet, chez mes beaux-parents, le régime était extrêmement monotone, et mes petits auraient tout à fait perdu l'appétit sans les invitations de Fong. Pourquoi cette monotonie ?

Une vieille coutume cantonaise veut qu'on place les maisons sous la protection du dieu de la Terre. Près de la porte d'entrée, trois bâtons d'encens placés dans un pot brûlent devant un morceau de papier rouge sur lequel est écrit le nom du dieu. Le premier et le quinzième jour du mois, au cours d'une cérémonie intime, la famille prie ensemble, demandant au dieu de chasser les mauvais esprits loin de la maison, et l'on fait cuire un poulet, qu'il est de tradition de manger au repas suivant.

Mes beaux-parents avaient adopté ce culte sur le conseil de mon oncle et de ma tante, à une époque où mon jeune beau-frère, le fils préféré de ma belle-mère, était malade. Il avait provoqué de grandes inquiétudes. Il avait des saignements de nez soudains qui affolaient l'entourage. Comment attendre l'arrivée d'un médecin sans risquer une aggravation de l'hémorragie ? Alors on employait la vieille méthode chinoise, qui consiste à gratter le dessus des ongles du malade, et à lui faire aspirer, par les narines, la poudre ainsi obtenue. Toute la famille se mettait à se râper les ongles avec un rasoir. Mon jeune beau-frère s'en était bien trouvé d'abord, mais ensuite il rechuta. Il rentra un jour le visage couvert de sang, on lui découvrit un trou sur le front. C'est alors que ma tante, en visite chez mes beaux-parents, remarqua l'absence des bâtonnets d'encens près de la porte d'entrée, et recommanda à mes beaux-parents de placer leur maison sous la protection du dieu de la Terre. Ce qu'ils firent.

Mais comme ils étaient vieux et que les enfants étaient petits, le poulet qu'ils faisaient cuire le premier jour du mois, ils n'en mangeaient que très peu à la fois, au point que le quinzième jour, quand ils faisaient cuire le second poulet, le premier n'était pas encore fini. C'est dire que chaque repas apportait invariablement sa petite part de poulet — dont mes enfants étaient tout à fait dégoûtés. Voilà pourquoi Fong les emmenait au restaurant. Je lui en étais très reconnaissante, sachant combien une alimentation variée est nécessaire, surtout en période de croissance. Et je regardai mon beau-frère avec plus de sympathie qu'autrefois.

Il avait beaucoup changé depuis mon absence, et il me dit que depuis mon départ de Hong Kong il avait perdu le goût de vivre : plus rien ne l'intéressait. Il était donc venu en France rejoindre un ami avec qui il avait l'intention de s'associer pour monter une affaire. Mais au fond, il était surtout venu pour me voir et rester avec moi. Il savait que j'avais terminé mes études de piano, et avait le projet de me faire visiter l'Europe. Il me promit que, sitôt son commerce installé, il ferait venir en France mes deux enfants, laissant sa femme et ses propres enfants chez sa mère, à Hong Kong.

Depuis l'horrible agression de Fong, avant que je ne vienne à Paris, je gardais de lui l'impression d'un homme vil, ne pensant qu'à séduire les femmes et à abuser d'elles. Je le retrouvais tout différent : ses paroles paraissaient sincères, et il avait perdu toute brutalité. Je parlai longuement avec lui. J'essayai de le raisonner, de lui expliquer qu'il devait retourner auprès de sa femme, et qu'en aucun cas il ne pouvait se permettre cette mauvaise action : priver ses enfants d'un père, dont ils avaient besoin. Il me répondit qu'il ne s'entendait pas avec sa femme, pour qui seul l'argent avait de l'importance. Quant à ses enfants, ils seraient très heureux chez ses parents ; ceux-ci, beaucoup plus jeunes que les parents de mon mari, et donc plus aptes à s'occuper d'enfants, s'en chargeraient avec plaisir. Fong ajouta encore qu'il serait lui-même heureux de jouer le rôle de père auprès de Paul et de Juliette, dont les grands-parents étaient décidément trop âgés.

Bien que la proposition de Fong fût tentante, je ne pouvais envisager de prendre le mari de ma belle-sœur : une telle action, qu'aucune morale humaine ne pouvait approuver, était en contradiction absolue avec les commandements bouddhistes.

Mais comment dissuader Fong de s'attacher à ces projets insensés ? Il ne voulait rien entendre, et trouvait des réponses à tous mes arguments.

Pour finir, je me raccrochai au mensonge de Mlle Lin, et lui dis que j'étais mariée, maintenant. Il devait retourner à Hong Kong, où était sa place, auprès de sa femme et de ses enfants. Nous nous reverrions certainement, en présence de mon mari, qui l'accueillerait comme une personne de ma famille, avec plaisir. J'eus le sentiment qu'il ne me croyait pas tout à fait. Et il me dit en souriant que l'amour du berger et de la tisserande, ce n'était pas pour lui.

En parlant de tisserande et de berger, il faisait allusion à une de nos anciennes légendes. Les légendes chinoises ont chacune de nombreuses variantes : sur un canevas fixe, le conteur brode à volonté, selon la morale qu'il veut tirer de sa narration. Ainsi, chaque récit renouvelle la légende vivante et donne à réfléchir ou à rêver. L'histoire de la tisserande et du berger est l'une des plus populaires, et des plus belles. C'est une légende d'amour, qui a dû faire soupirer filles et garçons mariés, dans l'ancienne Chine, contre leur gré.

La tisserande était la petite-fille de l'impératrice du ciel ; parmi les autres divinités, c'est elle qui était chargée de tisser les étoffes de soie dont se revêt le ciel. Ainsi, c'est elle qui assemblait les nuances infinies de l'aurore et du couchant, de l'arc-en-ciel et des innombrables nuages. Elle travaillait en compagnie de six autres jeunes filles, mais elle était sans conteste la plus douée, la plus belle, et la plus diligente. Or, cette beauté s'ennuyait. Le ciel était traversé par une rivière, la rivière Argent, et la tisserande habitait sur sa rive de l'Est. Dans les eaux de cette rivière, en se penchant, on pouvait voir la Terre et les humains. La tisserande s'y penchait tous les soirs, car elle voulait connaître la vie d'en bas.

Un soir qu'elle scrutait ainsi les eaux de la rivière Argent, elle vit un berger aussi triste et solitaire qu'elle-même. Elle prit l'habitude de l'observer. Le jeune berger avait perdu très jeune ses parents, et il vivait au foyer de son frère aîné, traité comme un domestique par sa belle-sœur, qui ne l'aimait pas. Un jour, cette femme voulut se débarrasser du jeune garçon, et elle proposa le partage des biens familiaux. Partage inique : au berger, il échut un vieux bœuf et un petit terrain en friche où poussait un arbre plusieurs fois centenaire. Il n'eut pas un mot pour protester. Il se rendit sur son minuscule domaine, et se mit au travail, construisant une cabane, et défrichant son champ avec l'aide du vieil animal.

Du haut du ciel, la tisserande voyait tout cela, et plaignait le berger. Un soir qu'il pleurait sur sa solitude, elle sentit son cœur envahi de pitié et de sympathie. Sans le savoir, elle aimait le berger depuis déjà quelque temps. Sachant que sur terre aucun mariage ne s'accomplit sans l'intermédiaire d'une marieuse, elle envoya un esprit dans le vieil arbre qui ombrageait le champ de son ami. Et quand le berger vint s'asseoir à son ombre, l'arbre se mit à parler : il dit au jeune homme que son mariage était inscrit au grand livre du destin, et lui donna l'ordre d'aller chercher celle qui était désignée pour devenir sa femme. Et l'arbre expliqua comment le jeune homme devait s'y prendre : il devait aller en se cachant jusqu'à la rivière Argent. Il verrait de belles jeunes filles ôter leurs vêtements pour aller se baigner. Il prendrait la robe de la plus belle, et, quand elle voudrait sortir de l'eau, il proposerait de l'épouser, condition nécessaire pour qu'elle

60

retrouve ses vêtements. Elle accepterait, et il ne pouvait pas se tromper : c'était bien la plus belle qui lui était destinée.

Tout se passa ainsi. Les jeunes filles étaient toutes d'une merveilleuse beauté, au milieu des énormes fleurs blanches des lotus, et le berger craignit un instant de se tromper — mais non, il distingua aisément entre toutes la tisserande, et il lui demanda de l'épouser. Comme elle ne demandait pas mieux, ayant elle-même manigancé leur rencontre, ils revinrent sur terre la main dans la main, transfigurés par leur immense bonheur.

Le lendemain, l'impératrice du ciel s'aperçut de la disparition de la tisserande, et elle mobilisa le général du ciel et toute son armée pour retrouver la fugitive. Comme le temps du ciel n'est pas celui de la terre, la tisserande avait déjà deux enfants jumeaux, fils et fille du berger. Malgré les cris et les larmes de la jeune mère, le général du ciel fut impitoyable et l'arracha à sa famille terrestre. Le berger courut jusqu'à la rivière Argent dans l'espoir de retrouver sa femme et de la ramener — et il portait ses deux enfants dans deux paniers, à chaque extrémité d'un balancier — mais un mur invisible, infranchissable aux humains, arrêta sa course, et il ne put que rentrer chez lui. Tout à son chagrin, il interrogea le vieil arbre, qui lui conseilla de ne pas se désespérer et de se rendre encore à la rivière. Le berger y retourna encore, et encore, toujours avec ses deux enfants.

Il pleurait tant qu'il inspira pitié à un oiseau. L'oiseau alla plaider sa cause devant l'impératrice du ciel : un si grand amour méritait la clémence. Et l'impératrice, touchée, consentit à accorder une faveur aux amoureux : chaque année, au septième jour du septième mois, la tisserande et le berger pourraient se rencontrer, le berger amenant avec lui ses deux enfants.

Mais la rivière était si large que les oiseaux durent faire un pont vivant entre les deux rives, pour que la famille se retrouve au milieu.

De la terre, si l'on regarde le ciel, le jour de leur rencontre, on peut voir deux grosses étoiles, dont l'une est flanquée de deux plus petites : c'est le père portant dans ses paniers les deux enfants.

Ainsi, quand il citait la légende de la tisserande et du berger, Fong voulait me faire comprendre qu'il ne se contenterait pas, entre nous, d'une rencontre par an, sur un pont d'oiseaux, mais qu'il espérait beaucoup plus. Il n'avait pas pris très au sérieux, me sembla-t-il, la nouvelle de mon mariage.

Nous avions parlé longtemps, et la fin de l'après-midi était venue. Il était temps de nous rendre au restaurant de Mlle Lin où devait avoir lieu le dîner avec mon prétendu mari.

Celui-ci, M. Tsing, vint nous rejoindre comme il était convenu. Fong l'observait attentivement, et, ne trouvant chez lui aucune des marques de jalousie qu'on pouvait attendre d'un vrai mari, il dut se sentir rassuré. En fait, les deux hommes sympathisèrent assez vite, et le dîner se passa bien.

A la fin du repas, M. Tsing régla l'addition, et, pour que la comédie de notre mariage soit crédible, je partis avec lui.

M. Tsing prit la précaution de me faire faire plusieurs détours avant de me déposer chez moi, afin que Fong, s'il nous regardait, ne se rende pas compte de l'endroit où nous allions.

Le lendemain, Mlle Lin me téléphona pour me dire que Fong était devenu comme fou après mon départ avec M. Tsing. Il ne savait plus que penser : étais-je mariée ou non ? Si je l'étais, il en voulait une preuve irréfutable. Mlle Lin me mit devant mes responsabilités : c'était à moi de résoudre ce problème, et à personne d'autre. En premier lieu, me dit-elle, je devais conduire Fong chez M. Tsing : mon beau-frère ne retournerait à Hong Kong que s'il m'avait vue installée chez mon mari.

Je me rendis au restaurant. Fong m'y attendait. Dès mon arrivée, il me fit monter dans la voiture qu'il avait louée le jour de son arrivée en France.

Il voulait que nous allions chez moi — ou plutôt, devrais-je dire, chez M. Tsing. Je me trouvais dans une situation extrêmement embarrassante : car, bien sûr, je n'avais pas les clés de cet appartement, et comment aurais-je pu l'avouer ? On n'a jamais vu une maîtresse de maison ne pas avoir la clé de son propre domicile.

Il était cinq heures de l'après-midi : M. Tsing ne serait chez lui qu'une heure et demie plus tard. Il me fallait gagner du temps, mais comment faire ?

Fong avait pris la direction de Rueil-Malmaison, et mon comportement devenait de plus en plus étrange : j'évitais de croiser le regard de mon beau-frère, je répondais de façon de plus en plus évasive aux questions qu'il me posait. Fong ne le supportait pas. Il roulait de plus en plus vite, avec une nervosité qu'il contrôlait de moins en moins.

Il me reprochait avec véhémence de lui avoir imposé d'insupportables souffrances au cours de la semaine qui venait de s'écouler ; de plus, alors qu'il se faisait une joie de me revoir, je lui présentais mon mari.

Devant son désespoir, je restais muette : je ne savais si je devais lui dire la vérité, car il était maintenant persuadé de l'authenticité de mon mariage.

Comme pris de folie, Fong me dit que nous allions mourir ensemble, car il ne pourrait jamais vivre sans moi, et ne saurait supporter l'idée que je vive avec un autre.

A l'entrée du bois de Boulogne, la voiture allait au maximum de sa vitesse ; je sentis que Fong était fermement décidé à mourir, la raison semblait l'avoir totalement abandonné. J'avais peur de mourir, mais je ne pouvais lutter contre le destin.

Dans un éclair, je vis l'image de mes enfants : pauvres petits, je compris que si Fong allait jusqu'au bout de son funeste dessein, ils allaient rester seuls au monde. Pour eux, je devais à tout prix empêcher le crime qui était en train de se commettre : il fallait que je vive, il fallait, ayant perdu déjà leur père, qu'ils gardent leur maman. Je devais absolument lutter et réagir contre ce vertige de mort qui avait saisi Fong : je hurlai désespérément, je clamai que je voulais vivre. Dans un sursaut de tout mon être, je tentai d'arrêter Fong qui ne se possédait plus, j'enfonçai mes ongles dans sa chair avec l'espoir de le tirer du mauvais rêve où il était déjà tout entier absorbé, et de lui faire reprendre conscience.

Trop tard... Quand il voulut enfin freiner, et tenter de redresser la voiture folle qui fonçait vers le trottoir, il ne put l'empêcher de franchir la bordure, et notre course éperdue se poursuivit malgré lui et malgré moi, jusqu'à un arbre où l'avant s'enfonça.

Le choc fut effroyable. Mais par miracle, nous étions en vie.

Comment décrire l'état où nous étions en sortant des ruines de la voiture louée ? Epuisés par une intense émotion, ruisselants de sueur, nous étions comme des combattants qui viennent de voir leur mort en face et nous n'en pouvions plus.

Fong s'éveillait de son cauchemar : il se rendit compte

de ce qu'il avait voulu faire, et me demanda pardon. Son amour était si grand qu'il en perdait la raison.

La voiture étant inutilisable, il fallut chercher un taxi pour aller jusqu'à Rueil-Malmaison. En route, nous demeurâmes tous deux silencieux, et pas même un regard ne fut échangé entre nous. A quoi bon les mots, après ce qui venait de se passer ?

En arrivant devant l'immeuble de M. Tsing, je vis avec soulagement que sa voiture était devant la porte. Il nous ouvrit, et nous reçut sans rien montrer de sa surprise. Avec courtoisie, il s'empressa d'aller dans la cuisine pour préparer des rafraîchissements.

Fong profita de cette absence pour regarder autour de lui. Il m'avait toujours dit que j'étais une femme destinée à vivre comme une princesse, uniquement adonnée à l'amour et la musique... Voilà ce qu'il avait voulu m'offrir. Le décor qu'il voyait à présent lui parut indigne de moi, et il ne se gêna pas pour le dire, comme aussi il commença à critiquer le personnage même de M. Tsing : je n'étais pas faite, dit-il, pour vivre dans un intérieur si médiocre, si petit, pour accepter cette piètre existence alors que lui, Fong, me proposait un sort si somptueux. Ce M. Tsing, vieux, petit, mesquin, ne me convenait pas du tout, et je devais avoir perdu la tête pour m'être choisi un pareil mari.

Quand M. Tsing revint de la cuisine, il était furieux, car il avait tout entendu. Comme il s'était montré parfaitement aimable et poli, il était indigné que Fong vienne sous son propre toit parler de lui de la sorte. Aussi pria-t-il sèchement mon beau-frère de bien vouloir vider les lieux.

Fong accepta volontiers de partir, à condition que je parte avec lui. M. Tsing rétorqua que j'étais sa femme, et que je resterais avec lui.

La situation devenait tout à fait dangereuse : je connaissais le caractère violent de Fong, et je craignais de voir les deux hommes en venir aux mains. De toutes mes forces, je poussai mon beau-frère vers la porte.

Il se laissa pousser, et sortit. Mais sur le seuil, il se retourna une dernière fois, et nous lança un regard terrible, où se mêlaient la haine et le désespoir.

Quelque temps après le départ de Fong, le téléphone sonna : c'était lui. En entendant ma voix au bout du fil, il fut rassuré, mais il me reprocha d'avoir été cruelle en le laissant partir ainsi, seul dans la nuit, au cœur d'une banlieue déserte, lui qui ne savait pas parler français. Il avait eu bien du mal à trouver un taxi pour regagner Paris, mais ce qu'il voulait me dire, c'est qu'il m'aimerait toujours, malgré mon mariage, et qu'il ne cesserait de penser à moi. Il me téléphonait d'un café, et me demandait de lui faire une promesse : celle de n'avoir pas d'enfant de M. Tsing, car il était convaincu que cette union ne pouvait que mal finir.

Pour écarter Fong de moi définitivement, je lui répondis que j'étais déjà enceinte. Nouveau mensonge de ma part. La conversation prit fin là-dessus.

Les événements de l'après-midi m'avaient nerveusement et moralement trop éprouvée. Je ne me sentais pas bien, et la tête me tournait.

M. Tsing, voyant que je chancelais, remarqua mon extrême pâleur, et s'en inquiéta : je ne pouvais pas, dans l'état où j'étais, entreprendre de retourner à Paris. Il me proposa de dîner légèrement, et de passer la nuit chez lui. J'étais si troublée par tout ce qui s'était produit en quelques heures et si lasse, que j'acceptai : j'avais toute confiance dans le sérieux et la droiture de M. Tsing. Il fut convenu qu'il me céderait sa chambre et dormirait dans le salon.

J'étais terrassée par une forte fièvre, provoquée par la tension nerveuse de l'après-midi. Bientôt je n'eus plus la force de parler ni de faire un geste. Je me couchai très tôt et sombrai dans un sommeil lourd.

Le lendemain matin, M. Tsing partit pour son bureau sans me réveiller. Il revint dans la matinée, vers dix heures, pour savoir comment j'allais : je dormais toujours. Il revint de nouveau, vers midi, et cette fois il me réveilla.

Effrayé de constater mon état de prostration, M. Tsing me demanda s'il devait appeler un médecin. Je lui dis que ce n'était pas la peine : je n'étais pas vraiment malade — c'était seulement le contrecoup du choc nerveux provoqué par l'accident du bois de Boulogne.

J'étais accoutumée à cette réaction de mon organisme quand je subissais une forte émotion.

A treize ans et demi, au début de mon mariage, lorsque je me trouvais dans cet état nerveux à la limite du coma, la vieille domestique de ma belle-mère disait que la peur avait fait fuir mon esprit.

Elle croyait, comme beaucoup de Chinois, que le corps enferme trois esprits et six âmes. Si une âme ou un esprit sort du corps, le comportement de la personne touchée se modifie. Or, la peur est un des sentiments qui peuvent mettre en fuite un esprit. Quand cela se produit, aucun médecin ne peut venir en aide à celui qui s'endort brusquement, un de ses éléments vitaux ayant été mis en déroute. Quand cela m'arrivait, la domestique connaissait le seul remède à appliquer. Si je souffrais du manque d'un esprit, elle se rendait à la cuisine, et prenait un balai en paille. Dans le manche de ce balai, elle plantait trois bâtons d'encens qu'elle allumait. Elle saluait le bouddha de la cuisine, et chantait un petit air : « Pépé-balai, ramène l'esprit de Julie ! » Après cette phrase, elle déclinait tout mon état civil, car pour obtenir ma guérison, aucun détail ne devait en être omis.

Puis, elle parcourait toute la maison, chantant toujours « Pépé-balai ! Pépé-balai, ramène l'esprit de Julie ! », et arrivait finalement dans ma chambre. Là, elle posait le balai à la tête de mon lit, et, en attendant que mon âme revienne, elle s'en allait.

Le lendemain, tout était redevenu normal — mon esprit égaré avait regagné sa place.

Aujourd'hui, les choses étaient bien différentes : je ne me voyais pas demandant à M. Tsing de remplacer la vieille domestique, et de tourner dans la maison en invoquant pépé-balai. Je devais donc attendre que l'esprit revienne tout seul et, sans « Pépé-balai », ce serait infiniment plus long.

Il revint, au bout de trois jours : bien sûr, si j'avais pu bénéficier de l'intervention de pépé-balai, la guérison aurait été presque instantanée, mais grâce au dévouement et à la gentillesse de M. Tsing, mon état s'était amélioré rapidement.

Dès que je me sentis guérie, je décidai de rentrer chez moi. Le jour de mon départ, Fong me téléphona : il avait réfléchi, et il allait rentrer à Hong Kong, mais il mettait deux conditions à son départ de Paris : il souhaitait que je l'accompagne à l'aéroport, et il désirait que j'accepte de sa part un cadeau de mariage.

Je le lui promis.

Par crainte d'un nouveau drame avec Fong, je priai Mlle Lin de me tenir compagnie lors de ces rencontres. Elle y consentit volontiers.

Nous nous retrouvâmes donc tous trois.

Fong avait décidé de m'offrir un manteau, car il avait remarqué que le mien n'était pas à la mode : je l'avais acheté à Hong Kong, et je crois bien qu'il était démodé déjà lors de mon achat. Il voulut également m'acheter un sac à main :

celui que je portais était trop grand et ressemblait plutôt à un sac de voyage.

Finalement, nous trouvâmes un beau manteau de lainage, agrémenté d'un col de vison. Mon nouveau sac à main, très élégant, était en crocodile.

Deux jours après ces achats, nous avions de nouveau rendez-vous tous les trois à l'hôtel de Fong, mais cette fois, c'était pour accompagner mon beau-frère à l'aéroport.

J'arrivai la première à l'hôtel, et je montai directement à la chambre de Fong, qui faisait descendre ses bagages. Je me trouvai seule avec lui dans l'ascenseur, pour redescendre dans le hall, et c'est alors qu'il m'embrassa.

Pour la première fois, je ne l'avais pas repoussé. Mes sentiments étaient indéfinissables, je ne savais plus que penser. Quand l'ascenseur atteignit le rez-de-chaussée, j'appuyai sur le bouton afin qu'il remonte. Je voulais être encore un peu avec Fong, comme si le moment de notre séparation devait être une cruelle épreuve.

En sortant enfin de l'ascenseur, nous trouvâmes Mlle Lin, qui nous attendait depuis déjà un moment. Nous prîmes un taxi pour Orly.

Fong se rendait aux Etats-Unis avant de regagner Hong Kong. Comme nous étions en avance, il s'éloigna pour acheter un cadeau qu'il destinait à Mlle Lin : il voulait la remercier pour toute sa gentillesse, et s'excuser pour le trouble qu'il avait apporté dans sa vie, au cours de ce séjour orageux.

Durant cette courte absence, Mlle Lin, à qui j'avais toujours tout raconté, me dit qu'il n'y avait aucun doute à avoir : l'amour de Fong était sincère, et même, c'était un grand amour.

Ces paroles, en un pareil moment, me troublèrent : une lutte s'engageait en moi. J'aurais voulu retenir Fong, de tout mon cœur, et ma conscience ne le permettait pas. Finalement, il m'apparut clairement que je devais le laisser partir, car je n'avais pas le droit d'agir autrement. Mais j'avais du chagrin.

Notre déjeuner à trois, au restaurant de l'aéroport, fut triste. C'était pour mon régime bouddhiste un jour végétarien, mais je n'en souffris guère, car je ne me sentais aucun appétit, toute à la peine que j'éprouvais.

Fong, qui voyait cette peine, était encore plus malheureux de me quitter. Il retarda tant qu'il put le moment de notre séparation, mais enfin, au troisième appel pour son vol, il fallut bien qu'il prenne son parti. Il était pâle, la sueur coulait sur son visage : à le voir, on aurait pu penser qu'il partait pour la mort.

Il s'éloigna sans faire un geste, à la manière chinoise, se contentant de me dire une dernière fois qu'il reviendrait me chercher.

Je le regardai s'éloigner, le cœur serré. J'aurais voulu pleurer et ne le pouvais pas. Mes yeux restaient secs.

Il m'avait laissé son adresse : j'en profitai pour lui adresser un virement bancaire correspondant à ses dépenses pour moi. Ce manteau et ce sac, qu'il m'avait offerts comme des présents de mariage, je ne pouvais en conscience les accepter car je ne voulais rien lui devoir. Je devais donc au plus tôt m'acquitter de ma dette envers lui. Je le fis, et conservai, je ne sais pourquoi, le reçu de ma banque : ce morceau de papier allait, un peu plus tard, me tirer d'une situation délicate à laquelle je ne m'attendais vraiment pas.

Ma vie à Paris pourrait-elle reprendre telle qu'elle était avant la venue de Fong ? Moi qui avais tant travaillé pour rejoindre au plus tôt mes enfants, je comprenais qu'à Hong Kong, mon beau-frère ne me laisserait jamais en paix : sa richesse, sa puissance, et surtout la force de sa résolution seraient trop d'ennemis à combattre. Je ne me sentais pas en état d'entreprendre une lutte tellement inégale, et à aucun prix je ne voulais commettre la mauvaise action qu'il me suggérait : le laisser abandonner pour moi ses enfants et sa femme.

Ainsi, tous mes efforts avaient-ils été inutiles ? Mes enfants et moi, quand et où serions-nous enfin réunis ?

Je me sentais brisée par les épisodes dramatiques de ces derniers jours. J'étais pleine de pitié pour Fong, que j'avais laissé partir à regret, j'étais anxieuse de l'avenir. Il me fallait d'abord rétablir ma santé et retrouver toute mon énergie. J'espérais que quelques semaines de repos suffiraient pour cela. Je n'avais jamais perdu courage : si lasse et si malade que je pusse être, j'espérais retrouver mes forces, et aller fermement vers l'avenir qui m'était encore inconnu.

Ainsi, dans la petite chambre où j'avais tant travaillé, portée par de grandes espérances, je me tenais maintenant comme un animal pris au piège, qui ne peut ni sortir de son trou, ni y rester. Jour après jour, je me persuadais qu'un retour à Hong Kong était désormais impossible : mon beau-frère et sa passion me faisaient peur, autant que pitié. Je ne voulais à aucun prix me trouver au centre d'un scandale familial dont mes enfants auraient inévitablement souffert.

J'écrivis donc à mon beau-père pour lui dire ma résolution de prolonger (je ne dis pas pour combien de temps) mon séjour à Paris. Cela me donnait un délai pour reprendre en main ma situation.

Il ne faudrait pas croire que mon angoisse était juste une affaire de sentiments : l'amour de Fong pour moi, la révolte de mon honnêteté à ses propositions, ma hâte d'embrasser mes petits, tout cet imbroglio n'eût pas été si grave si j'avais disposé de cette liberté que donne l'argent, et c'est justement ce qui me faisait défaut.

J'avais vécu très chichement au cours de ces longs mois ; ma santé en avait subi les conséquences, mais j'avais pu faire durer les 20 000 francs que j'avais rapportés de Hong Kong. Ainsi, j'avais été en mesure de rembourser les cadeaux de Fong. Mais maintenant, j'arrivais au bout de mes ressources.

Comment pourrais-je élever mes enfants, si je les faisais venir à Paris ? Paul était déjà au lycée à Hong Kong, et sa seconde langue était l'anglais. Il devrait donc poursuivre ses études non en France, où il serait complètement dépaysé, mais en Angleterre, ce qui coûterait très cher. Où trouverais-je l'argent ? Cette question restait sans réponse.

Certes, je pouvais donner des leçons de piano : mais cette activité, très prisée en Chine, était peu rentable en France, où tant d'excellents professeurs se font concurrence. Ainsi, je serais sans doute capable d'assurer ma propre subsistance, mais non d'installer un vrai foyer pour nous trois, et encore moins de payer les frais d'études de Paul, en admettant que Juliette puisse suivre en France des cours gratuits. Leur avenir était ma raison de vivre, le but de tous mes efforts, ce qu'il ne fallait à aucun prix compromettre.

Fallait-il, alors, retourner à Hong Kong ? Mais non, c'était impossible, je l'avais déjà envisagé, et j'avais légitimement écarté cette solution. Ma pensée prisonnière tournait et retournait les mêmes idées, se heurtant toujours aux mêmes obstacles, et mon chagrin ne trouvait rien pour l'apaiser. Ma santé s'altéra de nouveau.

Lorsque Fong était en France, M. Tsing avait tenu devant lui le rôle de mari : après le départ de Fong, il sembla vouloir continuer à jouer ce rôle, qui, sans doute, ne lui déplaisait pas. Non seulement il m'accompagna de nouveau chez le médecin, acheta les médicaments et me donna toutes les instructions nécessaires au traitement, mais encore, toutes les fois qu'il pouvait, il venait me chercher chez moi, m'emmenait au restaurant et au cinéma, pour me distraire, disait-il, de ma solitude et de mes soucis. J'acceptais de l'accompagner : j'avais grand besoin de réconfort, de chaleur humaine. J'étais comme entre deux vies, car je ne pouvais retourner en arrière, et l'avenir m'était inimaginable : M. Tsing était le seul à me tendre la main dans ce mauvais passage, s'efforçant toujours de me rendre plus confiante devant l'avenir qui m'effrayait.

Peu à peu, presque à mon insu, mon esprit devenait dépendant du sien. Sa forte personnalité m'impressionnait. Nos sorties du dimanche devenaient une habitude. Bien que sa situation d'ingénieur fût confortable, je me sentais gênée des dépenses qu'il faisait pour moi. Je lui proposai, au lieu d'aller au restaurant, de déjeuner chez lui. Je faisais les achats nécessaires, et, à l'heure convenue, je l'attendais sous la porte cochère de mon immeuble, boulevard du Montparnasse. Dès que j'apercevais sa Renault 8, je me précipitais vers elle, mon panier au bras, avec le sentiment d'aller vers la chaleur et la sécurité, comme un oiseau vole vers son nid.

Au treizième mois de notre rencontre (encore le nombre treize !), M. Tsing me fit une très émouvante déclaration d'amour : dans l'ambiance maintenant familière de son petit appartement, un bon disque tournant sur l'électrophone, ce fut comme le coup de grâce pour moi, et je me laissai séduire, avec peut-être le sentiment d'arriver au port, d'avoir trouvé la tendresse et la protection qui me manquaient. Ma mère avait-elle raison, autrefois, de craindre que je ne sois trop sensible aux « paroles fleuries » ? Quoi qu'il en soit, je succombai aux douces prières de M. Tsing : je ne l'avais ni voulu ni prévu. Sur le moment, je ne me fis pas de reproches : M. Tsing était libre, il n'y avait pas d'obstacle entre lui et moi. Il m'avait donné des preuves certaines de son dévouement sincère, me soignant tendrement quand j'étais laide et malade.

C'est après que la gravité de ma faute m'apparut. Avant de quitter Shanghai pour Hong Kong, en 1962, j'avais tenu à accomplir un acte religieux aussi important pour un bouddhiste que pour un chrétien le baptême. A cet effet, partie avec ma petite Juliette pour Sou-Tchéou, ville vénérable de la vallée du Yang-tseu, j'avais rendu visite à Ta Sen, l'ermite de la montagne. C'est avec la bénédiction de ce vieillard rayonnant de force et de bonté que fut confirmée ma foi bouddhiste. J'avais été son dernier enfant spirituel puisqu'il mourut quelques semaines plus tard. A Ta Sen, l'ermite de Sou-Tchéou, j'avais promis de devenir « enfant de Bouddha », et d'observer tous les commandements de notre religion, qui interdit absolument les relations sexuelles en dehors du mariage. J'avais manqué à cette promesse, comme j'avais manqué à la fidélité que je devais à mon cher mari trop tôt disparu. Une seule réparation devenait possible, réparation partielle, il est vrai : épouser M. Tsing. Ainsi, nos relations cesseraient d'être un scandale pour ma religion. Je ne voulais certes pas encourir les sanctions réservées aux personnes qui ont une vie déréglée. Elles se réincarnent, dit-on, sous forme de pigeons ou de chats. En Chine, il n'y a pas beaucoup de chats dans les rues, parce que les Chinois ne font généralement pas l'amour avant le mariage. Moi non plus, je ne voulais pas être chat. Il fallait donc me marier.

73

M. Tsing voulut que je vienne vivre avec lui sans attendre davantage, et je ne pus faire autrement qu'accepter cette première étape. D'après mon éducation et ma mentalité de Chinoise, c'était déjà vivre dans le déshonneur.

Je donnai donc congé à Mlle Sylvie pour ma chambre, et, comme une faute en entraîne une autre, j'inventai un mensonge pour sauver la face, en déclarant que j'allais m'installer chez mon oncle. Second manquement à ma religion, qui interdit aussi de mentir. Mais j'étais si honteuse que je n'osais pas avouer la vérité, et, à cause de cela, je n'ai jamais revu Mlle Sylvie, que pourtant j'aimais bien. Je mentis de la même façon à mon professeur de piano.

Mon déménagement fut terminé à la fin du mois d'octobre 1965. Une nouvelle existence commençait pour moi à Rueil-Malmaison, où, en dehors de M. Tsing, je ne connaissais personne.

Cette vie nouvelle, dès ses commencements, se révéla bien peu conforme à ce que j'avais pu attendre d'elle : avant même d'être mon mari, M. Tsing se montra tout différent de ce que j'avais cru. Je n'en pris pas conscience tout de suite. Je me répétais que je l'aimais, j'étais heureuse d'avoir retrouvé un foyer, et je m'acquittais de mes tâches ménagères avec beaucoup de zèle et de reconnaissance. Comme il est d'usage en Chine, j'accueillais le maître de maison, le soir, avec un bon thé. Mais M. Tsing n'aimait pas le thé. Je lui offris donc de l'eau bouillie et il se moqua de moi sans ménagement : cela ne se faisait pas, dit-il. Il m'apprit aussi qu'on sert toujours le thé dans des tasses, avec leurs soucoupes, et non dans des verres.

C'était surtout dans le ménage et pour frotter le sol que je faisais des efforts épuisants, et c'était surtout sur ce point qu'il me critiquait. Plus je m'évertuais à rendre son logis net et agréable, plus je frottais son linoléum qui n'avait pas dû être nettoyé depuis longtemps, plus je passais de temps à confectionner de bons repas chinois, coupant en toutes petites lamelles viandes et légumes, moins il se montrait content. Pourtant ce travail domestique m'était très pénible : rien ne m'y avait préparée. Si ma pauvre mère avait passé sa vie entière à cuisiner et à ravauder, il n'en avait pas été de même pour moi. La hantise de cet esclavage domestique fut la raison pour laquelle on me maria dans mon enfance. Entrée dans une des plus riches familles capitalistes de Shanghai, j'avais été, toute jeune encore, entourée d'égards et de soins, si bien servie que je n'avais pas même à me déranger pour boire un verre d'eau. Et maintenant, je me voyais à genoux sur le sol, que je faisais briller de mon mieux : quelle différence ! Le soir, j'étais harassée, sans même recevoir en gage un mot de satisfaction.

La lessive, aussi, me donnait beaucoup de peine : je la faisais à la mode chinoise, c'est-à-dire en lavant séparément le linge de M. Tsing et le mien. En Chine, ce serait un grave manquement au respect dû à l'homme que de mêler dans une même eau sous-vêtements masculins et féminins. Le logement de célibataire où nous vivions n'était pas commode à cet égard : je soulevais, vidais, remplissais, transvasais force cuvettes, entre douche et lavabo, car il est également exclu d'utiliser pour faire tremper des bas, des chaussettes ou des slips le récipient qui sert à laver le visage.

Je n'ai jamais été très forte, et je souffre beaucoup du bras gauche, quand je fais de trop gros efforts. Je sais l'origine de cette douleur : c'est qu'à la naissance de ma fille, je n'ai pas assez respecté la coutume chinoise, qui veut qu'une femme, après son accouchement, prenne toutes sortes de précautions pendant une période de quarante jours. Elle ne doit pas toucher l'eau froide, ni avoir de relations avec son mari, elle ne doit pas manger d'aliments crus ni s'exposer au vent, ni même lire — afin de ne pas se fatiguer les yeux — ni enfin porter quoi que ce soit. J'avais suivi toutes les prescriptions sauf une : j'avais souvent voulu, avant la fin des quarante jours, qu'on me donne dans mon lit ma petite Juliette, qui était si jolie, si mignonne, et que je portais sur mon bras gauche, justement. Voilà pourquoi je souffrirais toute ma vie de ce côté. Les Européennes sont beaucoup plus robustes que nous ne sommes, et elles ne sont pas astreintes à tant de précautions.

Quand il me voyait ainsi fourbue, M. Tsing ne me prenait pas en pitié. Je pensai plus d'une fois à mon cher mari, Liu Yu Wan, qui avait toujours été si attentif et prévenant à mon égard. Il n'aurait jamais supporté de me voir faire des efforts aussi pénibles.

Chaque soir, après le dîner, c'était l'heure de mes leçons, et j'en étais bien reconnaissante à M. Tsing, quand il m'apprenait de nouveaux mots français : mais hélas, il s'était mis en tête de m'enseigner aussi les mathématiques, où je ne vaux rien, et la géographie, qui ne m'intéresse guère. J'avais des leçons à apprendre, des devoirs à faire, et quand je me trompais, il se mettait en colère, et criait : « Tu n'es bonne qu'à taper sur ton piano ! »

Je me disais, après ces disputes, que ce n'était pas bien grave : il fallait le temps de nous habituer l'un à l'autre. Et je continuais à jouer sincèrement mon rôle de maîtresse de maison. Je guettais à la fenêtre de la cuisine l'arrivée de M. Tsing, et je sortais les plats du four pour qu'il les trouve tout chauds sur la table sans avoir à attendre un instant. Quand il partait, je lui faisais des signes à la fenêtre de la cuisine, et je courais à celle du salon pour le voir tourner le coin de la route. Bref, moi qui avais deux enfants, je me conduisais comme une jeune fille à son premier amour. Après quoi, je restais seule pour de longues heures, avec, heureusement, la compagnie de mon piano. Il m'arrivait de pleurer en pensant à mes enfants. Je me disais aussi que les mêmes questions se posaient quant à leur avenir et au mien : vivre maritalement avec M. Tsing n'avait rien résolu, et me donnait des remords.

Un jour, je fis part à M. Tsing de mon désir de rentrer à Hong Kong : après tout, rien ne me retenait ici, je n'y faisais rien d'utile. Mes cheveux avaient repoussé, mon aspect n'avait rien d'effrayant, je pouvais me présenter devant mes enfants, et je ne supportais plus notre séparation. Les problèmes qui m'attendaient peut-être là-bas, je les affronterais sur place.

M. Tsing ne voulait pas que je parte. Il fit tout pour me persuader de rester, et comme je ne voulais rien entendre, finalement, il proposa de m'épouser, pensant que c'était le meilleur moyen de me retenir.

J'avais conscience de la gravité du moment, et il m'était impossible de répondre tout de suite. En effet, si j'épousais M. Tsing, c'était une réparation de ma faute. Mais dans la bonne société chinoise, cette société à laquelle appartient ma famille, les remariages des veuves sont mal vus. Et je ne pus m'empêcher, soudain, de revenir bien des années en arrière, de penser au triste destin de ma grand-mère maternelle, veuve dans la fleur de sa jeunesse et qui le resta jusqu'à la mort. Pour la tradition chinoise, le remariage d'une veuve était un scandale et l'opprobre atteignait la famille entière. Celles qui, malgré la honte de leur acte, se cherchaient un second mari, ne pouvaient prétendre épouser qu'un misérable ou un infirme. La veuve remariée n'avait pas le droit de passer sur le terrain de son voisin, de peur que l'herbe de repoussât plus, c'était une pestiférée. De cet usage implacable, rejeté, il va sans dire, par Mao Tsé-toung, il restait quelque chose dans le sentiment familial des Chinois. Mes beaux-parents en auraient beaucoup de peine, comme si je trahissais leur fils. En outre, je ne porterais plus le même nom que mes enfants : ils en seraient sûrement choqués. D'un autre côté, ne pas me marier, ce serait renoncer pour longtemps à mes enfants. Qui sait ? Une fois marié, M. Tsing les prendrait peut-être sous sa protection avec la tendresse d'un père ?

Un peu tristement, je faisais un retour sur mon passé : car à treize ans, je m'étais mariée pour obéir à ma famille, et mon mariage avait fini trop tôt, dans la douleur. Cette fois, mon sort ne dépendait que de moi : ce second mariage portait-il plus de chances de succès que de risques d'échec ? Je ne voyais pas assez clair pour être sûre de prendre la meilleure détermination. Cela ne ressemblait guère aux rêves d'amour que font toutes les petites filles.

Et moi aussi, j'avais rêvé, autrefois, quand je lisais de belles histoires romanesques, où le héros est toujours beau, courageux, et fidèle.

Beaucoup de ces histoires se situaient pendant la terrible guerre sino-japonaise. Les Japonais violents et cruels étaient combattus dans l'ombre par de jeunes hommes chinois, pour la plupart étudiants, qui s'étaient engagés dans la lutte clandestine. Mon frère, qui voulait faire de moi une vraie patriote, m'avait vanté l'abnégation de ces étudiants, et il m'encourageait à lire les récits de leurs exploits. Beaucoup de jeunes filles rêvaient d'eux. Une histoire, surtout, me paraissait merveilleuse et me faisait pleurer.

Une très belle jeune fille vivait dans une mansarde. Un soir de pluie, alors qu'elle lisait dans sa chambre, la fenêtre s'ouvrit brusquement, et quelqu'un bondit à l'intérieur. La jeune fille eut une peur affreuse et voulut crier, mais l'homme qui avait fait ainsi irruption chez elle étouffa ses cris, et la serra étroitement contre lui. Il était si fort et si grand, qu'elle ne pouvait ni se dégager ni appeler à l'aide. Quand elle le regarda, elle vit que la pluie l'avait transpercé, et qu'il avait un beau et noble visage. Elle se rassura un peu : cet homme-là ne pouvait pas être un brigand. Comme elle paraissait calmée, le jeune homme la relâcha et lui expliqua qui il était. Il avait quitté sa famille pour devenir révolutionnaire clandestin ; poursuivi par des Japonais et des policiers chinois qui collaboraient avec eux, il avait fui par les toits, et il était entré par la fenêtre de la mansarde pour se cacher. Il priait la jeune fille de l'excuser pour la peur qu'il lui avait faite : il partirait dès que la patrouille se serait éloignée.

Emue par tant de bravoure, la jeune fille refusa de laisser partir son visiteur quand le danger était si proche. Elle le garda chez elle trois jours et trois nuits. En si peu de temps, il naquit entre eux un amour indestructible. Jamais deux êtres ne s'étaient tant aimés.

Pourtant, le jeune homme devait rejoindre les siens et reprendre la lutte. Il partit par la fenêtre comme il était venu.

La jeune fille ne le revit jamais. Chaque jour, elle attendait avec espoir. Les soirs de pluie, son cœur battait plus fort, et elle se tenait près de la fenêtre, toute à ses souvenirs.

Cette histoire me faisait pleurer à chaque lecture, quand j'étais encore une petite fille ; je souffrais avec la jeune fille, et son révolutionnaire était devenu pour moi l'image même de l'amour idéal. J'aimais la pluie, et c'était pour moi un présage : les soirs où il pleuvait fort, j'imaginais que la fenêtre allait s'ouvrir, et que mon héros viendrait vers moi.

Mon héros n'eut pas le temps de venir, puisqu'on me maria encore presque enfant. Longtemps après mon mariage, pourtant, je rêvais toujours au prince charmant.

Cette fois encore, je n'étais pas tout à fait sûre d'aimer vraiment M. Tsing. Il était à l'opposé de ce personnage romantique. Positif et conventionnel, autoritaire, volontiers solennel, il n'avait ni la haute taille ni le beau visage de l'homme entré par la fenêtre. Cependant, il avait de grandes qualités. Il m'apparut que le plus raisonnable, dans ma situation, était de l'épouser. Notre mariage serait sinon exaltant du moins paisible, solide, confiant. Il me semblait qu'ingénieur et musicienne, nous nous compléterions pour former un couple, somme toute, assez équilibré.

Je me persuadais aussi qu'il m'avait été désigné comme époux : je n'avais pas oublié l'étrange coïncidence des quatre œufs doubles le jour où je l'avais invité à déjeuner. Et puis, n'avait-il pas joué le rôle de mari en présence de Fong ? N'était-ce pas comme un second signe du destin ?

Une ancienne légende chinoise montre que nul ne peut échapper à l'époux ou à l'épouse que le destin lui a désigné.

Un jeune homme, Wai Kan, officier de la garde impériale, voyageait en compagnie de son aide de camp. Ils arrivèrent dans une ville de Son ; tard dans la soirée, ils se promenèrent jusqu'à un lieu écarté de la ville, à l'orée d'un bois. Là était assis un vieil homme, qui tenait ouvert devant lui un grand cahier, et lisait à la lumière de la lune.

Wai Kan, intrigué, s'approcha de lui, et lui demanda ce que contenait ce registre. Le vieillard répondit que tous les mariages y étaient inscrits, avant même la naissance de chacun. L'officier voulut savoir si son nom s'y trouvait, avec le nom de celle qu'il épouserait un jour. « Oui, dit l'homme, et cette nuit je te la ferai voir. »

Aussitôt, le vieillard conduisit le jeune homme, toujours accompagné de son aide de camp, jusqu'au marché au riz. Là, il désigna de loin une femme qui portait dans ses bras une toute petite fille d'à peine trois ans : « C'est cette enfant qui sera ta femme », déclara-t-il.

L'officier entra dans une grande colère : combien de temps lui faudrait-il attendre pour se marier ? Se moquait-on de lui ? Il avait espéré voir une belle jeune fille, et on lui montrait un bébé ! Dans sa fureur, et pour déjouer le sort, il donna à son aide de camp l'ordre de retrouver la petite fille, et de la tuer. L'aide de camp s'éloigna aussitôt pour exécuter cet ordre criminel, et donna à la fillette un grand coup de couteau, puis il se sauva plein de honte et de peur.

Quatorze ans plus tard, Wai Kan épousait la fille d'un haut dignitaire de l'empire. Pendant toutes les cérémonies du mariage, il ne put qu'entrevoir le visage de son épouse, à travers un léger voile de soie, qu'elle gardait baissé. Vint le moment où, les invités partis, les nouveaux mariés se trouvèrent seuls dans la chambre nuptiale. Wai Kan souleva doucement le voile de sa femme pour la regarder en face, et, comme il s'y attendait, elle était d'une parfaite beauté. Mais il fut étonné de voir qu'elle portait une fleur de tissu collée sur le front, et il lui en demanda la raison.

« Quand j'étais encore très jeune, dit-elle, un jour où ma nourrice me promenait, un fou s'est jeté sur moi avec un couteau et m'a blessée. Cette fleur cache ma cicatrice. »

Wai Kan comprit alors qu'il avait épousé l'enfant désignée par le vieil homme, autrefois, comme il était prévu dans le grand livre. « Le vieil homme sous la lune » devint l'objet d'un culte : sa statue est dans les temples, et les jeunes gens qui ont des peines de cœur le consultent, car ils savent qu'ils auront une réponse. Devant la statue se trouve une table sur laquelle sont placés l'encens, deux bougies et un petit pot en bambou contenant plusieurs dizaines de tiges également en bambou et numérotées. A genoux devant la table, il faut secouer le pot pour faire sortir une tige. A côté de la table se trouve le grand cahier du vieil homme sous la lune, dans lequel il suffit de consulter la rubrique correspondant au numéro du bâtonnet.

« Le vieil homme sous la lune » savait-il depuis toujours que je devais épouser M. Tsing ? Cela me paraissait probable. Finalement, je prononçai ce « oui » si grave pour nous deux.

Il fallait deux mois pour réunir les papiers nécessaires aux formalités du mariage. Je garde un très mauvais souvenir de ces deux mois.

Quand j'avais accepté de venir vivre chez M. Tsing, il s'était montré beaucoup moins doux et prévenant qu'auparavant. Mais quand j'eus accepté de devenir sa femme, il se révéla tout à fait tyrannique. Je ne prenais pas assez vite, selon lui, les manières françaises : il me traitait de paysanne à tout propos. Je ne faisais aucun progrès en géographie ni en mathématiques : il s'impatientait de me voir oublier au fur et à mesure ce qu'il essayait de m'enseigner. Je me défendais en lui faisant observer qu'on ne peut avoir tous les dons et que j'étais douée pour la musique. Mais justement, il estimait que je consacrais beaucoup trop de temps à mon piano.

On dit en Chine que le mariage tue l'amour : mais notre amour n'attendit pas le mariage pour disparaître. Nous nous disputions continuellement, et nos discussions éclataient à propos d'un rien : comment aurais-je pu du jour au lendemain perdre toutes nos coutumes chinoises ? Et comment un homme si intelligent ne pouvait-il le comprendre ? Comment, enfin, devenir mathématicienne en quelques leçons, alors que je n'avais pour cela aucune disposition ? M. Tsing avait été élevé froidement, par des précepteurs et des gouvernantes : il n'avait pas de grands besoins d'affection — au contraire de moi, qui avais grandi en enfant choyée. Ce n'était pas sa faute, ni la mienne : nos deux éducations nous avaient rendus tout différents l'un de l'autre, et vivre ensemble nous posait des problèmes continuels.

J'exaspérais M. Tsing non seulement le jour mais encore la nuit : il me reprochait d'avoir la peau brûlante, et de le pousser en dormant, si bien qu'il ne lui restait plus de place pour dormir. A la vérité, quand je dors avec quelqu'un, j'ai tendance à me blottir contre lui, et, s'il recule un peu, moi, inconsciemment, je gagne du terrain, si bien qu'une fois, à Hong Kong, comme je partageais mon lit avec Juliette, j'avais fait tomber par terre la pauvre petite à force de la pousser. J'étais bien désolée. Mais est-on responsable des mouvements qu'on fait en dormant ?

M. Tsing ne tombait pas du lit, mais il me décochait de furieux coups de pied pour me remettre à ma place, et je me réveillais en sursaut, effrayée et meurtrie, en me demandant ce qui m'arrivait. Je n'avais jamais été traitée avec si peu d'égards. Il n'était pas rare que la même scène se reproduisît plusieurs fois dans la nuit, et l'on imagine de quelle humeur nous étions alors l'un et l'autre, au matin, pour commencer la journée.

Ces querelles pour de petites choses n'auraient rien été si nous nous étions entendus sur ce qui était pour moi l'essentiel : mes enfants.

J'avais écrit à mon beau-père, sans lui parler de mes projets de mariage, bien sûr, mais pour lui dire encore une fois que je restais à Paris. Je lui demandais de m'envoyer les enfants. Sa réponse ne m'étonna guère : il était très mécontent. Il voulait bien que je prenne Juliette, si j'en assumais toute la charge, car il ne m'aiderait pas à l'élever loin de lui. Pour ce qui était de Paul (on sait qu'en Chine, les garçons avaient beaucoup plus de valeur que les filles), il refusait catégoriquement. M. Tsing, mis au courant de la situation, ne voulait pas m'aider, ni à élever Juliette à Paris, ni à assurer les études de Paul en Angleterre. Il estimait que mes enfants étaient très bien chez leurs grands-parents, et que leurs problèmes ne le concernaient en rien.

J'en conçus beaucoup d'amertume. Et je me mariai à Rueil, le 23 décembre 1965, le cœur plein de rancune, convaincue d'avance que notre mariage ne durerait pas. Quelle différence entre ce passage rapide dans une mairie de banlieue, et mes pompeuses noces d'autrefois, quand j'avais épousé Liu Yu Wang ! Et comme les êtres sont pleins de contradictions, je ne pus me retenir d'évoquer ce qui avait pourtant été pour moi un palanquin de larmes, l'interminable cérémonie du Pavillon de la Fleur d'Abricotier à Shanghai, les trois étages réservés aux invités, la décoration de soie verte et rouge, les maîtres d'hôtel et les photographes, le tapis rouge et la marche nuptiale de Mendelssohn, les triples génuflexions devant toute la parenté et les nombreux « kam pé », et dehors, les voitures américaines qu'une patrouille de l'Armée rouge, dans Nanking Road, regardait avec indifférence...

Personne ne fut informé de ce second mariage. Si mon

beau-père en avait eu vent, il n'aurait pas même consenti à m'envoyer Juliette, car il aurait regardé mon mariage comme un déshonneur. Cependant, je trouvais encore plus déshonorant de vivre avec un homme sans être mariée avec lui. Ainsi, je pensais avoir pris la meilleure décision possible, dans la situation où j'étais.

Et je conservais l'espérance : j'ai beaucoup de volonté, et je suis obstinée pour ce qui me tient vraiment à cœur : même si ce devait être long et difficile, je parviendrais à nous réunir tous les trois, et la venue de Juliette allait être un premier pas important vers notre rassemblement. Chaque fois que je revenais à la charge à ce propos, M. Tsing criait et tempêtait, ne voulant rien entendre. Mais je me sentais d'une force et d'une résolution à soulever des montagnes, non d'un seul coup, sans doute, mais peu à peu.

Un choc terrible survint à l'improviste peu après mon mariage : une lettre d'injures, envoyée par la femme de Fong, ma belle-sœur Liu Yu Lan. Comment avait-elle appris le passage de son mari à Paris ? Comment savait-elle qu'il m'avait fait des cadeaux ? Elle était dans un état de rage indescriptible, et m'insultait avec tant de violence, elle m'écrivait des mots si vulgaires, tellement ignobles, que je me mis à trembler de la tête aux pieds. J'étais à ses yeux une intrigante, une aventurière sans scrupules, j'avais essayé de lui voler son mari, et elle menaçait de me salir dans l'esprit de mes enfants en leur racontant les turpitudes dont elle me croyait coupable. Je me sentais souillée d'avoir lu une telle lettre, et je m'empressai de la détruire pour ne plus la voir.

En fait, ma belle-sœur, avant son mariage avec Fong, avait été enceinte d'un autre homme ; depuis cette époque-là, l'entente avait toujours été entre eux quelque peu boiteuse. Je compris qu'elle se réjouissait secrètement en croyant lui découvrir des torts à lui aussi. Et je me souvins du scandale qu'elle avait suscité, lorsque j'étais encore à Hong Kong, en accusant sa bonne d'avoir séduit son mari. Elle avait injurié et battu la malheureuse, sans aucune retenue, et personne ne sut jamais si la jeune fille avait été coupable ou innocente. Toujours tremblante, je pensai que si je m'étais trouvée à Hong Kong, ma belle-sœur, au lieu de m'écrire, aurait sans doute voulu me traiter comme elle avait traité sa domestique. hurlant, me frappant, rameutant les badauds, interpellant mes enfants, peut-être ? Je n'aurais pas pu le supporter, je serais morte. Comme j'avais été bien inspirée de rester en France !

Je ne répondis pas à ma belle-sœur, trop fière pour m'abaisser à me justifier. Mais tout de suite après cette affreuse lettre, j'en reçus une autre, de mon beau-père à qui Liu Yu Lan s'était plainte de moi. A mon beau-père, je répondis : je lui envoyai les lettres de Fong, que j'avais heureusement gardées, et où il me reprochait de toujours le repousser ; j'y ajoutai le reçu de mon remboursement pour les cadeaux. Je prouvais ainsi que loin de travailler à défaire le mariage de ma belle-sœur, j'avais au contraire tout fait pour le sauver. Et certes, j'étais heureuse de démontrer ainsi mon innocence de façon irréfutable : mais cela suffirait-il à détourner cette femme furieuse de ses sinistres projets ? N'allait-elle pas chercher à me nuire auprès de mes enfants ? Ils étaient encore bien jeunes, et nous étions séparés depuis longtemps : peut-être la croiraient-ils et douteraient-ils de moi ? Ce serait d'autant plus grave pour eux qu'ils n'avaient plus de père : s'ils perdaient confiance en leur maman, que leur resterait-il ? Cette pensée me minait, et je sentais l'urgence de les avoir avec moi, de les entourer de ma tendresse, de leur donner ce climat de sécurité dont tous les enfants ont besoin pour s'épanouir harmonieusement.

Et voilà ce qui me séparait de M. Tsing : en m'épousant, en m'éduquant à sa manière, il voulait faire de moi une femme nouvelle, conforme à ses goûts, et sans passé ; moi au contraire, j'étais entièrement attachée à mes enfants et je ne renonçais pas une minute à eux, à la volonté de les retrouver, considérant ce second mariage comme une période transitoire, car tout me disait que M. Tsing et moi, nous ne finirions pas nos jours ensemble. Trop de scènes graves avaient déjà eu lieu entre nous, et son incompréhension pour ce qui m'était le plus cher devenait à mes yeux impardonnable.

Je n'avais personne à qui me confier : ni parent ni ami, personne. Il fallait puiser mon courage en moi-même, comme le géant Ing Tshe de la légende.

Il y a longtemps, longtemps, il y a plus de mille ans, un ambitieux nommé Wong Te renversa le généreux empereur Yi, et s'installa sur le trône à sa place. Il devint le plus puissant des tyrans et le plus redouté du peuple qu'il opprimait sans pitié.

Le géant Ing Tshe voulut venger l'empereur Yi, et libérer les populations malheureuses en abattant l'usurpateur. Il quitta le ciel côté sud pour aller provoquer l'empereur Wong Te, et arriva à la porte du palais. Wong Te, en colère, s'empara d'un sabre précieux et se précipita contre le géant, qui tenait son bouclier de la main gauche et une hache dans la main droite. Le combat fut d'une extrême violence, tous les soldats du palais luttant pour défendre l'empereur contre le géant. Celui-ci, attaqué de tous les côtés à la fois, sentit venir la fatigue. Profitant de ce bref instant de défaillance, Wong Te, d'un formidable coup de sabre, trancha la tête du géant. La tête tombe avec un fracas de tonnerre, et roule dans la vallée, rebondissant sur les rochers. Le géant, interdit, veut toucher sa tête sur ses épaules, et ne la trouve pas. Il cherche partout à tâtons. Wong Te ne veut pas que Ing Tshe retrouve sa tête, car alors le combat reprendrait de plus belle : d'un profond coup de son sabre précieux, avec un bruit de tonnerre, il ouvre la montagne en deux, la tête tombe au milieu, et la montagne se referme à jamais, ensevelissant la tête à une profondeur inaccessible.

Le géant comprit alors qu'il ne retrouverait jamais sa tête, qu'elle serait toujours séparée de son corps. Il entendait rire son ennemi, d'un rire moqueur et victorieux, insupportable. Si grande fut alors sa volonté de vaincre, que le géant Ing Tshe, empoignant avec force sa hache et son bouclier, se remit à combattre en aveugle, assenant autour de lui des coups d'une force décuplée. Et à mesure qu'il frappait, son énergie croissait, ses mamelons se métamorphosaient en yeux, son nombril devenait sa bouche, une tête lui était ainsi rendue, venue de son désir de triompher : de sa bouche nouvelle, il lança une puissante malédiction, et visant de ses nouveaux yeux son ennemi médusé, il le jeta à terre, mortellement atteint.

Ainsi, quand nous sommes affaiblis, écrasés par plus fort que nous, sans aucun espoir raisonnable d'avoir le dessus, comme le géant sans tête, demeure au fond de nous une ressource inépuisable : la rage, la révolte, la volonté d'avoir un jour assez de forces pour reprendre le combat et le mener à bien. La légende du géant montre que dans la situation la plus désespérée, celui qui est victime de l'injustice peut encore tirer un miracle de lui-même à condition qu'il ne renonce pas.

J'appliquais cette leçon à ma propre situation : oui, même si je devais y perdre la tête comme Ing Tshe, même si cette tête devait être enterrée au fond d'une montagne, je continuerais à lutter pour faire venir mes enfants. La première condition était de trouver de l'argent. Comment en gagner ?

Je me rendis au restaurant de Mlle Lin, pour lui demander conseil. Elle m'accueillit avec sa gentillesse habituelle. Malheureusement, ce qu'elle me dit ne me réconforta guère : selon elle, il n'y avait pas de travail possible en France pour un Chinois non technicien, si ce n'est dans le restaurant. Ouvrir un restaurant, c'était la seule solution. Or, il fallait pour cela un capital, et je n'avais rien. Fallait-il recourir au système d'entraide qu'on appelle en France « banque chinoise » ?

Dans ce système, l'homme qui a besoin d'argent pour une entreprise telle que, par exemple, l'achat d'un fonds de commerce ou d'un restaurant, réunit un certain nombre de participants. Il est à la fois le banquier et l'emprunteur. Supposons que vingt personnes soient réunies, apportant mille francs par mois chacune, ce qui représente une somme de vingt mille francs. Un contrat moral lie pour un ou deux ans les partenaires. Ils décident de se réunir une ou deux fois par mois. Si l'un d'eux a besoin d'argent, il propose un intérêt, mais l'intérêt proposé par plusieurs partenaires est inscrit sur un papier plié, et la préférence sera donnée au plus offrant. Il va de soi que, sur les sommes touchées, les intérêts sont déduits. Sans entrer plus avant dans les détails financiers de la banque chinoise, soulignons simplement les deux caractères particulièrement originaux de cette entreprise aux yeux d'un Occidental : c'est l'homme qui a besoin d'argent qui est le « banquier ». Et d'autre part, il va de soi que ce « banquier » ne peut être qu'un homme irréprochable, méritant la confiance absolue de ses partenaires. Confiance rarement trompée même s'il y a des accidents, car le banquier malhonnête serait mis au ban de la petite société fermée que constituent les milieux chinois d'une ville ou d'un pays de la « diaspora ».

Je ne pus me résoudre à utiliser cette méthode : d'abord parce que je ne connaissais pas assez de personnes qui puissent me faire confiance, et ensuite parce que je n'avais pas assez confiance en moi-même : comment saurais-je tenir un restaurant ? Et en cas d'échec, comment pourrais-je jamais rembourser ma dette ? Il me fallait commencer plus petitement, agir par tâtonnements, chercher dans la pratique ce qui me conviendrait le mieux, sans trop risquer d'un coup, sans investir imprudemment sur une seule activité des capitaux que je n'avais pas.

J'écrivis de nouveau à mon beau-père en le suppliant

de m'envoyer Juliette : je lui expliquai que les écoles en France sont gratuites. Coûte que coûte, j'arriverais bien à nourrir mon enfant : il ne lui faudrait pas grand-chose pour vivre. Au moment même où j'écrivais ces mots, j'avais bien conscience du risque que je prenais, car même ce « pas grand-chose », je ne l'avais pas. Mais j'étais soutenue par ma foi. Il me semblait impossible de ne pas trouver au moins un bol de riz pour ma fille.

Comme une réponse du ciel, je reçus alors une lettre recommandée que ma mère m'envoyait. Dans cette lettre, il y avait des perles de toutes les couleurs, ces perles de Bouddha qu'on appelle aussi « perles de Suinli », et qui sont extrêmement rares et précieuses.

Ces perles ont deux origines : lorsqu'un moine très avancé dans la vie spirituelle vient à mourir, il arrive qu'après l'incinération de ses restes on trouve dans le bac où son corps a été brûlé, « le bac de lotus », une quantité de ces perles mêlées à ses cendres. Plus les perles sont nombreuses et colorées, plus le moine était saint.

L'autre origine des perles de Suinli est tout aussi merveilleuse. Nous faisons nos prières bouddhistes devant une petite table où est posé le Dieu, entouré de cierges ; près de lui, une tige de coton brûle dans une coupelle d'huile. Quand les prières sont d'une extrême ferveur, quand celui qui prie est un cœur pur, il arrive — très rarement — que la tige de feu éclate et se répande en une pluie de perles de Suinli.

J'avais entendu parler souvent de cette réponse du Dieu, touché par la foi d'un cœur absolument fervent, mais jamais pareille chose ne m'était arrivée. Or, voici ce que ma mère m'écrivait : alors qu'elle priait pour moi de toutes ses forces, la tige enflammée avait jeté une grande lumière, et les perles de Suinli avaient jailli, tombant de tous côtés. Ma mère, au comble de l'émotion, avait pieusement recueilli le précieux butin, et elle me l'envoyait, comme un gage de la protection de Bouddha. Elle m'exhortait à ne pas perdre courage, et me disait que ce miracle lui donnait la certitude que toutes mes entreprises étaient protégées, auraient une suite favorable, puisque les dieux manifestaient aussi clairement qu'ils étaient avec moi.

L'amour de ma mère m'illumina : ainsi, quand je me croyais seule à débattre mes problèmes, elle priait de son côté avec tant de piété que les dieux en étaient touchés. Je regardai une dernière fois les petites perles merveilleuses aux chatoyantes couleurs qui me promettaient un appui surnaturel et qui témoignaient de la pureté du cœur de ma mère, puis je les avalai dans un verre d'eau, pour prendre avec moi la force irrésistible que Bouddha me donnait pour lutter contre toutes les difficultés. Je me sentis tout le courage du monde : rien ne pourrait désormais me faire douter du succès final. Le Bouddha me protégeait, il ne m'en fallait pas moins faire des efforts et avoir des idées.

Je portais de temps en temps un gilet brodé de perles dont tout le monde me faisait compliment. Comme il me restait encore un peu d'argent à Hong Kong, j'eus l'idée de me faire expédier une douzaine de ces gilets, et je les proposai aux personnes à qui le modèle avait plu. Je les vendis très bien. Je fis venir également des sacs brodés de perles : là encore, ils partirent facilement. J'étais contente et pleine d'espoir : M. Tsing jeta de l'eau froide sur mon enthousiasme. En effet, ce que je faisais n'était pas légal (mais je l'ignorais) : il fallait m'inscrire au registre du commerce. M. Tsing m'expliqua qu'il ne voulait pas avoir d'ennuis à cause de moi, et que comme nous étions mariés sans contrat, sa responsabilité était engagée dans tout ce que je faisais. Heureusement, un de ses amis, M. Ken, m'aida à trouver, rue de Richelieu, une cave à très faible loyer : ce n'était certes pas un palais, mais ce local pourrait servir d'entrepôt pour mes marchandises, et ce serait une domiciliation commerciale. Je pus ainsi me mettre en règle avec la loi, et augmenter mes modestes importations.

Je sentis vite que cette activité allait absorber une part de mon temps toujours plus grande. Aussi, avant de me laisser tout à fait prendre par ce travail, je voulus, comme je l'avais rêvé, donner un concert qui, dans mon esprit, devait être le fruit de mes études pianistiques à Paris. Je n'avais pas été de ces « étudiants » chinois qui n'étudient guère et ne font que se frotter un peu aux coutumes étrangères avant de rentrer au pays avec un prestige usurpé. Je voulais donner une démonstration publique des efforts accomplis et des progrès réalisés. Malheureusement, donner un concert à Paris est difficile, et il faut y engager beaucoup de frais : j'eus la chance d'avoir, à l'Alliance française, une amie qui m'ouvrit les portes. La recette irait intégralement à l'Alliance française, mais je pourrais jouer devant cinq cents personnes : c'était mieux que rien. Je donnerais le programme de mon concours, et donc je n'avais rien à préparer. J'envoyai ce programme à

Hong Kong, où je voulais montrer que je n'avais pas perdu mon temps depuis mon départ.

Il fallait me présenter autant que possible à mon avantage devant le public : je fis venir de Hong Kong une robe chinoise bleu nuit brodée de perles blanches. Comme elle était fendue très haut sur les côtés, je la fis coudre jusqu'à une hauteur plus convenable pour la France. Mais il fallait aussi me maquiller un peu, ce que je ne faisais plus depuis la mort de mon mari, et là, je me trouvai perplexe : que fallait-il acheter ?

Paris est une ville réputée pour ses produits de beauté mais je ne m'étais jamais maquillée et je n'y connaissais rien : en Chine, j'avais toujours utilisé les méthodes chinoises et ce que ma maman m'a appris.

Pour protéger ma peau, maman m'a interdit d'utiliser des crèmes, des produits, des poudres importées de l'étranger parce que j'ai une peau très fine, et elle avait peur que je ne perde ma beauté avec les produits chimiques qui m'irriteraient la peau.

Elle m'a appris comment me laver le visage tous les jours. Car on n'utilise jamais de savon, on prend les blancs d'œufs : c'est mieux que le savon, ça rend la peau plus lisse et plus propre. On se sert d'un même blanc d'œuf plusieurs jours ; en effet on perce d'un petit trou et tous les jours on fait couler un peu de blanc pour nettoyer sa peau, on s'en sert comme d'un flacon. L'œuf sert aussi bien à laver le visage que les cheveux.

Une fois par semaine, après avoir bien nettoyé le visage, on prend le blanc d'œuf, on le met sur le visage, et on ne lave pas, on attend que le blanc devienne sec ; peu à peu on sent que le visage se serre comme un masque, on le garde pendant vingt minutes, on ne parle pas pendant tout ce temps, on ne sourit pas, on ne fait aucun mouvement du visage, aucune expression ne doit apparaître, l'œuf agit, il resserre tous les pores de la peau ; puis c'est le moment d'enlever l'œuf, on prend une serviette en coton, très doucement et on masse le visage, on dit que cela évite les rides et que c'est très bon pour la circulation du sang, on rétrécit ainsi les pores de la peau ; ensuite on prend du lait froid, on rince le visage et cela le nourrit en même temps.

A propos de rides, on peut remarquer que les Chinois, et les Asiatiques en général sont moins ridés que les Européens. Nous sommes des gens mieux conservés ; la raison en est que nos sentiments restent toujours à l'intérieur de nous. On ne rit pas facilement, ni pour des riens, on n'éclate jamais de rire, on se contente simplement de sourire. Jamais on ne montre les sentiments que l'on ressent, aucune expression n'apparaît sur le visage.

Quand le soir je dois aller au lit, je me mets à ce moment-là une couche de crème : cette crème s'appelle « crème de perles ». Elle est faite avec des plantes chinoises et des perles. Sa fonction est de faire sortir toutes les saletés de la peau : en se servant de cette crème de perles on garde toujours la peau blanche et lisse, on enlève ainsi tous les boutons et les points noirs.

Voici comment on fait cette crème : les perles, en Chine, sont largement utilisées pour la beauté. On prend des perles de la meilleure qualité, on les écrase jusqu'à ce qu'elles deviennent de la poudre, et on prend cette poudre passée au tamis tous les jours au petit matin à jeun ; la peau devient alors plus nacrée et très fine. D'ailleurs l'impératrice Tse Shez, quand elle était très âgée, ne paraissait que trente ans, parce qu'elle avait utilisé cette poudre toute sa vie. En même temps la poudre de perles est un médicament, c'est très bon pour le cœur, pour le foie, cela le purifie. En Chine, c'est à nos yeux que l'on voit la bonne ou mauvaise fonction de notre foie, si nos yeux sont beaux et que le blanc est bien blanc, c'est que notre foie fonctionne très bien. Cette poudre nous fait garder éternellement notre jeunesse. C'est la peau et le regard qui font vieillir les gens.

La seule poudre que j'aie utilisée pour le visage jusqu'ici, c'est la poudre de riz faite à la façon chinoise : les Chinoises utilisent du riz qui vient d'être récolté et qui a une couleur très blanche, avec du riz plus vieux et donc plus foncé ; on les mélange. On écrase alors ce riz cinq ou six fois à la mouli-nette de dimensions différentes et à chaque fois, on le passe au tamis jusqu'à ce que la poudre soit douce et fine.

Pour éviter qu'il se forme des dépôts dans le riz, en raison de l'humidité du climat, et pour que le riz ne colle pas, on ajoute une très faible quantité de poudre de plomb et à ce moment la couleur de la poudre se fonce.

Pour le rouge à lèvres et le rouge à joues, on utilise toujours les roses, ni trop claires ni trop foncées, on les écrase au pilon jusqu'à ce que cela devienne comme une pâte, puis on presse pour faire sortir le jus des roses, on utilise des boules de ouate en soie. Ces boules, on les met en petits morceaux et on les trempe dans le jus des roses. Quand il fait très chaud, on les expose au soleil pendant trois à quatre jours jusqu'à ce que cela devienne complètement sec. Quand on veut s'en servir tous les jours, à ce moment, on prend un morceau de cette pâte, on la mouille avec de l'eau tiède et on le met tout de suite sur les joues, la couleur en est très naturelle, cela n'abîme pas la peau, bien au contraire : c'est même très nourrissant.

Pour leurs cheveux, les Chinoises utilisent un petit instrument, appelé « Fleur de prunier », qui comporte sept aiguilles très fines, comme celles qui servent à l'acupuncture ; elles tapotent le cuir chevelu avec ses petites aiguilles, et le cuir chevelu, picoté, irrigué, est alors en bon état pour la repousse des cheveux, quand ceux-ci sont malades ou peu fournis. On peut aussi favoriser le bon état de la chevelure en frottant la racine des cheveux avec du gingembre frais.

Eclaircir le teint et affiner la ligne, c'est possible avec un certain thé dit « Jade-printemps », excellent en particulier pour les personnes qui ont une nourriture trop riche en viande et en graisse : en effet, ce thé très « yin » compense l'excès de « yang » des aliments carnés Il est rafraîchissant et dépuratif.

Tout cela était très raffiné, naturel, et excellent pour la beauté : mais, à Paris, il me fut plus facile d'entrer simplement dans un magasin de parfumerie, et de me fier à la vendeuse qui me conseilla très bien.

Mon concert eut lieu au mois de mars 1966, et fut une réussite. Je m'amusai de voir la fierté de M. Tsing, qui prenait visiblement sa part des éloges qu'on me décernait. Il avait oublié ses reproches, et ne disait plus : « Tu n'es bonne qu'à taper sur ton piano ! » On aurait pu croire qu'il m'avait toujours encouragée à étudier la musique, tant il rayonnait de satisfaction.

Un journaliste de Hong Kong était dans la salle, et il rendit compte là-bas de mon concert avec un commentaire flatteur : j'en fus très heureuse pour ma famille et mes amis.

De retour chez moi, je rangeai mes partitions. Pendant un certain temps, je ne devais plus penser qu'à ce commerce débutant qui me permettrait de réaliser mon objectif, et de retrouver mes enfants. Mes adieux à la musique n'étaient qu'un au revoir.

5 *Difficiles débuts dans le commerce / La pureté du lotus / Juliette est annoncée / Course poursuite nocturne dans le bois de Boulogne et intervention de la police / Le tableau d'ivoire / En vacances malgré moi / Le miracle des deux parfums / Je m'évade par la gouttière / Rêverie nocturne sur un rivage espagnol / Espoir de retrouvailles.*

Avant même le concert à l'Alliance française qui mettait pour moi le point final à toute une période de ma vie, je m'étais lancée dans le commerce avec une farouche résolution, comme on repart de zéro pour une destinée nouvelle.

Aucun métier ne s'improvise : à vingt-huit ans, sans la moindre expérience de ce genre de travail, j'allais avoir affaire à de vieux routiers, rompus aux astuces professionnelles, forts en marchandage, et bien plus fins que moi. Je commis quelques erreurs inévitables, je fis fausse route plus d'une fois, il m'arriva de perdre mon temps et mes énergies sur des voies sans issue — mais rien ne pouvait me décourager. Chaque tentative me fut, d'une façon ou d'une autre, utile. Ou bien elle réussissait — ou bien, si elle ne réussissait pas, elle m'enseignait au moins ce qu'il ne faudrait plus faire.

J'avais commencé par vendre des gilets et des sacs brodés de perles, fabriqués à Hong Kong. Il m'apparut bientôt que je n'avais plus de débouchés pour cette marchandise. Une autre spécialité de Hong Kong, ce sont les perruques de cheveux naturels. Ces perruques coûtent très peu cher et elles sont très faciles à coiffer, car le cheveu asiatique a une section plate, et non ronde comme celle du cheveu européen :

les mèches se mettent bien en ordre. Je fis venir de Hong Kong un lot de ces perruques, avec l'espoir de les vendre aux coiffeurs parisiens.

Me voilà donc, faisant du porte à porte, allant d'un salon à l'autre avec quelques modèles différents, que je transportais dans un sac.

J'étais peut-être trop timide dans ma présentation, et trop peu convaincante : les coiffeurs me donnaient l'impression que je les dérangeais dans leur travail, et qu'ils n'avaient aucun besoin de l'article que je leur présentais. Quand, par chance, ils daignaient jeter un coup d'œil sur mon chargement, ils me proposaient des prix dérisoires, qui ne m'auraient laissé aucun bénéfice, et je remportais, le cœur gros, mes jolies perruques, plutôt que de les abandonner pour rien. Souvent, j'emportais en même temps des paroles désagréables, des moqueries, des plaisanteries de mauvais goût. J'en étais étonnée : il me semblait qu'on aurait pu refuser avec politesse mes perruques, si l'on n'en voulait pas, et respecter cette étrangère que j'étais, et qui cherchait seulement à gagner sa vie, comme tout le monde.

Il fallait me cuirasser contre ces vexations.

M. Ken, cet ami de M. Tsing qui avait trouvé pour moi la cave de la rue de Richelieu, ne fut pas étonné de mes déboires quand je lui en parlai : le marché, me dit-il, était saturé de perruques asiatiques. Je ferais mieux, selon lui, d'importer des coffrets à bijoux et des bois sculptés en provenance de Ning Po qui avaient une vieille réputation et qui semblaient redevenir à la mode. Je savais fort bien de quoi il parlait, puisqu'à la veille de mon premier mariage, à Shanghai, c'étaient des femmes de Ning Po qui avaient conseillé ma mère pour la confection de mon trousseau. L'énumération des meubles en bois, de la vaisselle, de l'argenterie, du linge et des bijoux indispensables, l'avait même littéralement affolée. Je me souvenais aussi de la paire de couvertures de duvet de canard que, conformément à la coutume de Ning Po, la belle-fille devait personnellement offrir à sa belle-mère. Or, Ning Po était précisément la ville natale de mes beaux-parents, et je leur écrivis. Peu de temps après, je reçus une vingtaine de coffrets et une trentaine d'autres pièces diverses de bois sculpté. M. Ken écoula quelques objets parmi ses relations. Pour le reste, il fallait me débrouiller toute seule.

Me désintéressant de la corporation des coiffeurs, je me

tournai donc vers celle des antiquaires, et je repris mes courses dans les rues de Paris.

Mais transporter de légères perruques dans un sac, ou tenir à pleins bras des bois sculptés, ce sont des opérations bien différentes. Je ne pouvais montrer que peu de marchandise à la fois, et j'étais vite épuisée, car si mon chargement était insuffisant pour le choix de l'éventuel acheteur, il était beaucoup trop lourd pour mes faibles forces. Quand par chance, un antiquaire semblait s'intéresser à mes bois sculptés, les marchandages commençaient, et je devais me cramponner à mes résolutions pour ne pas accepter un prix trop faible : la tension nerveuse s'ajoutait à la fatigue physique. Quelquefois, l'antiquaire acceptait de prendre un ou deux objets en dépôt, et je repartais allégée et pleine d'espoir. Le commerce est un jeu où parfois l'on perd, et parfois on gagne : j'essayais de gagner.

On me conseilla d'aller au marché aux Puces, où les revendeurs sont installés les uns près des autres. Ce marché n'est ouvert que le samedi, le dimanche et le lundi. De Rueil-Malmaison, les bras chargés de mes pesants bois sculptés et par n'importe quel temps, je marchais une bonne demi-heure jusqu'au taxi collectif qui m'emmenait à Paris ; je m'engouffrais dans le métro avec autant de marchandises que je pouvais en porter, et au marché aux Puces, je me présentais à différents stands, en proposant mes objets.

Je me souviens d'un dimanche où j'affrontai ainsi une tempête de neige. Le froid m'avait surprise, mal équipée pour cette tardive offensive de l'hiver ; mes souliers glissaient sur le pavé, j'étais trempée et glacée, les bras me faisaient mal, et aussi le dos, les épaules contractés par le froid et l'effort. Les marchands désœuvrés attendaient en vain la clientèle, qui ne venait pas.

Les larmes me brouillèrent bientôt la vue. Etait-ce bien moi que suivaient les regards indifférents ou ironiques des antiquaires, moi qui autrefois vivais entourée d'attentions affectueuses et déférentes, dans une maison chaude et confortable ? Mon cher mari prévenait le moindre de mes désirs, m'évitant toute peine, écartant de moi tout souci, toute contrariété. Et j'étais aimée si tendrement en ce temps-là...

Je ne vendis rien, ce triste dimanche. En rentrant à Rueil, je trouvai M. Tsing qui lisait tranquillement au chaud, et attendait que je prépare son dîner. Il n'avait pas proposé de m'accompagner en voiture, ne serait-ce que jusqu'à la gare : cet homme rationnel estimait qu'il faisait tout son devoir en subvenant à mes besoins. Libre à moi de me tuer au travail par ailleurs : il ne m'en empêchait pas, mais il tenait à me montrer qu'il ne lèverait pas le petit doigt pour m'aider.

Je lui racontai comme cette journée avait été dure pour moi, et il sentit mon amertume. Tout ce qu'il trouva pour me réconforter fut de me dire qu'on lui avait bien recommandé de ne jamais épouser une veuve, car elle ne peut s'empêcher de faire sans cesse des comparaisons avec son premier époux. Je n'avais plus qu'à me taire.

A quelque temps de là, un antiquaire, qui paraissait intéressé par mes bois de Ning Po, me dit qu'il souhaitait choisir parmi tous les articles disponibles, et il vint dans ma cave pour les examiner. Une fois descendu dans mon petit local, où nous étions seuls, il se dit déçu par mes objets qui n'étaient pas assez anciens pour sa clientèle. Mais il voulait me faire plaisir, et m'acheter un coffret qu'il offrirait à sa femme, à condition que je lui donne en prime un baiser. Il s'approche alors de moi et veut me prendre dans ses bras. Tandis que je le repoussais fermement, il sortit des billets de banque de son portefeuille en criant qu'il payait tout de suite. Pour qui me prenait-il ? Je me retins de le gifler — ce qu'il méritait bien, pourtant — et je le mis dehors.

Puis, je me laissai tomber sur une chaise, avec découragement, et réfléchis une fois de plus à ma situation précaire. J'avais reçu une éducation très sévère et rigoureuse : j'étais attristée de voir le manque de sérieux de certains hommes qui, quand ils traitent une affaire avec une femme, croient pouvoir se permettre une familiarité déplacée. Cela rend les combats de la vie beaucoup plus difficiles pour nous, les femmes, qui devons nous défier des inconnus et nous tenir toujours prêtes à défendre notre dignité. Je pensais à mon grand ancêtre Chow Tung Yie, qui était un savant célèbre, et donnait l'exemple d'une rigueur morale inflexible.

Cet aïeul était grand officier, c'est-à-dire l'équivalent d'un ministre ou d'un conseiller de l'empereur. Or, l'empereur avait un caractère faible et léger, influençable et soumis aux flatteurs qui l'entouraient et exploitaient sa crédulité. Mon ancêtre tenta de lui ouvrir les yeux, et de lui montrer, en toute bonne foi, que son entourage n'avait en tête que des intérêts particuliers, et que le souverain, en suivant les mauvais conseils, augmentait encore la misère du pays et se rendait profondément impopulaire. Il y a un proverbe chinois qui dit : « Les bons médicaments sont amers au goût et les bons conseils amers aux oreilles. » L'empereur s'impatienta de l'insistance de Chow Tung Yie, et le somma de se taire. Mon aïeul n'en fit rien, sûr d'être dans le vrai et de faire son devoir. Exaspéré, l'empereur, pour ne plus entendre son trop fidèle conseiller, l'envoya en disgrâce à Tchao Tcheou, faubourg de Canton, dans un pays pauvre et perdu — si pauvre qu'il ne laissait aucun espoir de le quitter — et où il végéta jusqu'à la fin de ses jours, n'ayant que la satisfaction de n'avoir ni parlé ni agi contre sa conscience. Certes, il aurait pu affecter de se repentir, et reprendre sa place à la cour. Mais il n'y aurait consenti pour rien au monde, préférant l'exil et la pauvreté pour lui et sa famille à la souillure d'une compromission.

Mon père m'a souvent raconté cette histoire, qui est célèbre, et que les enfants apprennent à l'école, ainsi qu'un petit poème qui oppose le mothan, fleur pourpre et magnifique, symbole de richesse, au lotus blanc, simple symbole de la pureté.

« Tout le monde admire le mothan pour sa magnificence, mais moi je n'aime que le lotus.

« Le lotus prend naissance au fond de la boue, mais sa tige droite et nette se dresse haut, tenant la fleur immaculée au-dessus de toute souillure. Le parfum du lotus exhale sa suavité loin à la ronde, signalant la présence de la fleur si pure que nulle main n'ose la profaner en la cueillant. »

Mon père me recommandait de prendre pour modèle ce lotus, et d'être moi aussi toute droite, digne, blanche, et inaccessible. C'est ce que je voulais être toute ma vie : les audaces des mauvais plaisants m'affligeaient par leur bassesse.

Et je mesurais les difficultés de ma situation incertaine : les salariés pouvaient compter chaque mois sur une somme fixe, et organiser leur budget. Mais moi, je ne savais jamais si j'allais vendre ou non : j'étais à la merci d'une foule d'éléments imprévisibles, et en particulier de l'humeur des clients. Ainsi, j'avais été toute contente de recevoir cet antiquaire dans ma cave : j'espérais qu'il m'achèterait beaucoup de choses, et au lieu de cela, je l'avais mis dehors, et il ne m'achèterait jamais rien.

Avec des gains aussi aléatoires, pouvais-je espérer qu'un jour je serais capable d'élever mes enfants ? Ils avaient besoin de sécurité, de régularité : comment pourrais-je leur assurer ces conditions de vie dont j'étais encore si loin ? J'eus alors la pensée d'une autre solution : si j'étais décidément incapable de survivre par le commerce, j'aurais toujours la ressource de trouver du travail dans un restaurant, comme serveuse ou laveuse de vaisselle. Ou encore, je me ferais bonne à tout faire dans une famille. Aucun métier honnête ne me ferait honte, rien ne me rebuterait puisque ce serait pour mes enfants. Cette idée me réconforta : mais je voulais tout tenter pour n'avoir pas à recourir à ces expédients, que j'envisagerais en dernier lieu.

Pour commencer, puisqu'il était imprudent de recevoir les acheteurs éventuels dans ma cave (laquelle, par ailleurs, ne payait pas de mine), il fallait que j'apprenne à conduire. M. Tsing, qui était ingénieur dans l'industrie automobile, trouva pour moi une voiture d'occasion très peu chère, et qui me convenait tout à fait. Je me sentis plus indépendante, et je m'en réjouis comme d'un progrès vers notre avenir.

Un jour enfin, j'appris que Juliette allait obtenir son visa. Mon beau-père m'écrivit pour me l'annoncer, et pour me dire qu'il lui paraissait raisonnable de ne pas perturber l'année scolaire de l'enfant : il proposait donc de la garder à Hong Kong jusqu'à la fin du trimestre, et elle arriverait à Paris au cours des vacances d'été. C'était une sage décision. Mon cœur bondissait de joie à la perspective de nos retrouvailles : mais quelle serait la réaction de M. Tsing ?

Toutes les fois que j'avais tenté d'aborder ce sujet, la conversation avait tourné court, dans les cris et protestations de M. Tsing, qui ne voulait rien entendre. Il ignorait que mon beau-père et moi avions fini par nous entendre sur la venue de Juliette ; il ignorait que son visa avait été demandé, mais pas encore obtenu. Cette fois, il n'était plus temps de remettre à plus tard : je me promis que la journée ne se passerait pas sans que nous soyons tombés d'accord sur les dispositions à prendre pour recevoir ma fille.

M. Tsing rentra de son bureau comme d'habitude. Je ne savais comment aborder la question qui me préoccupait. Il semblait d'assez bonne humeur. A table, je parlai avec lui de choses et d'autres : il me racontait les menus incidents de sa journée, et j'approuvais vaguement, la tête ailleurs. Ainsi passa la soirée. Je ne voulais pourtant pas que nous nous endormions encore une fois sans avoir parlé de Juliette : je ne pouvais plus garder mon secret. Et c'est au lit que, le plus simplement, le plus doucement possible, je lui annonçai la grande nouvelle qui me donnait tant de joie. J'espérais qu'il serait touché de me savoir heureuse : ne veut-on pas le bonheur de ceux qu'on aime, et ne prétendait-il pas m'aimer ?

La violence de sa réaction dépassa tout ce que j'avais pu craindre : il bondit hors du lit comme si un serpent l'avait piqué, et se mit à hurler que jamais Juliette ne viendrait sous son toit, qu'il n'en voulait à aucun prix, qu'il ne changerait pas d'avis, qu'il refusait de la connaître, et qu'elle devait rester où elle était, définitivement.

Ce n'était pas la première fois que je le voyais en colère — mais jamais encore il ne s'était montré à moi dans un tel état de fureur, tremblant, gesticulant, ayant perdu vraiment tout contrôle. Il allait et venait en pyjama, faisait des moulinets avec ses bras, répétait toujours les mêmes phrases, et je me serais sans doute moquée de lui, si le motif de sa colère n'avait pas été celui-là.

Je fis des efforts répétés pour le calmer et pour garder moi-même mon calme. Je lui fis remarquer, avec, il est vrai, une indignation grandissante, qu'il fallait avoir le cœur bien dur pour vouloir séparer ainsi une mère de ses enfants. Il ne connaissait pas Juliette, qui était une petite fille charmante. La pauvre petite n'avait plus de père : elle était heureuse de revoir sa maman, rien n'était plus normal, et il n'y avait aucune raison de crier ainsi et de s'agiter. M. Tsing semblait ne pas même m'entendre : il continuait sa scène tout seul, trépignant, tempêtant, jurant ses grands dieux que Juliette ne viendrait pas, qu'il ne la verrait pas, qu'il n'en voulait pas.

C'était trop pour moi. Je sautai du lit à mon tour, et me mis à crier aussi : je déclarai que j'étais à bout de patience. Je n'avais commis aucun crime envers lui, je ne m'étais jamais engagée à ne pas revoir mes enfants, et si cela ne lui plaisait pas, eh bien, adieu, je partais de chez lui.

Ce disant, je tentai d'ôter mon pyjama pour m'habiller, mais je m'énervais et je n'y arrivais pas. Je passai donc mon manteau sur mes vêtements de nuit, je pris au passage une valise où je jetai n'importe comment quelques objets personnels, et je sortis de l'appartement en claquant la porte.

La fraîcheur de la nuit, au lieu de m'apaiser, fut comme un coup de fouet pour mon indignation : quel méchant homme j'avais épousé ! Comment pouvait-il se montrer si injuste et impitoyable ? Imaginait-il vraiment que s'il m'obligeait à choisir je le préférerais à mes petits ? J'avais mis ma valise dans ma petite voiture et démarré rapidement. Je ne savais pas où j'allais, mais j'avais hâte de m'éloigner de Rueil, de cet appartement qui m'était cage et prison, de ce M. Tsing qui avait fait le rêve absurde et monstrueux de me séparer à jamais de mes enfants.

Tout paraissait désert. Je ralentis dans le bois de Boulogne : il devait être deux heures du matin. Je ne pouvais pas aller sonner chez Mlle Lin, qui avait été si souvent importunée par mes tribulations, au cours du séjour orageux de Fong. Je pouvais encore moins aller à l'hôtel, une femme chinoise ne pouvant se permettre d'aller seule dans cet endroit. Restait ma voiture. J'allais essayer de dormir un peu, bien enroulée dans mon manteau. J'arrêtai ma voiture au bord du trottoir dans ce qui me parut être une allée de traverse ou une impasse. Je n'avais pas sommeil. Mes joues étaient en feu, et mon esprit au comble de l'excitation, quand je vis les phares d'une voiture qui s'approchait et se rangeait derrière moi.

J'avais entendu dire que le bois de Boulogne, la nuit, est assez mal fréquenté : est-ce qu'un rôdeur allait venir me menacer, m'attaquer, peut-être ? Toute à mes chagrins et à ma colère, je n'avais pas pensé aux risques d'une nuit passée toute seule au volant d'une voiture arrêtée en plein bois. Je fus soulagée de reconnaître M. Tsing : il frappait à ma vitre, et semblait maintenant plus inquiet qu'en colère. Il me dit que je ne pouvais pas rester là, que c'était trop dangereux, et il me supplia de rentrer à la maison. Je refusai catégoriquement. Tout était bien fini entre nous. Il voulait, me dit-il, parler avec moi : il vint s'asseoir à mon côté, pour reprendre la discussion si mal commencée.

Mais voilà qu'une grande lumière nous aveugle : une voiture de police se dirige vers nous, puis une seconde. En un instant, nous nous trouvons entourés de six policiers, dont l'un braque sa torche sur nous. Mon pyjama blanc brille d'un vif éclat sous mon manteau, et je me sens très confuse. L'homme à la torche éclaire maintenant un panneau d'interdiction de stationner que je n'avais pas remarqué, et il commence à nous interroger : que faisons-nous à cette heure de nuit, sous un panneau d'interdiction de stationner, avec nos deux voitures ? Il oblige M. Tsing à descendre, et lui demande ses papiers : il veut l'emmener au commissariat pour vérification d'identité. Et moi, qui suis-je ? Que signifie cette tenue de nuit sous mon manteau ?

Je proteste que nous sommes mariés, et que j'étais en train de parler avec mon mari. On imagine la perplexité des agents : pourquoi des gens mariés ont-ils besoin, pour parler ensemble, de s'installer par une nuit froide dans une allée déserte du bois de Boulogne ? Personne ne veut me croire, et les policiers insistent pour que M. Tsing monte dans leur voiture.

Que se passe-t-il alors en moi ? Il y a quelques instants, je ne voulais plus voir M. Tsing, et voilà que je m'interpose pour qu'on le libère tout de suite : il est en difficulté, je suis sa femme, il est convenable que je sois à ses côtés pour l'aider, quelles que soient nos querelles, qui ne regardent que nous. On dit en Chine qu'une nuit d'amour entre époux représente cent jours de vie commune. Maintenant, les policiers, qui ont bien examiné nos papiers, rient sans retenue : je leur ai expliqué que nous avions eu une dispute au lit, et que j'étais partie sans prendre le temps de m'habiller, suivie par mon mari qui voulait me ramener à la maison. C'est ce que nous avons de mieux à faire, disent-ils, et ils se désintéressent de nous, renonçant même à nous donner une contravention pour le stationnement interdit.

Qu'avais-je fait ? Je ne voulais pas rentrer à Rueil. Me ravisant encore une fois, je priai les agents d'emmener M. Tsing avec eux comme ils le voulaient d'abord. Mais ils ne m'écoutaient même pas, et s'éloignèrent, plaisantant les uns avec les autres, sans plus prendre au sérieux notre aventure.

Cette nuit mouvementée se termina assez tranquillement. M. Tsing me dit qu'il avait réfléchi : il ne s'opposait plus à la venue de Juliette, mais dès son arrivée à Paris, nous la mettrions en pension, car l'appartement était trop petit pour trois personnes.

Je ne répliquai pas : il serait temps de voir, le moment venu. En attendant, j'aurais la paix. Mais M. Tsing m'avait cruellement blessée, et je ne l'oublierai certes pas.

S'il est vrai que beaucoup de couples gardent un souvenir amusé de ces orages tragi-comiques qui marquent les premiers temps d'une vie commune, je devais conserver une impression amère de la fureur de M. Tsing, de ma fuite dans le bois de Boulogne, et de l'humiliante intervention de la police, après quoi j'étais rentrée à contrecœur dans cet appartement où le bonheur ne serait jamais. Encore aujourd'hui, cette aventure ridicule ne me fait pas sourire, car j'ai compris cette nuit-là que je n'avais pas trouvé dans mon second mariage la protection espérée, et que je devais ne compter que sur moi. M. Tsing m'apparaissait comme un incorrigible vieux garçon, égoïste, et plus soucieux de sa tranquillité que du bonheur de sa femme.

Le printemps passa vite : je travaillais beaucoup, stimulée par la prochaine venue de Juliette. Au mois de mai, je reçus avec beaucoup d'émotion un cadeau de mes enfants à l'occasion de la Fête des Mères : c'était un petit tableau d'ivoire sculpté qu'ils avaient tous deux choisi pour moi. Une carte écrite par Juliette me disait leur tristesse de notre longue séparation, et leur espoir que la prochaine Fête des Mères nous trouve enfin réunis tous les trois. Je ne pouvais retenir mes larmes, regrettant de tout mon cœur la décision que j'avais prise de les quitter, et surtout accablée par la pensée que je n'avais encore pas réussi à les faire venir près de moi.

En regardant le tableau d'ivoire, je devinais aussi qu'ils avaient dû vider leur tirelire, après avoir longtemps économisé pour leur maman : et cette longue persévérance me touchait profondément. C'était comme si, de leur côté, pendant que je me débattais ici dans mes difficultés, eux aussi là-bas avaient patienté et travaillé à me témoigner leur amour. J'en étais encouragée, et en même temps je fondais d'attendrissement.

La venue de Juliette m'était annoncée pour la deuxième quinzaine d'août. Il fallait que je l'inscrive dans une école, mais je n'avais aucune idée des formalités à accomplir et je ne savais à qui m'adresser. Je demandai à M. Tsing de m'aider. A nouveau, il crie, éclate de colère, la dispute est encore plus violente que les précédentes, non jamais il ne cédera, à aucun prix il n'acceptera que ma fille vive à la maison avec nous.

A ces propos, mes yeux lui jettent des regards pleins de haine, et si je pouvais les rendre encore plus haineux, je le ferais sans hésiter. Non vraiment je ne peux pas comprendre et ne comprendrai jamais comment un homme peut manquer de cœur à ce point, comment il peut rester aussi insensible à l'égard d'une petite fille. Malheureusement, je suis étrangère, et en France, je ne dépends que de lui, je n'ai près de moi aucune famille.

C'est donc sans y mettre la moindre gentillesse que M. Tsing me conduisit dans une première école, où la directrice ne cacha pas sa surprise et sa réprobation : comment avions-nous le cœur de mettre en pension une petite Chinoise de onze ans, qui serait totalement isolée par son ignorance du français, incapable de comprendre les cours, de jouer avec ses camarades, ou même de s'exprimer au cas où elle tomberait malade ? Non, vraiment, la directrice ne pouvait accepter une élève dans ces conditions exceptionnelles.

J'étais secrètement contente que M. Tsing entende ces vérités. J'avais un peu espéré que Juliette une fois inscrite comme pensionnaire, je pourrais m'arranger avec la directrice pour que ma fille rentre à la maison chaque soir, mais cette possibilité ne m'était pas laissée, le refus d'inscription était catégorique.

M. Tsing, qui ne décolérait pas, m'emmena dans d'autres écoles, où l'on nous fit la même réponse. J'avais le cœur gros, devant le visage sévère des directrices qui semblaient croire que je voulais me débarrasser de mon enfant — moi qui ne rêvais que de vivre avec elle et de ne plus la quitter... Au moins, ces entrevues pénibles eurent l'avantage de convaincre M. Tsing que Juliette ne pouvait pas être mise en pension. Elle irait donc en classe à l'école communale du quartier, où elle entrerait en 12e avec les tout petits enfants, car il lui fallait commencer de zéro. Cela ne me tourmentait pas trop, car je faisais confiance à sa vive intelligence et à son courage : et j'étais heureuse qu'elle habite avec nous, en dépit de la mauvaise humeur de M. Tsing.

En ce qui concerne Paul, mon beau-père demeurait inflexible : Paul, fils unique de son fils aîné, portait tous les espoirs de la famille Liu, et c'était une raison suffisante pour qu'il ne me soit pas confié. Mais, en plus, je compris que ma belle-sœur, l'épouse de Fong, continuait à me nuire dans l'esprit de mon beau-père : elle lui avait révélé mon mariage, comme une honte inexpiable, et disait que j'étais le déshonneur de la famille Liu. Comment Paul pourrait-il vivre avec moi et un autre homme que son père ?

Je savais quelle force pouvaient avoir, en Chine, de tels arguments, et j'étais très peinée. Même si j'avais mérité, dans une autre vie, mes épreuves actuelles — et j'étais convaincue de les avoir méritées, car rien ici-bas ne se produit par hasard — elles n'en étaient pas moins cruelles. Ma pensée allait souvent vers toutes les mères qui souffrent : c'était le temps de la guerre au Viêt-nam, où tous les jours, des deux côtés, des jeunes gens tombaient. J'imaginais l'angoisse des mères, leur attente quotidienne des nouvelles — et je m'estimais privilégiée, car Paul n'était pas en danger.

Un jour, je téléphonai à mon beau-père, en espérant naïvement que ma voix le convaincrait mieux que mes lettres. Il n'en fut rien. Mais je pus parler un peu avec mon fils, qui m'écrivit ensuite cette petite lettre émouvante :

« Quand j'ai reçu ton coup de téléphone, maman, j'étais content et triste à la fois, triste parce que tu étais loin de moi. J'étais si ému que la nuit je n'arrivais pas à dormir, et quand j'ai vu l'aube arriver et que je ne trouvais toujours pas le sommeil, je me suis levé, j'ai pris la bouteille de whisky de mon grand-père, et j'ai bu pour me faire dormir. Paul. »

Il ne m'était pas difficile de comprendre, bien qu'il n'en dise rien, que Paul était malheureux du prochain départ de sa petite sœur. Tous deux ne s'étaient jamais quittés. Quel vide Juliette allait laisser derrière elle !

Pendant que je tournais et retournais ces tristes pensées, M. Tsing commençait à se réjouir de ses prochaines vacances. J'avais été très étonnée, l'année précédente, de voir quelle importance ont les vacances pour les Français : en juillet et en août, on dirait que la vie en ville est suspendue. Tout le monde est parti, ou presque. Plusieurs mois avant et plusieurs mois après, il n'est question que des vacances, de ce qu'on y fera, de ce qu'on y a fait. En Chine, les congés sont plus courts et morcelés, à l'occasion des fêtes. Les travailleurs n'ont jamais un mois plein pour se reposer et voyager. Vacances, vacances moyennes et grandes vacances sont vraiment une invention de l'Occident. De vieux Chinois qui travaillaient à Paris dans la restauration, par exemple, ne prenaient pas de vacances pendant une vie entière. Il est vrai que la longue misère du peuple chinois leur avait rendu étrangère pour longtemps la notion de loisirs ou de vacances. En dehors des quinze jours du Nouvel An, actuellement, et du jour de la lune, il n'existe ni vacances ni week-end.

M. Tsing, qui avait adopté la façon de vivre européenne, serait en vacances au mois d'août, et il comptait m'emmener en Espagne. J'avoue que cette perspective ne m'enthousiasmait pas. Toute à mes problèmes, j'aurais bien préféré continuer à travailler. Mais je ne trouverais sans doute pas de clients. Je me résignai donc à partir, en prévenant M. Tsing que je devais être rentrée pour recevoir Juliette, sans doute vers

104

le 20 août. C'était un crime de lèse-vacances, et M. Tsing s'en montra révolté : j'écourtais ses vacances, je gâchais ses vacances, c'était intolérable.

Le 1er août, avec la foule, nous voilà donc sur la route de l'Espagne. M. Tsing, enchanté, me faisait les honneurs du paysage, me racontant l'histoire des provinces que nous traversions, et me faisant remarquer les sites intéressants. Je ne me sentais pas une âme de touriste, et, à mesure que nous nous éloignions de Paris, je sentais grandir la peur de manquer l'arrivée de Juliette. Que deviendrait-elle si elle se trouvait plus tôt que prévu toute seule à Orly ? La veille de notre départ, j'avais reçu de mon beau-père une lettre attristante, qui me disait une fois de plus son refus de m'envoyer mon fils. Comment les plus beaux paysages du monde auraient-ils pu, si peu que ce soit, me toucher ? Il n'y avait pas de soleil dans mon cœur. Toutefois, je m'efforçais de ne pas le montrer.

Notre première étape était Lourdes, dont j'avais beaucoup entendu parler. Non seulement à Shanghai mais dans toute la Chine, les catholiques connaissaient Lourdes, Bernadette Soubirous, et les miracles de Lourdes bien plus qu'ils ne connaissaient Jeanne d'Arc. Je demandai à M. Tsing d'y passer la journée du lendemain, car je souhaitais visiter la basilique. Il y consentit volontiers, content de voir que je m'intéressais malgré tout à notre voyage.

Le lendemain matin, nous prenons la voiture pour aller visiter la basilique ; une fois la voiture garée, nous en descendons, et tout de suite nous apercevons au loin la basilique, il fait très beau, il y a plein de monde, plein de commerçants aussi, lentement nous nous dirigeons vers la basilique, c'est le mois d'août, et ce mois c'est le mois de la fête de la Vierge, ce qui explique tout ce monde, tous ces touristes, et tous ces marchands de fleurs.

Nous arrivons jusque devant la porte de la basilique, et là il y a encore une profusion de fleurs de couleurs différentes, je contemple toutes ces fleurs que je trouve très belles, et M. Tsing me voyant les regarder me demande si je désire en acheter pour offrir à la Vierge. J'aime bien les fleurs, je suis attirée par toutes ces couleurs chatoyantes, mais non, je n'ai pas à offrir des fleurs à la Vierge puisque je suis bouddhiste ; si je les regarde, c'est simplement par amour des fleurs. Puis, elles sont très chères, bien plus qu'en Chine, et il n'est pas question pour moi de faire des dépenses inutiles, je vais avoir besoin de tout mon argent pour élever mes enfants.

Nous continuons à marcher, et j'aperçois la statue de Notre-Dame, elle est assez grande, entourée de grilles qui sont recouvertes de fleurs. Toutes ces fleurs ont été déposées là par les croyants qui viennent implorer la bonne mère.

Une fois tout près d'elle je la regarde, mon cœur se serre de plus en plus, je suis frappée par son air serein, plein de gentillesse et de douceur, et ce visage me touche jusqu'au plus profond de mon être, il touche mon cœur, ce cœur si rempli de chagrin et de souffrance, je me sens comme une petite fille qui voit sa maman, je pleure et pleure encore, je m'agenouille, je me mets à raconter à Notre-Dame tout mon chagrin, c'est comme si je parlais à ma maman, je suis éblouie par son regard, et d'un seul coup je me relève et je me suis pressée de courir vers la sortie, j'ai traversé le jardin.

M. Tsing qui m'a suivi, me voyant courir ainsi, me demande ce que j'ai, je ne prends même pas le temps de lui répondre, je m'arrête devant le fleuriste et je lui demande, sans m'occuper du prix, un bouquet de fleurs blanches et roses. Je retourne à nouveau vers la statue, et j'offre à Notre-Dame mes fleurs avec tout mon cœur, je pleure, je pleure sans cesse, je ne peux plus m'arrêter, et je prie de plus belle, je demande à Notre-Dame de me sauver, qu'elle fasse que je puisse obtenir de mon beau-père qu'il laisse venir mon Paul, mais en faisant cette prière, j'ai comme l'impression de ne pouvoir arriver à dire ce que je veux, j'ai tellement de chagrin que mon cœur bat à un rythme de plus en plus accéléré, il fait comme des vagues mais je ne peux m'empêcher de continuer ma prière, je prie pour mes enfants, pour tous ces jeunes qui sont partis à la guerre d'Indochine, pour leurs mères qui souffrent tant, pour toutes les souffrances qui existent sur cette terre, je continue de pleurer, je suis épuisée.

M. Tsing, qui est resté près de moi, se rend compte à quel point je suis malheureuse, il se penche vers moi, et m'aide à me relever, il me dit que nous allons terminer notre visite par la grotte, mais je ne puis détacher mon regard de Notre-Dame, ce visage où se reflète tout l'amour maternel du monde, et je ne suis pas catholique puisque je crois aux bouddhas, mais dès ce moment je sais que je dépends d'elle, je ne cesse de la regarder, je ne puis me résoudre à quitter ce visage plein d'amour et de noblesse.

En me relevant, et m'apprêtant à marcher, je sens tout d'un coup un parfum, je regarde autour de moi, il n'y a personne, je poursuis mon chemin, et ce parfum me suit toujours, je pense qu'autour de moi il y a quelqu'un de parfumé, mais j'avance et je sens toujours cette odeur.

Nous arrivons à la grotte, et j'ai encore ce parfum avec moi ; il y a beaucoup de fleurs, beaucoup de monde, surtout des enfants, des enfants malades, maigres, le plus souvent dans des voitures de paralytiques ; ils sont accompagnés de leurs parents, les mères pleurent, et sur leurs visages on peut lire leurs malheurs. Pauvres enfants, encore si jeunes, pleins de force, que la maladie a atteints si tôt, pauvres petits paralytiques dans leurs petites voitures, qui ne peuvent s'empêcher de regarder avec envie et tristesse les autres enfants qui marchent, et aussi, que de souffrances dans les yeux de leurs parents qui souffrent encore davantage de voir ainsi leurs enfants sans pouvoir rien faire pour les soulager !

Je suis très sensible à toute cette douleur, je vais acheter des cierges, les installe devant la grotte, et prie sincèrement de tout mon cœur, je demande à Notre-Dame de sauver tous ces gens, d'arrêter les souffrances du monde entier, et à nouveau je sens ce parfum qui s'accentue ; je demande à M. Tsing s'il sent cette odeur, il me dit que oui, je regarde encore autour de moi mais d'un coup le parfum change ; il prend l'odeur du bois de santal qu'on brûle dans le temple de Bouddha, ou lorsqu'on est chez soi et que l'on prie le Bouddha, en Chine.

A ce moment je comprends qu'il s'agit d'un miracle, c'est Notre-Dame qui a fait changer l'odeur pour que je comprenne mieux ; elle a choisi le parfum que l'on brûle devant Bouddha pour me le confirmer ; environ dix minutes après, le parfum a complètement disparu, alors je ressens l'amour de Notre-Dame : elle a été touchée par mes prières, elle a entendu mon cœur parler, elle a eu pitié de moi et elle m'a montré un miracle, j'étais bête, je n'avais pas compris à la première odeur, c'est pourquoi elle l'a changée pour que je comprenne mieux.

A ce moment je comprends qu'en réalité il n'existe qu'un seul Dieu : ce sont les croyants qui lui donnent des figures différentes. Pour les Asiatiques, c'est le Bouddha Quan Yin, pour les catholiques, c'est Notre-Dame de Lourdes, etc. On ne peut nier cette évidence. Et je pense à toutes les guerres de religions du passé et même encore, d'aujourd'hui, comme en Irlande, à tous ces gens qui se battent, disent-ils, au nom de Dieu, mais en réalité c'est pour eux qu'ils se battent, pour satisfaire leurs besoins personnels ; ce n'est pas Dieu qui le leur demande. Lui, Il n'est que bonté, et son cœur n'est rempli que d'amour, alors n'invoquons pas Dieu lorsque nous faisons la guerre, car Il n'y est pour rien, ce sont les hommes qui ont soif de batailles, et qu'ils n'en rejettent pas la responsabilité sur Dieu !

Avant de quitter la grotte, je fis le vœu, lorsque les enfants seraient avec moi, de rendre visite à Notre-Dame-de-Lourdes, devant qui nous irions nous incliner tous les trois.

Je me sens beaucoup plus pleine de confiance, j'ai la sensation que Paul viendra en Europe, j'ai tant prié Notre-Dame et je sais qu'elle m'a entendue.

...En attendant, je devais suivre M. Tsing en Espagne. Ce pays plein de lumière et de couleurs me plut tout de suite. J'aimais aussi la grande chaleur du mois d'août. Mais je fus bien étonnée de découvrir les plages de la Costa Brava où baigneurs et baigneuses se faisaient cuire au soleil. En Chine, où la blancheur de la peau est une grande qualité, les femmes s'abritent en été sous des ombrelles et des parasols. Pour ma part, je n'étais pas du tout tentée par ces exhibitions au soleil. Malgré la température élevée, je gardais mes bas, car une Chinoise convenable ne sort pas jambes nues, et surtout ne montre pas ses pieds. M. Tsing voulut m'emmener voir une corrida à Barcelone, et je le priai de m'excuser : jamais je ne consentirai à y assister. Cette cérémonie cruelle me paraissait barbare, et je ne comprenais pas comment un peuple catholique pouvait prendre plaisir à la torture et à la mise à mort d'un pauvre animal.

Nous nous reposions, nous nous promenions, et la date attendue du 20 août approchait. Je ne pensais plus qu'à rentrer à Paris pour attendre et recevoir ma Juliette. M. Tsing déclara qu'il se plaisait en Espagne, et que notre séjour allait se prolonger.

C'était un soir, dans notre chambre d'hôtel. J'entrai dans une colère à faire trembler le monde. Quoi ! M. Tsing envisageait que ma fille ne trouve personne pour l'accueillir ? Je ne supporterais pas une minute de vivre auprès d'un homme pareil. Je lui annonçai que je rentrais seule à Paris, en auto-stop ou autrement, et tout de suite. M. Tsing, sans répondre, verrouilla la porte de notre chambre, mit la clé dans sa poche, et s'allongea tranquillement sur le lit.

J'allais et venais comme un lion en cage. Il demeura longtemps impassible, puis il alla posément s'enfermer dans la salle de bains. Je me tenais sur le balcon, et respirais l'air de la nuit en essayant de retrouver mon calme, quand j'avisai une gouttière qui de notre premier étage descendait jusqu'aux massifs de fleurs qui entouraient l'hôtel. Je n'hésitai pas une minute : j'enjambai la balustrade, me cramponnai à la gouttière, et, au risque de me rompre le cou, je me laissai glisser jusqu'en bas. Libre ! Il était une heure du matin, j'avais besoin de réfléchir, je pris le chemin de la plage.

La nuit était douce. Le clapotis des vagues m'apaisa. Je m'assis sur un rocher, face au miroitement de la mer, et dans cette grande solitude, je me mis à rêver.

Il fallait me libérer tout à fait : c'est-à-dire divorcer. Je commencerai les démarches nécessaires dès mon retour. Je gagnerai assez d'argent pour les besoins de Juliette et les miens. Paul viendrait nous rejoindre : Notre-Dame-de-Lourdes ne me permettait pas d'en douter.

Sous les étoiles, dans cette brise marine qui m'apportait sa fraîcheur après un jour brûlant, ma rêverie devenait une sorte d'extase, et je me pris à imaginer le temps où Paul et Juliette seraient grands, où j'en aurais fini avec cette période confuse et douloureuse de ma vie. Paul épouserait une vraie Chinoise et me donnerait de beaux petits-enfants, afin que les générations se renouvellent et que la famille continue. Juliette se marierait avec un Européen, et je serais une grand-mère comblée de petits-enfants chinois et européens. Ainsi, alors que tant de femmes ont peur de perdre leur jeunesse, je me faisais une félicité de ce que seraient peut-être mes vieux jours. J'avais hâte de sortir du tunnel où je combattais en aveugle, sans voir d'issue immédiate à mes difficultés.

J'en étais là de mes réflexions quand le vent m'apporta des appels où je reconnus la voix de M. Tsing : une voix non plus haineuse et furibonde, mais angoissée. Comme la nuit où je m'étais sauvée dans le bois de Boulogne, il m'avait poussée à bout, et ensuite, il s'inquiétait de moi et me cherchait. J'imaginais sa surprise en ne me retrouvant pas dans la chambre où il m'avait enfermée !

M. Tsing, dans la nuit claire, distingua ma silhouette sur mon rocher, et, grandement soulagé, il me fit des reproches modérés : il courait partout et m'appelait depuis deux heures.

J'aurais pu me faire attaquer, ou enlever, ou me tordre une cheville — que sais-je encore ? Il avait pensé à mille dangers. Je ne répondais rien. Il déclara que nous prendrions le chemin du retour dans quelques heures, mais qu'il fallait un peu nous reposer. Après mon évasion par le balcon, je vis bien qu'il me croyait capable de tout, et il redoutait le scandale.

Nos valises furent vite bouclées, et je quittai l'Espagne sans regret. A Rueil, une lettre de mon beau-père m'attendait, exauçant toutes mes espérances : il acceptait de m'envoyer mon petit Paul à la fin de son premier cycle d'études, dans un an. Je remerciai la Vierge avec ferveur : assurément, c'est elle qui avait produit ce grand changement. Un an, certes, c'était encore bien long, mais maintenant, j'avais plus qu'un espoir : une promesse. L'année à venir me permettrait de tout préparer pour la venue de mon fils. J'étais protégée : ma mère ne m'avait-elle pas adressé les perles de Suinli envoyées par Bouddha ? Et le miracle des deux parfums ne m'avait-il pas clairement parlé à Lourdes ?

Affermie dans ma foi, il me fallait d'abord dominer ma grande impatience de revoir Juliette, espérant chaque jour que son arrivée allait m'être annoncée.

Enfin, je reçus la bienheureuse nouvelle : Juliette serait à Orly le 22 septembre.

6 | *Retour de Juliette / L'heure de la vérité / Jours heureux à Rueil-Malmaison / Fêtes du Jour de l'An du côté de Ning Po / Enfants martyrs dans l'ancienne Chine / Histoire de Perle aux grands pieds / Métamorphose de Paul / Le pardon d'un grand fils.*

Le 22 septembre 1966, la joie me réveilla de bonne heure : l'idée que je pourrais manquer l'arrivée de ma fille à Orly et qu'elle aurait peur, toute seule dans la foule, me poursuivait encore, si bien que je quittai la maison très tôt. Je me rendis à l'aérogare des Invalides dans ma petite voiture, et là, pris un car pour être bien sûre de ne pas me perdre en route.

J'arrivai très en avance, et l'avion de Hong Kong était annoncé avec une heure de retard : l'attente me parut à la fois interminable et délicieuse. J'étais arrivée dans ce même décor deux ans plus tôt, presque jour pour jour, et je souris de me souvenir de mes premiers étonnements, quand je serrais contre moi la grande couverture matelassée qui me dissimulait tout entière : que de chemin parcouru, depuis cette première entrée dans un monde nouveau ! Maintenant, je n'étais plus comme alors isolée par l'ignorance du français, et je me réjouis de penser que j'allais pouvoir aider ma fille à s'acclimater, bien mieux que si elle était venue plus tôt me rejoindre à Paris. En même temps, j'avais le cœur serré d'appréhension : comment Juliette réagirait-elle en apprenant mon mariage ? Et comment M. Tsing se comporterait-il avec elle ?

L'atterrissage de l'avion fut enfin annoncé. J'étais debout aussi près que possible de la porte de débarquement, et il me sembla que les premiers passagers tardaient beaucoup à se montrer. Ils se présentèrent les uns derrière les autres au bureau de contrôle des passeports : j'aurais voulu leur dire de se hâter. Ils me cachaient ma Juliette, qui devait se sentir perdue parmi toutes ces grandes personnes. De loin, j'aperçus une hôtesse qui accompagnait une fillette curieusement vêtue d'un long manteau bleu et coiffée d'un grand chapeau de paille. Je ne pouvais croire que ce fût là ma fille : j'avais laissé deux ans plus tôt une petite fille encore potelée comme un bébé, et je voyais une enfant longiligne, dont les jambes étaient comme des flûtes sous ses vêtements trop grands.

Je ne pouvais voir, d'où j'étais, si elle était chinoise ou européenne. En Chine, les enfants ne portent guère de chapeaux. Celui-là me parut monumental, avec son gros nœud de ruban dont les pans tombaient dans le dos.

Les formalités terminées, l'hôtesse et la fillette se rapprochaient de moi, et soudain l'émotion me submergea : c'était bien le ravissant visage de ma Juliette, sa peau blanche, ses yeux brillants, toute cette petite frimousse délicate et précieuse dont je rêvais depuis si longtemps. Nos regards se rencontrèrent et, les bras tendus, elle se précipita vers moi en pleurant et riant, et répétant : « Maman ! maman ! »

Qu'elle était donc menue dans mes bras, ma petite fille, maigre et légère comme un oiseau. Je me promis de la soigner, de bien la nourrir, de travailler à la rendre ronde et robuste : ces deux ans sans mère avaient fait d'elle une si fragile petite vie. Je mesurais à quel point elle avait eu besoin de moi pendant cette longue, cette inhumaine séparation. Nous pleurions toutes les deux, joie et peine mêlées, nous embrassant et nous embrassant encore.

Je demandai à Juliette si elle avait hésité à me reconnaître de loin : elle ne m'avait pas fait signe. Avais-je tellement changé ? « Mais non, me dit-elle. Je ne pouvais pas te voir parce que je n'avais pas mis mes lunettes. Je suis myope, et je ne pouvais te reconnaître que de près. »

Myope, ma petite fille ? Je n'en savais rien, et la nouvelle me désola. Il me semblait que si j'avais été auprès d'elle, j'aurais su lui éviter cette disgrâce. Elle avait peut-être abîmé ses yeux en regardant trop la télévision, et de trop près ? Ou en travaillant sous un mauvais éclairage ? Ainsi, toute sa vie, maintenant, il lui faudrait porter des lunettes : il me semblait que c'était ma faute, la faute de mon absence, et qu'elle portait désormais dans sa chair les traces tangibles de cet éloignement dont je n'avais pas su, jadis, prévoir toutes les conséquences.

Tout en bavardant, nous attendions les bagages de ma petite fille, et nos mains se tenaient bien serrées : rien au monde n'aurait plus le pouvoir de nous séparer. J'interrogeai Juliette sur son beau chapeau, qui m'avait gênée pour la reconnaître : d'où venait-il ? Et qui l'avait choisi ? Elle me raconta qu'elle avait acheté à Hong Kong une revue de mode française, où elle avait lu qu'à Paris on porte des chapeaux. Elle s'était inspirée de la même revue pour choisir le tissu, la couleur et le modèle de son manteau, qui recouvrait une robe assortie, et elle ajouta :

« Grand-père a recommandé à la couturière de les faire bien larges et bien longs parce que les enfants grandissent vite. »

Me voyant sourire, Juliette s'inquiéta : « Est-ce que j'ai mal choisi ? Ce n'est pas joli ? » J'embrassai ma petite fille en la rassurant : je reconnaissais sa sensibilité, son désir de bien faire en toute circonstance. Et j'étais heureuse de savoir qu'elle avait pensé à s'habiller comme une petite Française, avant même de quitter Hong Kong : c'était le gage d'une bonne adaptation future.

Dans le car qui nous emmenait aux Invalides, je demandai à Juliette de me parler de Paul. Elle me répondit qu'il avait été très attristé, comme je l'avais bien pensé, en apprenant que sa sœur allait venir me rejoindre, mais qu'il avait repris courage grâce à un voyant qu'il était allé consulter en cachette, pour savoir si lui aussi quitterait Hong Kong et viendrait en Europe.

Juliette, tout excitée, me raconta avec un grand luxe de détails la visite au voyant.

Ce sont souvent les aveugles de naissance qui embrassent en Chine la carrière de voyant, à la fois parce que la plupart des autres métiers leur sont inaccessibles, et parce que ceux qui n'ont pas la vision naturelle sont réputés doués de vision surnaturelle. Ils étudient l'astrologie, qu'ils pratiquent, à vrai dire, à des niveaux bien différents : quelques-uns sont de vrais savants, d'autres pratiquent dans la rue un art populaire de la divination, et se contentent de distribuer des paroles rassurantes à ceux, toujours inquiets, qui leur demandent leurs lumières.

Le voyant que Paul avait consulté était un homme de grande réputation. Pour répondre à l'unique question de mon fils, il avait agité six pièces de monnaie contenues dans la carapace d'une tortue, prononcé des paroles mystérieuses, prié tout bas, il avait fait tomber plusieurs fois les pièces de monnaie, notant celles qui tombaient côté face ou côté pile et finalement, il avait déclaré que Paul irait en Europe au cours de l'année 1967 — prophétie qui allait effectivement se réaliser, comme Paul en eut peu après la confirmation par son grand-père. Mais avant même de recevoir cette confirmation, Paul avait été plein d'espoir et tout à fait réconforté, car il avait entendu dire que les prédictions de ce voyant étaient toujours exactes. Maintenant, il attendait avec patience et confiance que s'écoule cette dernière année de séparation, travaillant avec ardeur en classe, où il se plaçait parmi les élèves les plus jeunes et les plus brillants.

Juliette, qui a un tout autre caractère, plus ouvert et spontané, me dit qu'au contraire de son frère, elle n'avait cessé de réclamer sa maman, et de supplier qu'on la laisse partir pour la France. Au début, elle insistait pour que Paul l'accompagnât, mais son grand-père se fâchait alors si fort qu'elle y avait renoncé, sur le conseil même de Paul.

Elle faisait un tableau assez triste de sa vie chez ses grands-parents : sa grand-mère était toujours souffrante et mélancolique, son grand-père ne se passionnait plus guère que pour le ma-jong, et jouait de longues heures avec de vieux amis. Enfin, j'eus des échos des efforts pernicieux de ma belle-sœur, la femme de Fong, pour me nuire dans l'esprit de ma famille. Juliette babillait tout en regardant avec un vif intérêt par la vitre du car la banlieue que nous traversions, et les abords de Paris. Quand elle évoqua les méchants propos de sa tante, elle se tourna vers moi :

— Ce qu'elle dit de toi est horrible, maman : elle ose prétendre que tu t'es remariée ! Paul est entré dans une grande colère, il a dit qu'il ne permettrait pas qu'on t'insulte, que tu connais ton devoir et que tu es incapable de faire une chose pareille. Elle ne cesse de répéter à grand-père que nous ne devons pas venir chez toi parce que tu as un nouveau mari et une nouvelle petite fille. Nous, nous disons que ce sont des mensonges, et que nous ne la croirons jamais.

Juliette me regardait avec une confiance absolue, cette confiance des enfants qui se donne une fois pour toutes et n'admet aucune ombre. Avec épouvante, je pensai que j'allais

116

la décevoir, la blesser cruellement. Il fallait pourtant lui dire la vérité. Ma bouche se refusait à s'ouvrir, je crus que je ne parviendrais pas à parler. Au prix d'un effort surhumain, je réussis finalement à lui dire :

— Ecoute-moi, Juliette. Je n'ai pas d'autre petite fille, mais je me suis remariée, c'est vrai.

Elle parut stupéfaite un instant, puis elle éclata de rire :

— Tu n'as pas changé, maman ! Tu aimes toujours faire des farces ! Je sais bien que c'est impossible.

Et, attirée par l'animation des rues de Paris, elle se tourna de nouveau vers ce spectacle inconnu.

Je me taisais, pleine de honte. Comment faire le moins de mal possible à ma petite fille ? Comment l'amener, si jeune, à me comprendre ? Et ce mariage qui me pesait tant, que je rêvais si souvent de rompre, comment le lui faire accepter ? Je me sentais comme écrasée, accablée, incapable de rompre le silence qui s'installait entre nous. Est-il rien de plus pénible que d'enlever ses illusions à une enfant qui vous place plus haut que tout ? Ma petite fille sensible s'aperçut de mon désarroi et son regard revint vers moi, plein d'interrogation et de tendresse :

— Tu ne parles plus, maman ?

Son sérieux, sa confiance me rendaient courage, et je trouvai les mots pour lui dire la vérité — ce qu'elle pouvait comprendre de la vérité. La douleur passa sur son visage, comme un nuage, et disparut : elle me croyait cette fois, elle croyait bien que sa maman était remariée. Et elle me posa toutes sortes de questions : est-il chinois ? A-t-il des enfants ? Que fait-il ? Est-il beau ? Est-il bon ? Comment devra-t-elle l'appeler ?

— Comme tu veux, Juliette : « oncle » serait très bien.

Elle parut soulagée :

— Je ne pourrais pas lui dire « papa ». Mon papa est mort, je me souviens bien de lui. Je n'ai eu qu'un seul père et je n'en aurai jamais d'autre...

J'eus une pensée d'amer regret pour son père disparu : il adorait Juliette, et elle avait beaucoup perdu en le perdant. L'enfant se méprit sur mon nouveau silence et s'écria, de toute sa bonne volonté :

— Mais si cela te fait plaisir, je l'appellerai quand même « papa ». Je ne veux pas que tu sois triste, maman.

Pleine de gratitude pour tant de gentillesse sincère, je lui dis à nouveau de faire comme elle voudrait : j'ajoutai que oncle Tsing serait très heureux, sûrement, qu'elle soit avec lui naturelle et confiante.

Nous étions arrivées aux Invalides, et j'installai Juliette et ses bagages dans ma voiture pour la deuxième partie du trajet. Nous venions d'avoir elle et moi beaucoup d'émotions, les unes douces, les autres tristes, et je ne voulais pas assombrir plus longtemps ce petit cœur. Aussi m'efforçai-je de prendre un ton enjoué pour faire admirer à Juliette les quartiers que nous traversions. C'était à moi, maintenant, de jouer le rôle de guide, — à elle de s'extasier, comme je l'avais fait deux ans plus tôt, sur cette belle ville où je me dirigeais presque comme une vraie Parisienne.

Juliette arriva dans notre petit appartement, où elle se restaura et se reposa : je savais par expérience combien est fatigant un long voyage en avion. Après qu'elle eut un peu dormi, je lui dis que j'allais téléphoner à M. Tsing : voulait-elle lui parler ? Elle hésita à peine, et accepta — visiblement pour me faire plaisir.

J'étais inquiète en passant le combiné à Juliette, qui paraissait maintenant tout à fait assurée : qu'allait-elle dire, après le coup qui venait tout juste de la frapper ? Et lui ? Comment recevrait-il ses premières paroles ? Il me semblait que toutes leurs relations à venir dépendaient de cet instant.

Le plus naturellement du monde, Juliette conversait avec M. Tsing en l'appelant « papa » : « Quand vas-tu rentrer, papa ? Peux-tu sortir de ton bureau de bonne heure aujourd'hui ? »

Tout étonné, tout attendri de s'entendre appeler « papa » pour la première fois de sa vie, il vint déjeuner beaucoup plus tôt que d'habitude. « Père » et « fille » bavardèrent gaiement à table, Juliette racontant son voyage avec mille anecdotes amusantes où se voyaient la vivacité de son esprit et son désir de plaire. M. Tsing paraissait enchanté. Au moment de partir, il lui recommanda de bien se reposer tout l'après-midi, car ce soir-là nous irions au restaurant, et nous nous promènerions dans Paris illuminé. Etait-ce le même homme qui m'avait tant chagrinée avec ses colères et son refus de voir ma fille ?

La soirée fut une vraie fête. Juliette nous ravissait l'un et l'autre par son intelligence, sa gaieté, et l'étendue de ses connaissances, étonnante pour une enfant si jeune. Au restaurant, aussitôt assise, elle commanda avec autorité des escargots, sans être troublée par les couverts. Elle s'était renseignée à Hong Kong et M. Tsing fut enchanté de la voir si adroite et à son aise dans Paris. Après le dîner, nous étions dehors. En voyant la place de la Concorde, elle nous raconta en anglais l'histoire de Louis XVI et de Marie-Antoinette : je ne sais qui, de M. Tsing ou de moi, fut le plus émerveillé.

Ainsi nos premiers jours ensemble furent autant de jours de bonheur, dont je sentais tout le prix, car jamais, dans mes rêves les plus optimistes, je n'avais osé espérer que tout se passerait aussi bien.

Le jour de la rentrée, je présentai Juliette à sa nouvelle directrice. Il fut convenu que ma fille commencerait l'année dans la plus petite classe, mais qu'à la fin de chaque trimestre, si ses progrès en français étaient satisfaisants, elle passerait dans la classe supérieure : et c'est ce qui se produisit, jusqu'au moment où elle se trouva parmi des enfants de son âge.

Elle déjeunait à l'école, ce qui me laissait libre toute la journée pour m'occuper de mon commerce. Qui l'eût cru ? C'est M. Tsing qui s'inquiétait pour Juliette, craignant que ces longues journées d'école ne viennent à la décourager en la fatiguant trop. Mais Juliette ne se plaignait pas, et progressait de jour en jour. Elle ne demandait jamais d'aide pour ses devoirs ni ses leçons, ayant à cœur de se tirer toute seule de ses difficultés. M. Tsing appréciait ce courage à sa juste valeur, et je le voyais s'attacher profondément à cette enfant intelligente et volontaire.

Cependant, il faut croire que nos anciennes disputes lui manquaient et qu'il ne pouvait s'en passer. La première scène éclata pour un prétexte mesquin.

Les journaux français donnaient des nouvelles alarmantes de Chine, et parlaient des excès de la Révolution culturelle, racontant comment les capitalistes et les bourgeois souffraient, dépouillés de leurs derniers biens et abreuvés d'humiliations. Chaque nuit, je rêvais de mes parents : je voyais mon père à l'agonie. J'eus l'imprudence d'en parler à M. Tsing et de lui dire que pour aider un peu mon père et ma mère j'allais leur envoyer de petites sommes : deux cents francs pour commencer.

M. Tsing entra dans une de ces colères disproportionnées à leur cause dont il avait le secret. Etouffant d'indignation, il me rappela que nous étions mariés sous le régime de la communauté, et que je n'avais pas le droit de disposer de notre argent, ni pour mes enfants ni pour mes parents. En ce qui concernait Juliette, précisait-il, il ne regrettait aucune dépense, parce qu'il aimait cette enfant et l'aurait tout autant aimée si elle n'avait pas été ma fille. Mais il refusait que j'envoie même un sou à mes parents, qu'il ne connaissait pas.

J'étais tellement désolée de réentendre ces cris, que je préférai ne rien répondre, et je me rendis dans le cabinet de toilette pour faire la lessive. Juliette m'y rejoignit. Elle avait le cœur gros et elle était toute déconcertée, car elle n'avait encore jamais vu les colères de M. Tsing. Pendant que je transvasais mes cuvettes de douche en lavabo, prenant bien soin, comme je l'ai dit, de ne pas mêler entre elles les pièces de linge, ma fille m'embrassait doucement le dos, le bras, ce qu'elle pouvait saisir de moi. Je l'embrassai aussi, navrée de sa peine, et tentai de la consoler en lui disant que M. Tsing avait un caractère vif, mais qu'il était bon et qu'il l'aimait beaucoup.

— Non, répondit-elle en secouant tristement la tête. Pourquoi pousser tous ces cris pour deux cents francs. Celui qui se comporte ainsi ne sera jamais heureux, et ne sera jamais un grand homme. Un grand homme sait se maîtriser.

Et elle ajouta, citant un proverbe chinois [1] qui me fit rire, malgré mon chagrin :

— L'homme qui ne craint pas sa femme ne sera jamais riche.

Ce vieux proverbe, qu'elle me dit gravement, signifie qu'au foyer la femme est l'élément le plus raisonnable, le plus prévoyant. « L'homme qui ne craint pas sa femme » refuse d'écouter la voix de la sagesse, il court le risque de se ruiner chez les prostituées, ou au cabaret, ou au jeu, et de se livrer sans frein à des passions coupables, compromettant l'avenir de toute sa famille. C'était amusant de voir ma petite Juliette, avec son frais visage, parler comme une vieille femme pleine d'expérience.

Sur le même ton raisonnable, elle ajouta :

— Mais ne t'inquiète pas, maman. Si tu veux envoyer de l'argent à grand-père, en voici.

Et, à mon grand étonnement, elle me tendit un billet de cent dollars.

— Mais, ma chérie, protestai-je, je ne peux pas envoyer

1. Le proverbe chinois, difficilement traduisible en français, dit à peu près que « le ventre d'un ministre est assez vaste pour qu'il y navigue une barque et ses rames ».

à ton grand-père l'argent que ton autre grand-père t'a sans doute donné !

— Non, non, dit-elle, ce n'est pas lui : c'est mon argent de pressage, que je n'ai pas touché.

L'argent dit de pressage, ce sont les étrennes, qui sont distribuées en Chine avec tout un cérémonial propre à notre Jour de l'An, lequel correspond à la nouvelle lune du premier mois de l'année, puisque notre calendrier est fondé sur les cycles lunaires. Comme en Europe, c'est le jour où l'on échange des vœux, et, dans la région de Ning Po, dont mes beaux-parents sont originaires et dont, par conséquent, nous avions tous adopté les coutumes, et comme dans toute la Chine, le plus important de tous les vœux est celui de prospérité. Est-ce en souvenir des périodes de grande misère ? Plus que bonheur, plus que santé, on souhaite à chacun d'être rassasié toute l'année en nourriture et en argent. Pendant une quinzaine de jours, ce ne sont que réunions, visites familiales et amicales, cadeaux comestibles : jambons, poulets, poissons...

Dès la fin de décembre, les familles préparent pour le Nouvel An toutes sortes de mets. La maîtresse de maison choisit six plats parmi les meilleurs, les dispose dans six coupelles, et les présente au dieu protecteur de la cuisine, dont l'effigie est placée au-dessus du fourneau. Puis les six coupelles sont disposées en rond sur un grand pot de riz ; au milieu des six coupelles, une enveloppe rouge contient de l'argent. La maîtresse de maison appelle les bénédictions du dieu et exprime le souhait que le pot de riz soit toujours bien garni. Avant de commencer à manger, on salue les ancêtres, on prend les plats préparés, on les pose sur une table.

Le repas lui-même, qui réunit toute la famille, est solennel : la table est entourée d'un tissu de soie rouge brodée de fleurs et tombant jusqu'au sol. Elle est décorée de bougies, dans le parfum des bâtonnets d'encens. Le maître de maison doit se changer, il met une robe chinoise bleu marine, et par-dessus, une grande veste noire. Il se tient alors devant les ancêtres. Un domestique prend une serviette qui trempe dans de l'eau bouillante, il l'essore et la passe à son maître qui s'essuie le visage et les mains. Puis le maître prend trois bâtonnets d'encens, les allume, les met en ordre dans le brûle-parfum posé entre les bougeoirs, se met à genoux et se prosterne devant les ancêtres. Il le fera trois fois de suite, c'est-à-dire qu'il s'agenouille, se prosterne, se relève, et ainsi de suite trois fois. Après le maître, tout le restant de la famille fait de même et, une fois que tout le monde a salué les ancêtres, nous pouvons commencer à manger. Cette nuit-là, tous les membres de la famille doivent être présents, personne ne doit être dehors, et on peut manger de tous les plats.

Chaque plat a aussi une signification, le rouleau de printemps, par exemple, est symbole de l'or, par sa couleur qui est dorée : on dit de lui qu'il ressemble à un lingot. Les boulettes de viande ou de poisson, si elles sont bien rondes, veulent dire que la famille sera toujours au complet. Les vermicelles très longs sont le symbole de la longévité.

Après le dîner ce sont les enfants qui doivent saluer les parents, fils, filles, belles-filles et petits-enfants. Avant d'aller se coucher, les enfants, à genoux devant les parents, se prosternent. A ce moment-là, les parents leur remettent une enveloppe rouge, qui contient de l'argent. On donne une enveloppe à chaque enfant : il la mettra sous son oreiller, et de cette enveloppe, pressée entre l'oreiller et le drap, on dit qu'elle apporte la santé et le bonheur.

On se souvient que la maîtresse de maison a posé six plats devant le dieu de la cuisine. Elle attend que toute la famille soit allée au lit, puis pendant qu'elle prend ces six plats, personne ne doit la voir. Avec ces six plats elle se dirige vers le grand pot de riz. Dans toutes les familles chinoises on achète de grandes quantités de riz placé dans un grand pot surmonté d'un couvercle, et ce pot, on le remplit sans cesse afin de bien montrer que la famille est riche et qu'elle ne manque pas de riz. Pour être sûr qu'il en sera toujours ainsi, on prend les six plats avec lesquels on a salué le dieu cuisine, et on les pose tout autour du pot de riz. Au milieu la maîtresse de maison pose une enveloppe rouge avec de l'argent dedans, puis elle prend une mesure qu'elle remplit de riz, et qu'elle élève au-dessus du grand pot. Elle demande au dieu de bénir ce riz, et que le grand pot soit toujours plein. Si les plats restent bien en rond avec l'enveloppe au milieu cela veut dire que l'on ne manquera jamais de nourriture ni d'argent. La maîtresse répète la même prière, tout en veillant à ce que les plats soient bien installés en rond autour du riz, puis elle referme le grand pot, et la journée se termine par cette prière au dieu de la cuisine.

J'avais eu connaissance de toutes ces coutumes aussitôt après mon mariage : c'est à la belle-mère d'instruire sa belle-fille pour la préparer à être un jour la maîtresse de maison chargée du cérémonial. Paul et Juliette, enfants de la grande famille Liu qui comportait beaucoup de membres et s'entourait de nombreuses relations, avaient reçu des sommes importantes dans leurs enveloppes rouges, et mon beau-père avait ouvert un compte en banque pour chacun. C'est du compte de Juliette que venaient ces cent dollars, tirés pour elle par mon beau-père, à la veille de son départ de Hong Kong.

Toutes ces traditions, qui rappellent des époques révolues, sont encore respectées, à Hong Kong, par les personnes d'un certain âge. Et, réfléchissant aux difficultés et aux peines que représente la pauvreté, je ne m'étonnais pas que ces coutumes se fussent perpétuées jusqu'à nous, en dépit des profonds changements apportés par la révolution. La région de Ning Po, d'où viennent ces rites, est réputée pour abriter une population travailleuse et ambitieuse, où se sont construites d'importantes fortunes. La préoccupation de ne manquer de rien et d'avoir même plus que le nécessaire se traduit par ces longues fêtes de Nouvel An.

Le lendemain du Jour de l'An — qui, dans le calendrier chinois se situe au mois de février du calendrier européen —, le matin de bonne heure, quand on vient juste de se lever, on doit se saluer entre membres de la famille, en repliant les deux bras devant la poitrine, et en les croisant. Ce salut s'appelle faire le « con shi fa tsai » et on se souhaite à chacun beaucoup d'argent pour toute l'année. Tandis que pour les enfants, même ceux qui sont adultes, ils feront la même chose, les mêmes gestes, mais en plus ils se mettront à genoux. Si on sort dans la rue et que l'on rencontre des amis, c'est la même chose, on fait le « con shi fa tsai » en leur souhaitant également beaucoup d'argent.

Dans toutes les familles, les domestiques préparent une casserole de longanes cuits ou de cœurs de lotus, puis dans une deuxième casserole, ils mettent des nids d'hirondelles ou des champignons d'argent. Puis le domestique prend deux petits bols, il en remplit un de nids d'hirondelles, l'autre de longanes. Il prend également une tasse avec un couvercle et la remplit de thé. Sur le couvercle, il y a deux petites olives fraîches. Il présente ces trois plats aux maîtres de la maison en leur souhaitant de gagner beaucoup d'argent.

A son tour, le maître de maison remet aux domestiques une enveloppe rouge qui contient de l'argent.

Entre amis, dès le Jour de l'An on se rendra visite pour dire « con shi fa tsai ». Les domestiques répéteront leurs vœux aux amis des maîtres et ceux-ci, pour les remercier, vont également remettre sur le plateau que le domestique leur présente, une enveloppe remplie d'argent. Ils vont également déguster les plats, manger les olives et boire le thé.

Puis lorsque l'on sort pour souhaiter beaucoup d'argent aux amis et aux parents, on doit faire ces visites selon l'ordre d'importance de ces amis ou de ces parents, et cela pendant environ dix jours.

Comme mon beau-père a beaucoup d'amis et une grande famille, tout le monde se réunit à chaque Nouvel An et ainsi Paul et Juliette ont gagné beaucoup d'argent en se mettant à genoux devant tant de monde, et en retour ils ont reçu beaucoup d'enveloppes rouges.

Le cinquième jour, lorsqu'on est déjà à la moitié des cérémonies, les amis sont moins nombreux, et le matin de ce cinquième jour, la maîtresse de maison doit sortir les six plats avec l'enveloppe rouge qu'elle avait enfermée dans le grand pot de riz, ce qui veut dire qu'avant ce cinquième jour on n'a pas pris de riz, on a mis de côté la quantité dont on avait besoin.

En ouvrant le pot, il faut d'abord saluer le dieu de la prospérité, et ce même jour, saluer de la même façon les autres dieux, en particulier le « dieu des cinq chemins ». On le prie et on va le prier à partir du cinquième jour. Le quinzième jour la fête est terminée, et ce jour est la fête des « Lanternes ». On sort dans la rue, avec des lanternes de toutes sortes, en soie, en papier, etc., et on manifeste pour marquer la fin de l'époque du Nouvel An.

Les rêves qui me montraient mon père malade et malheureux me tourmentaient : Juliette me tendait son billet avec son immense bonne volonté habituelle. Je voyais dans ses yeux sa sincérité, et qu'elle n'aurait aucun regret de cet argent. J'acceptai de le prendre pour l'envoyer : elle en eut beaucoup de joie.

J'étais de mon côté profondément heureuse de trouver chez ma fille, en dépit de son jeune âge, ce sentiment de notre solidarité familiale, sans trace d'égoïsme enfantin ou d'une insouciance qui eût été pourtant bien excusable. Je sentis plus clairement alors combien sont liées, chez nous, religion et famille, la continuité des générations, l'union des enfants et des parents étant à la fois un devoir et un bonheur que de nombreux rites anciens protègent, en resserrant plus étroitement nos liens. Ces vieilles coutumes, qui survivent à tant de bouleversements, ne sauraient être vaines, et je me dis qu'elles devaient correspondre à des besoins réels. Juliette avait le sentiment de cette continuité de la famille, et tout ce qu'elle me disait de Paul me permettait d'espérer que lui aussi serait un vaillant allié de tous mes efforts. Comme j'avais hâte de le retrouver !

Au début de 1967, des troubles éclatèrent à Hong Kong. Le prétexte en fut l'augmentation du tarif du ferry — le bateau qui assure le service entre Kowloon et Hong Kong. Il y eut des manifestations ouvrières et des bombes éclataient un peu partout. Effrayée, je demandais à Paul d'avancer son départ pour Londres. Mon beau-père m'annonça l'arrivée de mon fils dans la capitale anglaise dès la fin du mois de février. Un ami de M. Tsing, M. Ma, que j'avais rencontré deux ans plus tôt à un dîner chez les Yuan, me donna l'adresse d'une excellente école secondaire en Angleterre, à Ispanick, et j'écrivis à cette école pour que Paul y soit admis dès son arrivée, sans perte de temps. La pension coûtait 2 700 francs par trimestre. Je possédais en tout 3 000 francs, gagnés par mon commerce. J'avais donc tout juste de quoi payer un trimestre d'école, et me rendre à Londres pour y accueillir mon fils, mais je ne pourrais même pas prendre une chambre d'hôtel pour lui et moi. Mon beau-père ne voulait pas m'aider. Je demandai à M. Tsing de me rembourser au moins les traveller's chèques qui m'appartenaient et dont il avait disposé, mais il refusa. Heureusement, je me souvins que nous avions à Londres une cousine, Perle, et je lui écrivis très simplement pour la prier de nous héberger une nuit, mon fils et moi. Elle répondit aussitôt qu'elle nous recevrait avec beaucoup de plaisir.

Tout cela irritait terriblement M. Tsing, dont les colères de jour et de nuit se succédaient comme avant l'arrivée de Juliette. Il ne supportait pas l'idée que j'allais dépenser pour mon fils l'argent que j'avais gagné ; il me tirait du sommeil pour me répéter que nous étions mariés sous le régime de la communauté et que je n'avais pas le droit de distraire du ménage les sommes que j'y apportais.

Un autre sujet de discorde s'ajoutait à celui-là : toujours très attaché au principe des vacances, M. Tsing préparait un voyage d'une semaine en Allemagne à l'occasion des fêtes de Pâques. Il prétendait m'emmener avec lui et laisser Juliette toute seule à Rueil-Malmaison. Bien entendu, je m'opposai absolument à ce projet. Mais j'avais beau lui démontrer qu'il était inhumain, absurde, impensable d'abandonner ainsi une petite fille huit jours dans un pays où elle ne connaissait personne — il ne voulait pas entendre raison. J'étais une fois de plus excédée de ses cris, et très peinée pour Juliette, qui souffrait beaucoup de ce climat de mésentente.

Quand j'eus loué ma place d'avion pour Londres, dans la classe la plus modeste, il ne me restait plus que quelques pièces de monnaie. M. Tsing demeura inébranlable.

Cousine Perle me reçut avec beaucoup d'émotion et de tendresse. Elle était alors âgée de soixante-dix ans, et j'avais entendu parler d'elle comme d'une personnalité tout à fait originale et remarquable. Elle ne se fit pas prier pour me raconter sa vie étonnante.

Son père s'appelait Tsou Ta, et s'était établi très jeune à Shanghai, où il fit fortune. Son épouse lui donna d'abord neuf fils, et quand elle fut enceinte pour la dixième fois, le meilleur ami de Tsou Ta lui annonça que sa propre femme attendait aussi un enfant. Tsou Ta et son ami décidèrent alors que si leurs deux bébés étaient de sexe différent, ils seraient mari et femme, ce qui à la fois resserrerait leurs liens amicaux, et faciliterait leurs relations commerciales. Voilà donc ces enfants fiancés avant de naître : pratique courante dans l'ancienne Chine.

Le dixième enfant de Tsou Ta fut une fille. Dans cette famille riche, où il y avait déjà tant de garçons, l'enfant fut accueillie avec beaucoup de joie, comme une perle rare, et c'est pourquoi elle reçut le nom de Perle. Dans l'autre famille était né un garçon. La coutume en Chine est de célébrer la naissance d'un enfant au bout d'un mois. Les amis décidèrent de faire une seule grande fête pour les deux bébés à la fois, et ils annoncèrent solennellement les fiançailles de leurs enfants à la foule des invités réunis pour la circonstance.

Le destin de Perle semblait donc déjà fixé.

Dans l'ancienne Chine, certains enfants étaient désignés d'avance pour souffrir atrocement dans leur chair.

Certains garçons des familles pauvres étaient destinés à être vendus dans les palais royaux où ils deviendraient les serviteurs des femmes. Ces malheureux enfants étaient castrés par leur propre père, quand ils atteignaient l'âge de cinq ou six ans. Comme le père-bourreau opérait sans aucune anesthésie, et sans aucune hygiène, l'horrible plaie souvent s'infec-

126

tait, et, de toute façon, procurait au petit garçon des douleurs intolérables. La coutume était d'enfermer le blessé tout seul dans une chambre. Par la même occasion, on pensait lui éviter aussi le contact avec les microbes. On allait lui ouvrir la porte plusieurs jours après, quand on ne l'entendait plus. Son avenir était alors tout tracé, s'il était encore vivant : il serait un de ces eunuques appelés à vivre dans la familiarité des maîtresses de l'empereur.

La torture réservée aux petites filles — et beaucoup plus répandue — frappait au contraire les enfants des familles riches : c'était la pratique des pieds bandés.

On fait remonter au mauvais empereur Ly de la dynastie des Tsing, cette coutume cruelle. L'empereur passait son temps dans les plaisirs, et aimait surtout voir évoluer ses danseuses. Un jour, il remarqua que la plus gracieuse était celle qui avait les plus petits pieds, et il décida que toutes les danseuses du palais devraient désormais avoir de tout petits pieds. Pour satisfaire son désir, une technique inhumaine fut mise au point. Non seulement les danseuses, mais les jeunes filles de la cour, et les petites filles appelées à peut-être y figurer plus tard, furent soumises à ce traitement et cela dès l'âge de trois ans. On en vint à trouver laids et vulgaires les pieds de taille normale, si bien que la coutume de bander les pieds des petites filles se répandit largement dans les classes aisées, au-delà de la cour, et bien après la mort de l'empereur Ly.

Pour obtenir le résultat désiré, il fallait enduire le pied d'une mixture corrosive : on retroussait le plus possible les orteils sur le dessus du pied, et on serrait fortement une longue bande de soie autour des doigts torturés. La mixture attaquait les chairs, brûlait les os amollis, et chaque jour on refaisait un bandage plus serré. Il fallait environ deux semaines pour que les os soient cassés. Les pieds ensanglantés, certaines filles devenaient folles de douleur. Et puis un jour, mutilée, la malheureuse commençait à pouvoir faire quelques petits pas : et l'on s'extasiait sur sa nouvelle démarche, précautionneuse, le poids du corps portant sur les talons.

Les hommes aimaient beaucoup cette pratique : d'abord elle témoignait de la docilité des femmes, et des souffrances supportées pour plaire ; ensuite, c'était un signe de distinction, car les filles pauvres gardaient leurs pieds à l'état naturel ; en outre, c'était un gage de fidélité, car les femmes ainsi mutilées ne risquaient pas d'aller bien loin hors de leur

127

chambre ; enfin, on disait que cette démarche développait certains muscles, rendant l'acte sexuel très agréable pour l'homme. Et aussi — mais cette dernière remarque nous paraît aujourd'hui bizarre — l'odeur du pied étroitement enfermé, quand on défaisait la bandelette, odeur qui rappelait celle de certains fromages fermentés, passait pour extrêmement plaisante, et très appréciée des amateurs.

Donc, la petite Perle, qui avait eu le malheur de naître dans une famille opulente, devait avoir les pieds bandés. Certes, l'impératrice Tsi Shi avait depuis longtemps interdit cette pratique : mais on n'en tenait aucun compte, tant les petits pieds étaient entrés dans les mœurs.

Quand Perle eut trois ans, sa mère consulta un astrologue afin de déterminer la date la plus favorable pour commencer l'opération. Ce jour-là, les parents donnèrent une fête. Une vieille dame pleine d'expérience enduisit les pieds de l'enfant de la substance corrosive et les serra dans une bande de belle soie rouge, en dépit des cris de la petite fille. Les invités remirent selon la coutume des enveloppes rouges pleines d'argent à titre d'encouragement.

Mais quand les invités furent partis, la maman de Perle eut le cœur déchiré par les larmes de son enfant. Sa chère petite fille souffrait le martyre, pleurait, sanglotait, implorait. C'était le dixième enfant : elle était menue et délicate. La mère n'y tint plus : elle défit le bandage, lava l'onguent, soigna les pieds de Perle, qui guérirent... et grandirent.

Quand elle eut dix ans, les parents de son fiancé déclarèrent qu'une fille aux grands pieds ne pouvait pas entrer dans leur famille : les fiançailles étaient rompues.

C'était un déshonneur, que d'être rejetée par son fiancé. Qui voudrait épouser Perle, avec ses grands pieds, et cette tache sur sa vie ?

La maman de Perle, affaiblie par dix maternités et les malheurs de sa fille, était malade depuis longtemps, et mourut à ce moment-là. Tsou Ta aimait toujours tendrement sa fille, mais ses affaires l'absorbaient au point qu'il ne lui restait guère de temps pour s'occuper d'elle. Ainsi Perle grandissait-elle librement, allant et venant comme un garçon, tandis que les fillettes de son âge et de sa condition restaient à la maison avec leurs pieds bandés. Elle mit le comble à l'excentricité en se faisant offrir une bicyclette par son père qui ne savait rien lui refuser : elle devint célèbre en sillonnant la ville à bicyclette, sans souci du qu'en-dira-t-on.

Comme il fallait marier Perle, malgré tout, son père lui trouva un époux, de trente ans son aîné, qui, en considération de la fortune de la jeune fille, ferma les yeux sur les grands pieds, les fiançailles rompues et la bicyclette. Perle mit au monde une petite fille. Mais sa nouvelle vie l'ennuyait. Aussi, avec son enfant, s'en alla-t-elle à Londres, où elle vécut toute sa vie comme elle l'entendait, heureuse et tranquille. Là, au moins, la taille de ses pieds n'aurait plus d'importance.

Cette longue histoire nous tint éveillées, Perle et moi, une partie de la nuit. Je mesurais combien les femmes avaient eu à souffrir dans l'ancienne Chine, et j'admirais le courage qu'il avait fallu à notre cousine pour vivre sa vie selon ses goûts et élever sa fille loin des impératifs barbares dont elle avait elle-même souffert.

Quand Perle m'eut dit bonsoir, je ne pus m'endormir. Comment se passeraient ma rencontre avec Paul, et ces quelques heures que nous allions passer ensemble ? Comment prendrait-il l'annonce de mon mariage, qu'il ignorait encore ?

Au matin, M. Tchou, représentant le groupe Tong à Londres, vint me chercher en voiture sur la recommandation de M. Ma et m'emmena à l'aéroport, où il y avait beaucoup de monde pour attendre l'avion de Hong Kong. Le cœur battant, j'essayai de reconnaître mon fils parmi les premiers passagers débarqués, mais je suis myope, moi aussi, et je distinguais mal les visages. Enfin, j'avisai de loin un jeune garçon, plus grand que Paul tel qu'il était quand je l'avais quitté, mais il était naturel qu'il eût changé. Il portait un pull-over rouge, les cheveux coupés très court, et des lunettes : il se dirigeait vers moi. Transportée, je lui fis un signe de la main et il y répondit en souriant, tandis que des larmes irrépressibles inondaient mon visage. Enfin, j'allais serrer mon fils dans mes bras ! La foule nous empêchait de nous rejoindre : je le désignai joyeusement à M. Tchou : « Là, le pull-over rouge, c'est Paul, c'est mon fils ! » M. Tchou paraissait surpris et ne répondit pas. Quant au garçon, il se jetait dans les bras d'une vieille dame anglaise. Je le voyais mieux, maintenant : c'était un Eurasien, ce n'était pas mon fils.

Complètement désemparée, j'essuyai mes larmes et me tournai vers M. Tchou qui avait été bien étonné de me voir désigner un Eurasien comme mon fils. Où donc était Paul ? Un grand jeune homme, qui me dominait de toute la tête, se tenait devant moi : je ne l'avais pas vu venir. Il avait une petite moustache, une coiffure très soignée et laquée, des lunettes, un énorme manteau de cachemire argenté, alors que la dernière fois que je l'avais vu, il portait les cheveux en brosse. Il me dit d'une voix douce et émue : « Maman... » Etait-ce possible ? Moi qui un instant plus tôt versais des larmes en voulant embrasser un petit Eurasien, je gardais cette fois les yeux secs, et je n'osais pas prendre dans mes bras ce grand fils, qui m'intimidait presque. Je le présentai à M. Tchou, et nous nous rendîmes chez notre cousine en bavardant. Maintenant, je reconnaissais bien mon Paul !

Non, jamais une mère ne devrait rester longtemps loin de ses enfants. Le temps, perdu pour moi, où il s'était ainsi métamorphosé, — passant de l'état de petit garçon à celui d'un homme de un mètre quatre-vingt-cinq, — ces années où je ne l'avais pas vu évoluer, mûrir, se transformer, tout cela me pesait comme un remords, et me laissait une impression de malaise.

M. Tchou nous conduisit jusqu'à la maison de tante Perle et nous prîmes rendez-vous pour le lendemain afin d'emmener Paul à Ipswich.

Paul se comportait en jeune homme plein d'aisance. Il m'étonna cependant, lorsqu'il dit au revoir à M. Tchou : il s'inclinait profondément, reculait, saluait encore, et recommençait. Et il recula si bien que son derrière finit par se cogner au mur. Je reconnus les manières désuètes de la société à laquelle appartenait mon beau-père, et j'avertis mon fils que ces démonstrations de grand respect ne sont pas nécessaires en Europe.

Son habillement, lui aussi, était quelque peu étrange, comme celui de Juliette à son arrivée. Mon beau-père devait croire que Paul allait encore beaucoup grandir, car il lui avait choisi un manteau bien trop long et bien trop large. Pensant qu'il devait faire à Londres un froid terrible en février, mon fils était engoncé, sous son pardessus, dans une grosse veste matelassée, qui recouvrait elle-même nombre de chandails superposés. La longue et mince silhouette de mon fils me parut toute différente quand il se fut défait d'une partie de ses tricots inutiles.

Une fois seuls, le soir, nous avions tant à nous dire qu'il nous sembla que nous ne pourrions jamais aller dormir. Dès le lendemain, je devais accompagner Paul à son école, et rentrer moi-même à Paris. Qu'elles étaient courtes, ces pauvres heures à vivre ensemble ! Paul m'apparut comme un esprit réfléchi et très mûr. Il avait parfaitement conscience de mes difficultés, et s'en inquiétait. Je le rassurai de mon mieux, et lui annonçai la nouvelle de mon mariage. Il demeura un moment silencieux, et prit enfin la parole, d'un ton grave :

— Maman, je sais que quand tu t'es mariée la première fois, tu étais très jeune, et tu ne faisais qu'obéir à tes parents. Je sais que tu as dû beaucoup souffrir. Aussi, je souhaite par-dessus tout que tu sois heureuse, maintenant. Si tu l'es, je le suis aussi.

Ainsi, cette minute que j'avais redoutée m'apportait un grand apaisement. Paul n'avait aucune rancune à mon égard. Au-delà des coutumes et des préjugés qui veulent en Chine qu'une veuve convenable ne se remarie pas, il ne voulait que mon bonheur, et je lui en fus profondément reconnaissante.

Tout me parut aller trop vite, le lendemain : avec M. Tchou, nous conduisîmes Paul à son école. Il allait pour la première fois se trouver seul dans un pays étranger. Mais je pouvais lui faire confiance : je sentais sa solidité, sa force de caractère, il ne se laisserait pas aller à une inutile mélancolie.

Après l'avoir quitté, je pris le premier avion pour Paris, et me retrouvai à la maison, bien fatiguée, à vrai dire, par toutes ces émotions, et ces nuits sans sommeil. En ouvrant ma petite valise, j'eus la surprise d'y trouver trois soutiens-gorge et trois slips tout neufs : tante Perle, en voyant l'état de mon linge, avait compris ma situation. Elle avait discrètement, et à mon insu, glissé ces quelques sous-vêtements dans ma valise. Son exemple devait m'aider à surmonter toutes les difficultés, et je penserais plus d'une fois à elle, à son indépendance, à sa résolution. Mes problèmes, il fallait les résoudre un par un. Le plus urgent me tourmentait déjà : comment payer le prochain trimestre de l'école anglaise ? Il n'y avait qu'une réponse, évidente : par le travail.

Je m'endormis, confiante dans ce travail qui nous sauverait tous les trois.

7 *Enfin, pignon sur rue / A propos du Yi King et d'autres techniques chinoises de divination / Brillante mais brève carrière d'une astrologue non patentée / On déménage / Départ ému pour la foire de Canton / Un douzième étage à Hong Kong, ou les malheurs d'un ancien capitaliste / Revoir la Chine / Le fidèle neveu parlera-t-il ?*

Une semaine après mon retour en France, je reçus une lettre de Paul bien faite pour me réconforter : il m'assurait que tout allait pour le mieux dans sa nouvelle école, et surtout, il était tout heureux de m'annoncer que son grand-père lui avait écrit en promettant de financer ses études supérieures, quand il aurait passé avec succès son examen de fin d'études secondaires. Cet examen se situait, en principe, dans trois ans, mais mon Paul avait l'espoir de pouvoir se présenter plus tôt : à force de travail, il pensait pouvoir gagner du temps et obtenir une dispense dès qu'il aurait atteint le niveau requis.

Cette lettre me fit grand plaisir : mais en attendant le jour où mon beau-père reprendrait en charge les frais d'études de mon fils, c'était à moi de faire en sorte qu'il puisse rester au collège, et pour cela il fallait absolument affermir ma situation. Une occasion inespérée se présenta.

J'avais fait la connaissance d'une charmante compatriote, Mme Lebeau, mariée à un Français, avec qui je m'étais vite liée d'amitié. Dans le cercle de ses relations chinoises à Paris, il y avait le propriétaire d'une petite boutique située au quartier Latin, tout près de la Sorbonne. Ce monsieur, qui possédait aussi deux restaurants, était arrivé à l'âge où l'on pense à la retraite : il envisageait de vendre sa boutique, après s'être déjà défait d'un des restaurants. En effet, ses enfants avaient tous leurs propres affaires, et ne pouvaient pas assurer sa succession. Mme Lebeau me signala qu'il en demandait un prix tout à fait modeste, et elle m'emmena visiter le magasin.

Nous fûmes très aimablement reçues par la fille du propriétaire, Mme Camille, qui s'occupait provisoirement de la boutique tous les après-midi. Ce n'était pas un gros travail : nous ne vîmes pas un client pendant le temps que dura notre visite, et, à vrai dire, il me sembla qu'il n'y avait pas grand-chose à vendre. Mme Camille, qui nous faisait les honneurs du lieu, m'expliqua que son père ne renouvelait plus son stock depuis qu'il avait décidé de vendre. Le désordre, en effet, sentait l'abandon, dans l'arrière-boutique comme dans le magasin lui-même. Cependant, c'était un endroit beaucoup plus convenable que ma cave pour recevoir les clients que je pouvais amener : je serais tout heureuse de disposer d'une vitrine pour présenter quelques objets. Aussi, il me semblait que ce serait un grand progrès de pouvoir m'installer là. Telle est l'ironie du destin : moi qui étais entrée par mon premier mariage dans une famille parmi les plus opulentes de Shanghai, et qui avais paru être désignée pour régner sur une vaste demeure pleine de serviteurs zélés, voilà que mon ambition se bornait, pour le moment, à me rendre acquéreur d'un modeste local de quarante mètres carrés dans une rue peu connue d'un vieux quartier parisien, loin, bien loin de mon pays.

Je demandai donc à Mme Camille de m'obtenir un rendez-vous avec son père, M. Tsao.

Il nous reçut, M. Tsing et moi, dans une villa des environs de Paris, où il passait les week-ends.

Nous fûmes favorablement impressionnés par le jardin fleuri et la décoration chinoise de la pièce où l'on nous pria de nous asseoir. Notre hôte était un septuagénaire très droit, fort distingué et courtois, qui se dit lui-même enchanté d'avoir affaire à nous, car il voyait bien que nous n'étions pas des commerçants ordinaires. Après quelques échanges de politesse, nous abordâmes le vif du sujet, et tout se passa pour le mieux, comme il convient entre gens de bonne compagnie. M. Tsao me consentait des facilités de paiement, et ne demandait qu'une très petite somme au comptant. Il fallait vraiment saisir cette occasion.

Mais si faible que fût la mise de fonds initiale, encore me fallait-il la trouver, car je n'avais rien. Je pensai à demander de l'aide à cet ami de M. Tsing qui m'avait permis de donner mon concert à l'Alliance française. Il s'agissait de me prêter 20 000 francs, et nous savions, M. Tsing et moi, qu'il le pouvait sans difficulté. Effectivement, quand je lui en parlai, cet ami ne se fit pas prier, et m'assura qu'il mettait à ma disposition la somme dont j'avais besoin. Mais il ajouta, sur le même ton naturel et souriant, qu'il me suffirait de lui signer une reconnaissance de dette en présence de son avocat.

Cette précaution m'étonna plus que je ne puis dire, et je me sentis même si offensée que je refusai immédiatement les 20 000 francs en question. Pour comprendre la vivacité de ma réaction, il faut savoir qu'en Chine on conclut le plus souvent les affaires sur parole : à plus forte raison si ce sont des amis qui les traitent. Recourir aux engagements écrits, et aux services des hommes de loi, cela ne peut avoir cours qu'entre gens qui se défient les uns des autres. Au moment où se produisit cet incident, je n'étais pas encore accoutumée aux mœurs commerciales de l'Occident : par la suite, je signerais et ferais signer beaucoup de papiers, mais je ne le savais pas encore.

Puisque l'amitié se montrait si réticente, autant demander un prêt bancaire dans les règles : je l'obtins facilement, et le 13 juillet 1967, je pouvais m'installer dans *ma* boutique. Juliette et moi avions déménagé la cave de la rue de Richelieu. M. Tsao, toujours très compréhensif, voyant que j'avais peu de marchandises, me laissait son stock.

En cette période de plein été, la rue était calme, bien trop calme pour mon goût. Juliette, qui passait ses vacances dans le magasin, s'en inquiétait aussi. Elle jouait avec deux petits papiers pliés ; sur l'un, elle avait écrit : « Client viendra ». Elle lançait en l'air les deux papiers, et elle était toute joyeuse quand elle attrapait au vol celui qui portait la bonne prédiction. Si quelqu'un franchissait notre seuil, Juliette le recevait avec tant de gentillesse que le visiteur ne repartait jamais les mains vides. J'étais heureuse de voir l'habileté de ma fille, et son désir de m'aider. Ainsi passâmes-nous un été assez agréable, toutes les deux, tranquilles dans notre petit domaine, et je me sentis bien seule en septembre, quand Juliette dut reprendre le chemin de l'école. Les heures me paraissaient longues, quand j'attendais le client sans être sûre qu'il viendrait.

C'est à cette époque, où j'avais beaucoup de temps pour réfléchir, que je commençai à prendre des notes, en vue d'écrire un jour mes mémoires. N'avais-je pas eu une vie extraordinaire ? Je me remémorais les jours heureux, les jours de peine, les heures tragiques du passé. Je me mis à couvrir de caractères chinois un grand nombre de feuillets. En retrouvant ainsi ma langue maternelle, dans la solitude, je sentais revivre le goût des jours anciens, et plus d'une fois les larmes coulèrent sur mes joues. Je ne m'interrompais d'écrire que pour recevoir les clients. Quelques-uns, habitant le quartier, étaient presque des habitués, et j'avais plaisir à bavarder un peu avec eux : j'avais souffert du silence et de l'isolement, au temps où à Rueil-Malmaison je ne faisais qu'attendre le retour de M. Tsing pendant qu'il était au bureau.

Parmi ces clients et voisins, je voyais quelquefois une dame qui, faisant des achats pour son fils âgé d'une vingtaine d'années, m'avait parlé de ce jeune homme : elle s'inquiétait pour lui, car il ne réussissait pas dans ses études scientifiques. Un jour, elle entra avec lui dans le magasin. Je fus frappée par la physionomie du garçon : il avait des yeux vifs et brillants, un visage étroit, le nez fin, la bouche mince, le menton pointu, il faisait penser à une souris. J'eus l'idée de lui demander en quelle année il était né : c'était en 1948, et un rapide calcul me permit de conclure que sa naissance se situait, en Chine, pendant l'année de la souris. Ce n'était certes pas une coïncidence.

Selon l'horoscope chinois, chaque année correspond à un symbole animal. Il y a douze symboles : souris, taureau, tigre, lapin, dragon, serpent, cheval, chèvre, singe, coq, chien, cochon. Avoir l'air d'une souris quand on est né l'année de la souris, c'est un excellent présage : c'est le signe d'une harmonie entre l'homme et le monde. Encore faut-il choisir un style de vie qui corresponde aux dons de la souris !

C'est pourquoi, sans hésiter, je dis à ma cliente que son fils n'était sans doute pas fait pour les études qu'il avait entreprises, mais que ses aptitudes le portaient vers des activités commerciales, où il réussirait sûrement très bien, car la souris correspond à l'eau, et l'eau correspond au commerce.

J'étais tombée juste, mère et fils me le confirmèrent aussitôt. J'appris que le jeune homme trouvait grand plaisir à acheter avec son argent de poche des objets anciens qu'il avait l'art de revendre ensuite beaucoup plus cher. Autant ses cours l'ennuyaient, autant il se montrait adroit dans les affaires. Il était clair que le pauvre garçon perdait son temps dans ses études actuelles, et qu'il n'était pas trop tard pour qu'il se tourne vers une formation commerciale. Je l'expliquai à sa mère, en prophétisant que son fils deviendrait riche. Le garçon, enthousiasmé par l'horoscope chinois, me posa mille questions sur les douze animaux et ce qu'ils symbolisent.

Cette aventure me donna une idée : pourquoi n'utiliserais-je pas mes loisirs à faire des horoscopes ? Peut-être pourrais-je me constituer une clientèle parallèle à celle de mon magasin. Je commençais à connaître beaucoup de personnes, qui m'en feraient connaître d'autres, et ainsi, entrés pour me demander un horoscope, mes nouveaux clients seraient peut-être tentés d'acheter quelques objets exposés.

Un après-midi que je suis au magasin, il fait très sombre, il pleut et je suis en train d'écrire, très concentrée sur ce que je fais, quand la porte du magasin s'ouvre brutalement et apparaît devant moi un grand et jeune garçon. Je suis surprise par son entrée, j'ai un réflexe de peur, mais quand il me parle, sa politesse me tranquillise. Il me demande le prix d'un kimono, le paie et s'en va. Les jours suivants, il revient régulièrement. C'est un moniteur de sport. Son beau-père a un restaurant, il a beaucoup de relations et achète des kimonos pour ses élèves, ses amis, et les clients de son beau-père, restaurateur : pourquoi ces amateurs de kimonos ne seraient-ils pas en même temps amateurs d'horoscopes ? Les Français seraient peut-être heureux de découvrir les diverses techniques de divination chinoise. Je m'y étais moi-même intéressée d'assez près, et assez longtemps, pour me croire capable de pratiquer avec succès cet art peu répandu en Occident.

Tout avait commencé pour moi quand j'avais huit ans : mon père était en voyage, et son absence me paraissait interminable. Une voyante célèbre m'annonça la date exacte de son retour. Cela me fit une impression profonde. Je sentais confusément, malgré mon jeune âge, que les événements de nos vies ne s'enchaînent pas au hasard, et donc qu'il doit exister des lois qui les unissent : si l'on pouvait connaître ces lois, percer le secret des relations entre les faits, on devrait pouvoir prédire l'avenir. C'était pour moi une conviction, qui devint plus tard foi et certitude. Comme je l'ai dit, nous sommes en Chine très attentifs aux signes, aux présages, qui sont comme un langage divin qu'il faut savoir déchiffrer.

Depuis que j'habitais Paris, parce que j'avais une vie plus active et des préoccupations plus matérielles, parce que j'avais moins de temps pour prier et me recueillir, ces signes, ces présages m'apparaissaient moins souvent qu'en Chine, cependant je n'avais perdu ni mes anciennes dispositions d'esprit, ni les notions que j'avais acquises là-bas par mes lectures et par de nombreux entretiens avec ceux qui pratiquent l'art de la divination.

Je m'étais attachée sérieusement à cette étude au cours de ma quatorzième année, quand j'étais enceinte de mon fils. Ma santé donnait des inquiétudes : j'allais devenir mère alors que j'étais encore une fillette, et le médecin de la famille Liu m'avait recommandé de rester allongée jusqu'au cinquième mois de ma grossesse. Ces longs mois d'immobilité au lit m'incitaient à la réflexion, et je demandai à mon mari de m'acheter beaucoup de livres sur l'horoscope chinois et les techniques de divination. C'était une lecture souvent difficile, qui supposait parfois des connaissances philosophiques que je n'avais pas, mais j'avais bien retenu tout ce que j'avais pu en comprendre. Je m'étais familiarisée avec le Yi King, que l'on commence à connaître en France.

Le Yi King, ou Livre des Mutations, est l'expression d'une très ancienne théorie chinoise, celle du yin et du yang qui sont présents ensemble en tout être, et dont les combinaisons varient constamment, d'où l'importance de cette notion de « mutations ». Pour la pensée chinoise, l'homme étant soumis à de perpétuels échanges avec le monde extérieur, sagesse et bonheur dépendent de l'harmonie du dedans et du dehors. Le yin et le yang sont comme l'inertie et l'énergie, le féminin et le masculin, le repos et le mouvement, le froid et le chaud, la nuit et le jour, le passif et l'actif. Pour consulter le Yi King, on se sert soit de pièces de monnaie que l'on jette comme des dés, soit de baguettes, cette dernière méthode étant plus compliquée. A chaque jet des pièces ou des baguettes, selon la façon dont elles sont tombées, pour les unes, selon leur nombre, pour les autres correspond un trait, plein ou discontinu. Six traits constituent l'une des soixante-quatre figures du Yi King : elle représente la situation du consultant, et les chances de changement de cette situation, le tout décrit par un texte imagé, poétique, et souvent mystérieux.

Obtenir un de ces soixante-quatre hexagrammes s'apprend vite : la grande difficulté — cela demande de longues études — est d'interpréter le texte qui lui correspond, en fonction des circonstances particulières où se trouve le consultant. Une bonne connaissance du Yi King permet de savoir non seulement le sort d'une personne mais celui d'un objet, comme le montre l'histoire de ce Chinois qui possédait un très beau vase ancien, d'une très grande valeur. En consultant le Yi King, il voit que ce vase va être cassé tel jour et à telle heure. Il se dit : puisque je le sais, je vais protéger mon vase. Le jour dit, dès le matin, il s'installe devant une table, pose le vase sur celle-ci, tient le vase serré dans ses mains, et il va rester des heures entières ainsi installé devant le vase, le serrant bien fort sans que personne autre que lui ne le touche. Mais l'heure prédite arrive, et voilà qu'un violent jet de pierre frappe le vase, qui se brise au même instant : c'était sa femme. En effet, celle-ci, voyant son mari arrêté durant des heures en contemplation devant le vase sur lequel (il faut le préciser) étaient peintes deux beautés, avait pensé que son mari devenait fou de s'exciter ainsi devant deux images. Il est vraiment obsédé, se dit-elle, et s'il se comporte de cette façon, quelle sera son attitude dans la rue en voyant d'autres femmes ? Alors pour se venger, elle avait lancé la pierre qui cassa le vase. Le mari en colère acheva de le briser en mille morceaux. Cette histoire montre la force du destin et que, malgré toutes les précautions, on ne peut l'éviter : ce qui est écrit dans les astres doit arriver et l'on n'y peut rien.

Après la période de ma grossesse, il m'était arrivé souvent d'interroger les devins que l'on peut consulter, en Chine, dans la rue même ; ceux qui sont aveugles signalent leur présence en jouant de leurs instruments de musique rudimentaires, à cordes ou à percussion ; d'autres font en même temps office d'écrivains publics, et aident les personnes illettrées à lire leur courrier et à y répondre. Ils sont généralement vieux, et parfois très savants, mais tous pauvres et portent de grosses lunettes : les voyants réputés ne donnent pas leurs consultations dans la rue, bien entendu, mais confortablement installés chez eux. J'avais rencontré aussi beaucoup de ceux-là. Si la fonction d'écrivain public tend à disparaître en Chine depuis que la scolarisation est devenue obligatoire, on trouve encore dans les rues beaucoup de devins comme ceux que j'interrogeai dans ma jeunesse.

En ce temps-là, je m'étais passionnée pour la théorie des cinq éléments — le métal, le bois, l'eau, le feu et la terre, qui s'équilibrent entre eux de diverses façons, expliquant harmonie et dysharmonie des caractères et des destins. Je prenais plaisir à établir l'horoscope des personnes de ma connaissance à partir de ces grands principes : au printemps correspond le bois, à l'été le feu, à l'automne le métal, à l'hiver l'eau, et la terre prédomine à la fin de chaque saison. La date de naissance de chacun permet d'établir un profil de ses tendances, de ses dons, de ses points faibles. La médecine chinoise traditionnelle se fonde en partie sur ces données, le médecin ayant pour fonction d'aider à rééquilibrer le malade en harmonisant ce qu'il a de plus intime — ce capital inné lisible dans l'horoscope — et ses relations avec l'extérieur, nourriture, hygiène de vie, métier, mariage.

Non seulement je m'étais entraînée pratiquement en établissant les horoscopes de personnes que je connaissais, mais encore j'avais souvent fait le même travail pour des inconnus, dont on me donnait la date de naissance, et, toujours, on m'avait assuré que mes portraits et prédictions étaient justes.

Comment n'avais-je pas pensé plus tôt à tirer profit de cette science chinoise que j'avais jadis étudiée pour le plaisir ?

Ainsi, dès que je vis revenir le moniteur de sport qui m'achetait tant de kimonos, je m'ouvris à lui de mon projet, et, comme je ne perdais de vue ni mon intérêt ni le sien, je lui proposai de m'amener des clients : je demanderais cinquante francs pour l'établissement d'un horoscope, et je lui remettrais une commission de dix francs.

Il parut d'abord enchanté, puis soucieux : comment pouvait-il être sûr de ma compétence ? J'eus beau lui affirmer que tout client mécontent serait remboursé, je vis bien qu'il n'était pas absolument convaincu.

Quelques jours plus tard, il entra de nouveau dans ma boutique, et me dit qu'il voulait éprouver ma technique : il m'apportait la date de naissance d'une jeune femme — son épouse, précisait-il. Il voulait que je décrive son caractère et son avenir. J'acceptai avec joie de travailler devant lui. Mais quand je commençai à examiner le cas de cette jeune femme, ce fut à moi d'être soucieuse, bien plus qu'il ne l'avait été. Car à cette date de naissance ne correspondaient certes pas les qualités de l'épouse idéale : l'eau, chez cette personne, dominait fortement les autres éléments, au point que tout, dans son caractère et son destin, paraissait déséquilibré. Je ne voyais en elle qu'indifférence, égoïsme, infidélité, paresse, désordre et coquetterie. Plus je me penchais sur le détail de

142

l'horoscope, plus le tableau me paraissait sombre. Comment faire à un mari un tel portrait de son épouse ?

Si je lui parlais franchement, j'allais perdre à coup sûr un bon client. Et je risquais pire encore : en Chine, un mari ne supporte pas qu'on mette en doute la vertu de son épouse : celui-ci allait-il réagir comme un Chinois ? En ce cas, il allait se mettre en colère, crier, et peut-être m'injurier, me frapper... Je n'en menais pas large.

Cependant, il attendait mes conclusions avec beaucoup de curiosité, et je ne pouvais demeurer plus longtemps silencieuse. Avec précaution, je commençai par le prier de ne pas se fâcher : je n'étais pas responsable de ce qui était inscrit dans l'horoscope de cette dame. Puis, je lui avouai qu'elle ne me paraissait pas faite pour le mariage. Comme il m'écoutait avec attention sans faire mine de se fâcher, j'en vins à lui dire tout ce que je savais de la jeune femme en question, qui avait et aurait encore beaucoup d'hommes dans sa vie, et semblait plus attachée à leur argent qu'à leur amour.

Il y eut un moment de silence. Etais-je allée trop loin ? Mon client allait-il éclater de colère ? Soudain il frappe de la main la table. J'ai peur, va-t-il me frapper ? Non. C'est sa satisfaction qu'il exprime. Il est émerveillé par l'efficacité de ma méthode. En effet, il m'avait dit que cette jeune femme était son épouse pour augmenter la difficulté de l'épreuve. En réalité, il s'agissait d'une prostituée qu'il avait rencontrée et qu'il ne voulait plus aider. Il voulait savoir si elle trouverait quelqu'un d'autre pour l'entretenir.

Tout content de ma démonstration, le moniteur de sport tint à me payer les cinquante francs, et me promit avec enthousiasme de m'envoyer beaucoup de consultants. Je lui tendis en souriant ses dix francs de commission, et il me pria de lui confirmer par écrit tout ce que j'avais vu dans l'horoscope.

Je parlais le français bien mieux que je ne l'écrivais. Aussi, le soir même, je demandai à M. Tsing de m'aider à rédiger ce texte, qui m'embarrassait beaucoup. M. Tsing s'étonna de ma demande, et me pressa de questions. Je lui contai toute l'affaire, et il jeta les hauts cris, en m'interdisant absolument de me lancer dans cette nouvelle activité. En effet, je n'avais pas de patente de voyante, et je n'avais pas le droit d'exercer cette profession, en plus de l'autre. Je devais rendre son argent à mon unique client, et en rester là. Ainsi se termina ma carrière de faiseuse d'horoscopes.

Il me restait l'espoir de publier un jour mes mémoires, et, en attendant, je redoublai d'ardeur pour faire prospérer ma petite boutique.

Je n'avais personne pour m'aider, si ce n'est Juliette, qui venait me rejoindre dès que ses obligations scolaires le lui permettaient. Plus mes importations augmentaient, plus je devais faire d'efforts physiques, portant, traînant, poussant, tirant mes marchandises, comme une fourmi transporte des charges plus grosses qu'elle.

Je me souviens d'un jour où un camion s'était arrêté devant ma porte ; après avoir déposé dix caisses sur le trottoir, le chauffeur, pressé, s'en alia. Presque aussitôt, un agent de la circulation vint me dire qu'il allait me donner une contravention si je ne débarrassais pas au plus tôt la voie publique, que j'encombrais indûment. Comment faire ? Je n'étais pas assez forte pour soulever ces caisses. Une par une, je les poussai à l'intérieur, soufflant, suant, m'épuisant, et me dépêchant le plus que je pouvais. Il arrivait même qu'un étranger de passage, me prenant en pitié, me donnât un coup de main.

Je me revois ensuite, dans le magasin, faisant sauter les cerclages de fer qui bouclaient les caisses, et dont l'un me blessa au front, puis déballant mes marchandises, empilant dans l'arrière-boutique les caisses vidées... Mes pauvres mains, si jolies autrefois, si blanches, si douces, si soignées ! Mains d'oisive ou de pianiste... je les avais troquées contre des mains de travailleuse, durcies, rugueuses, vieillies, mais aguerries au froid, aux heurts, aux efforts quotidiens. Ces mains feraient un jour pleurer ma mère, qui me dit, quand je la revis après huit ans d'absence :

« Tu n'as pas besoin de me raconter tes peines, ma fille, elles sont écrites sur tes mains. »

Cependant, j'étais bien récompensée de mes sacrifices : car mes affaires se mettaient à prendre quelque importance. Mes clients faisaient connaître mon adresse à d'autres, et même je pus commencer un peu de vente en gros.

Pendant ce temps, Juliette travaillait comme un ange, et je n'avais de son côté que des satisfactions. Quant à Paul, mettant les bouchées doubles et triples comme il l'avait résolu, il passa avec succès son examen de fin d'études secondaires dès 1968 : il avait fait en un an le programme de trois années ! Mon beau-père, tenant sa promesse, allait donc reprendre en charge les frais d'études de mon fils. C'était un énorme soulagement.

De 1968 à 1969, Paul fit encore deux années en une, et fut admis à l'université de Cambridge, où il avait choisi Trinity College, une école de travaux publics. Cette réussite me comblait de joie : j'avais reçu du directeur de Paul une lettre de chaleureuses félicitations. Mon fils avait partout des notes brillantes, et totalisait en mathématiques le maximum de points, ce qui était tout à fait exceptionnel.

Depuis qu'il était étudiant, Paul bénéficiait de très longues vacances : nous ne pouvions passer ces longs mois à camper tous ensemble dans le petit appartement de Rueil-Malmaison. Pauvre M. Tsing ! Il était bien logé quand il était célibataire, mais il s'était trouvé en compagnie d'une femme, puis, très vite, d'une petite fille, et maintenant, c'est un grand garçon qui lui tombait du ciel ! Je craignais que notre entassement ne devînt funeste à la paix familiale : si M. Tsing recommençait ses colères, ce serait très pénible pour tous.

Aussi, puisque mes affaires semblaient bien parties, et que mon beau-père se chargeait des frais d'études de Paul, il me sembla que je pouvais envisager un déménagement. Justement, l'occasion se présenta de reprendre un appartement trois fois plus grand que le nôtre ; ses occupants partaient pour l'étranger, et nous demandaient une location très raisonnable, à condition que nous vidions les lieux à leur retour, dans quelques années. C'était là encore une de ces chances qu'il faut saisir au vol.

Mon premier soin fut de faire livrer dans le nouvel appartement deux lits pour M. Tsing et pour moi : ma peau ne le brûlerait plus, je ne le pousserais plus en dormant, et ce serait pour moi la fin des coups de pied nocturnes. Paul et Juliette eurent chacun une chambre pour y être tranquilles, et aussi pour que M. Tsing ne puisse plus se plaindre d'être dérangé par eux. Comme j'en rêvais depuis longtemps, j'achetai à crédit un piano à queue pour le salon : je fis transporter mon vieux piano droit dans l'arrière-boutique, avec l'intention de travailler un peu en attendant la clientèle pendant les inévitables heures creuses. Il remplaçait l'incroyable piano désaccordé que j'avais acheté deux ans plus tôt pour cent cinquante francs à la salle des ventes et qu'il me fallait accorder quasiment tous les jours.

Au début de l'année 1970, nous étions à peu près installés. Quel chemin parcouru, depuis mon arrivée à Paris ! J'avais retrouvé mes enfants, leurs études si remarquables permettaient pour leur avenir les plus grandes espérances, mon commerce commençait à me donner un sentiment de sécurité. Pourtant, je pensais souvent à la Chine, à mes parents qui vieillissaient loin de ma tendresse, et la nostalgie me prenait, comme au temps de mon premier hiver d'exil.

Mon mariage avec M. Tsing n'était pas une consolation : il n'y avait plus guère de tendresse dans nos relations, et, certes, je ne peux lui en vouloir d'une certaine sécheresse qui était dans sa nature et qu'on ne peut lui reprocher, mais sans l'amour de mes enfants, mon cœur serait mort de froid. Peut-être aussi demeurait-il quelque chose entre nous des paroles injustes et excessives prononcées dans les moments de grande colère : ce sont des choses que l'on n'oublie pas tout à fait, même si on en a le désir. J'avais plusieurs fois parlé de divorce, et M. Tsing s'en souvenait certainement, comme je me souvenais de ses injures.

Aussi, il ne manquait pas une occasion de me faire remarquer que j'avais toujours grand besoin de lui. C'est lui, en effet, qui se chargeait de la comptabilité de mon affaire, car je n'y entendais rien. Il disait que sans sa collaboration je m'embrouillerais dans le dédale des lois difficiles à comprendre, et que je me ruinerais en amendes diverses, car je serais incapable de tenir mes affaires en règle. Je pensais qu'il avait raison : le moindre formulaire à remplir me paraissait trop compliqué pour moi. Je suis comme les femmes chinoises de ma génération : très dépendante de l'homme. Je conçois mal de vivre sans la protection d'un homme qui me dit ce qu'il faut faire, même si je ne suis pas toujours ses avis. Je reconnais volontiers cette apparente contradiction de mon caractère, qui tient peut-être à des dispositions naturelles, mais sûrement aussi à l'éducation que j'ai reçue : on ne se défait pas facilement de son enfance.

La mienne me hantait, et le désir de revoir la Chine se faisait chaque jour plus impérieux.

Chaque année, à Canton, il y a deux grandes foires commerciales, l'une au printemps, l'autre à l'entrée de l'hiver. Pourquoi ne profiterais-je pas des vacances de Pâques, où Paul pourrait tenir ma boutique, pour faire un voyage en Chine, avec Juliette ? Comme importatrice, j'obtiendrais sans peine un visa ; nous irions, certes, à la foire commerciale, mais aussi nous pourrions rendre visite à mes parents et à mes beaux-parents. Juliette était tout émue et tout heureuse à l'idée de cette expédition, que j'organisai avec soin.

Au printemps 1970, tout fut prêt pour notre départ. J'avais pris des billets d'avion, les plus économiques que j'aie pu trouver, dans un charter qui allait de Londres à Hong Kong. Je retrouvai avec émotion l'aéroport de Londres où j'avais jadis attendu mon Paul et où je ne l'avais pas tout de suite reconnu. J'eus tout le temps de m'en souvenir, car je dus, avec Juliette, attendre six heures debout dans la foule le moment d'embarquer. Enfin, vers 9 heures du soir, les passagers furent invités à monter dans l'avion, qui, dès le départ, ne nous inspira guère confiance : nous étions secoués comme dans un panier à salade, et Juliette serrait mon bras en demandant : « Maman, crois-tu que l'avion va tomber ? » Je la rassurais de mon mieux, mais j'avoue que j'étais comme elle impatiente de me retrouver à terre. Les vingt-six heures qu'il nous fallut passer ensemble dans le ciel, cette fois-là, nous ont laissé un pénible souvenir. Mais que n'aurions-nous affronté pour retrouver la Chine ?

Mon grand-oncle Thon Shon, qui est le frère de mon beau-père, nous attendait à l'aéroport de Kowloon. Il nous reçut avec beaucoup de joie, et nous emmena chez lui, où il avait prévu une chambre pour nous, car nous résiderions chez lui. Il m'apprit que mes beaux-parents vivaient désormais chez leur seconde fille, dans des conditions plutôt difficiles. Mon grand-oncle souhaitait que nous nous reposions, mais nous avions hâte de voir les nôtres, et je demandai la permission d'emmener vite Juliette rendre visite à ses grands-parents. Mon grand-oncle, un peu embarrassé, me prévint que je ne serais peut-être pas très bien accueillie par ma belle-mère, qui avait entendu dire beaucoup de mal de moi. Mes belles-sœurs s'acharnaient à me nuire, répétant que j'étais le déshonneur de la famille. Ma belle-mère, qui avait tant aimé son fils aîné, mon cher mari, et qui m'avait montré tant d'affection, doutait maintenant de moi, et nourrissait à mon égard une rancune d'autant plus amère que depuis le départ de Paul et Juliette, sa mélancolie et son ennui étaient sans diversion. Quelle triste vieillesse ! C'est pour fuir leur solitude qu'ils avaient pris le parti de vivre chez leur fille : mais celle-ci et son mari, qui n'étaient pas très grandement logés, sous-louaient deux pièces de leur appartement à des célibataires, comme cela se fait couramment à Hong Kong, et dans ces conditions, chacun gênait tous les autres. Mon beau-père,

147

qui avait distribué à ses enfants les biens qui lui restaient, était maintenant dépendant de sa fille, dont l'attitude avait complètement changé. Elle, si affectueuse et flatteuse autrefois, était devenue rude et désagréable, ne ménageant pas ceux dont elle n'avait plus rien à attendre. Pourtant, mon beau-père lui payait une pension pour sa nourriture et celle de ma belle-mère, et le pauvre homme tenait aussi peu de place que possible dans la maison, mais la mauvaise humeur régnait tous les jours.

Attristée par ces nouvelles, je partis avec Juliette par l'autobus dans la direction de Price Road, où habitait ma belle-sœur. J'eus le cœur encore plus serré en voyant dans quel immeuble laid et sale la famille était logée. Avec sa part d'héritage, ma belle-sœur aurait pu trouver des conditions de vie plus convenables, mais elle se préparait à partir pour les Etats-Unis, où son fils était déjà, et elle estimait qu'un déménagement pour une installation provisoire entraînerait des frais inutiles.

Juliette et moi nous achetâmes chez un fruitier de belles pastèques, comme les aimait mon beau-père, pour les lui offrir en arrivant. Il nous fallut un certain temps pour trouver la bonne entrée de l'immeuble : il était difficile de voir les numéros des portes, et ces énormes blocs se ressemblaient tous. L'odeur qui régnait partout, dans ces habitations surpeuplées, me parut extrêmement pénible : il faisait déjà très chaud, et les relents de sueur, dans ces constructions mal entretenues, me levaient le cœur. Comment mes beaux-parents, habitués depuis toujours à un raffinement précieux, pouvaient-ils s'être accoutumés à cette nouvelle vie ? Certes, ils avaient connu des revers, mais jamais cette déprimante saleté.

Mon émotion et mon chagrin grandissaient. Je me repentais amèrement de m'être remariée, d'avoir maintenant une tout autre vie, de n'être pas restée ici, où j'aurais su adoucir les dernières années de mes malheureux beaux-parents.

Enfin, nous arrivions au douzième étage : quand je trouve le bouton de la porte, j'appuie dessus en tremblant avec un mélange de joie de revoir mes beaux-parents et de tristesse de mon remariage. Long moment dont je me souviendrai toujours. J'entendis le pas de mon beau-père que je reconnus. Il mit longtemps à ouvrir la porte, car il n'avait plus de force, et ses mains tremblaient. Je fus incapable de parler, quand il apparut enfin — très amaigri, les cheveux tout blancs, mais avec toujours le même visage plein de bonté.

Je ne pouvais que pleurer, pleurer encore, pleine de honte pour ma trahison. Pourtant j'avais toujours fait ce que je croyais devoir faire — et maintenant, je me sentais si misérable, si mauvaise de l'avoir laissé vieillir ainsi tout seul dans le chagrin. Le sentiment de mon infidélité me torturait. Mon beau-père nous fit entrer, et je vis ma belle-sœur, qui me déchargea des pastèques, ainsi que Juliette, en nous faisant un sourire forcé. Toujours pleurant, je demandai à voir ma belle-mère, qui était comme toujours dans sa chambre. A la suite de mon beau-père, je traversai le salon, la chambre d'un sous-locataire, car toutes les pièces étaient en enfilade, et la chambre de ma belle-sœur et de son mari, qu'elle avait séparée en deux avec un drap de lit, car sa grande fille de vingt ans dormait aussi dans la même pièce.

J'arrivai enfin dans la troisième chambre où je vis aussitôt ma pauvre belle-mère toujours aussi paralysée et aussi muette que lorsque je l'avais quittée. L'angoisse m'étreignait. Aussitôt qu'elle me vit, elle poussa un grand cri rauque, plein de colère. Je compris alors qu'elle ne voulait pas me voir, qu'elle avait cru toutes les méchancetés racontées par ses filles. Malgré son attitude je continuais d'avancer vers elle, mais elle s'agitait, remuant ses bras devant elle et me repoussait. J'insistai et la pris de force dans mes bras, sanglotant, l'appelant « maman, maman, oh ! maman ». Je pleurais de plus belle, ma peine était immense et mes larmes des larmes de sang. Nous sanglotions à présent toutes les deux. Mon beau-père vint nous retrouver et, nous voyant ainsi toutes les deux, nous sépara pour éviter à ma belle-mère une trop grande émotion, dangereuse pour sa santé.

Il me fit asseoir au salon, en me demandant de l'attendre un moment. Quand il revint, il avait quitté sa tenue pour se vêtir à l'européenne. Il avait l'air grave, et demanda à Juliette de rester à la maison, pendant que je sortirais avec lui. Je ne savais pas où il voulait m'emmener, mais je le suivis docilement. Dans l'ascenseur, il ne prononça pas une parole, et je n'osais pas rompre le silence. Il me conduisit jusqu'à un petit café tout proche, où il me fit entrer. J'en étais très étonnée, car il n'est pas du tout admis par les coutumes chinoises qu'un beau-père et sa belle-fille se rendent ainsi dans un café. Là il choisit une table écartée, me fit asseoir devant lui, et me demanda en me regardant bien en face :

— Tu es bouddhiste et tu ne peux pas mentir, Julie. Dis-moi si ce qu'on dit est bien la vérité : es-tu remariée ?

149

Instant cruel ! Je ne pouvais pas mentir, en effet, mais je ne pouvais pas non plus dire la vérité : elle lui eût fait trop de mal, d'autant que je ne pouvais pas me faire comprendre, expliquer tout ce qui s'était passé depuis mon départ, huit ans plus tôt. A sa question, je ne pouvais répondre que par une autre : pourquoi mes belles-sœurs avaient-elles tant de méchanceté à mon égard ? Que leur avais-je fait ? Pourquoi, si elles s'intéressaient tant à ma vie, ne pas venir me voir, à Paris, et juger par elles-mêmes de ma conduite, au lieu d'en parler sans savoir ?

A mon grand soulagement, mon beau-père ne posa pas de nouveau sa première question, et passa à une autre :

— Est-il vrai, Julie, que tu as eu un enfant à Paris ? Peux-tu me jurer que ce n'est pas vrai ?

Cette fois, je pouvais répondre, et je le fis avec élan : non, je n'avais aucun autre enfant que mon Paul et ma Juliette, je le jurais solennellement.

Mon beau-père ne doutait pas de ma parole. Il parut très heureux de ce qu'il venait d'entendre, régla l'addition, et insista pour que je dîne avec lui chez ma belle-sœur.

Ce repas fut très triste. Mon beau-père semblait fatigué par les émotions, ma belle-sœur et son mari paraissaient contraints, et surtout, je fus extrêmement choquée d'entendre ma belle-sœur dire dans la cuisine : « Ce n'est pas la peine de mettre de la viande dans l'assiette du vieux, le vieux a de mauvaises dents et mange ses pâtes sans rien. » Je demandai de quel « vieux » il s'agissait, car je ne pouvais croire qu'elle parlait sur ce ton de son propre père, si vénéré au temps de sa puissance : et pourtant, c'était bien de lui.

Je n'avais pas imaginé de loin que mes beaux-parents étaient réduits à une si douloureuse dépendance, ni qu'ils avaient à supporter un si grand manque d'affection et de respect. L'inconfort et même la pauvreté quand il faut les supporter ne sont rien auprès de l'ingratitude et de l'absence de tout égard, venant d'une personne que l'on a tant chérie : car ma belle-sœur avait été tendrement aimée, et, semble-t-il, elle l'avait oublié. Le riche et puissant chef de la famille Liu, après avoir comblé de ses bienfaits chacun de ses neuf enfants, était maintenant « le vieux », et il mangeait dignement ses pâtes à l'eau, sans se plaindre, avec cette espèce de distraction de ceux qui, ayant atteint un grand âge et connu beaucoup de déceptions, sont comme le voyageur qui s'éloigne, et ne regarde pas en arrière.

150

Je passai trois jours à Hong Kong, me rendant quotidiennement de chez mon oncle Thon Shon à la maison de Price Road, pour saluer mes beaux-parents. En même temps, je remplissais les formalités nécessaires pour me rendre en Chine, car je devais retrouver mes parents à Canton, où ils se rendaient pour me voir.

Le quatrième jour, laissant Juliette à la garde de mon grand-oncle, je pris seule le train qui me conduirait à la frontière.

Que de souvenirs, au cours de ce voyage ! Le train s'arrêta à Loowoo, où j'avais autrefois appris la terrible nouvelle de la mort de Liu Yu Wang, mon mari. Le paysage était toujours le même : mais comme le paysage de ma vie avait changé ! Je passai la frontière à Sensen, où, traversant un grand pont de fer, j'aperçus des soldats chinois, pour la première fois depuis huit ans. Je reconnus leurs vêtements de coton, leurs chaussures de coton également, et j'éprouvai, à les retrouver, un sentiment indéfinissable, fait de joie et de regret pour toutes ces années passées au loin. En même temps, l'impatience de revoir mes parents devenait presque intolérable : j'aurais voulu accélérer l'allure du train ; je me demandais anxieusement si mon père et ma mère m'attendraient bien à la gare de Canton, comme nous en étions convenus, je me demandais comment j'allais les retrouver : étaient-ils en bonne santé ? Auraient-ils beaucoup changé ? Me trouveraient-ils changée moi-même ? Je regardais avidement le paysage qui se déroulait sous mes yeux, je reconnaissais la terre de mon pays, tout me transportait, m'attendrissait, me rendait heureuse et malheureuse. J'arrivais aux derniers instants, les plus intenses, d'une longue, longue attente, et je sentais avec ardeur, qu'attendre, c'est vivre : que peut être vivre, si l'on n'attend rien ?

Enfin, le train commença à ralentir : nous entrions en gare. Penchée à la fenêtre, j'essayais de voir mes parents de loin, mon cœur battant à coups précipités, ma vue toute brouillée d'émotion, et, oui, je les vis, qui eux aussi me cherchaient des yeux.

Avec quelle hâte je me précipitai sur le quai pour me jeter dans leurs bras ! Ils avaient tous deux les cheveux blancs, bien qu'ils aient à peine atteint la soixantaine : et comme mon père avait vieilli ! Quelle tristesse, quelle fatigue inconnues, dans ses yeux ! Comme il me paraissait maigre, et comme leurs vêtements à tous deux me semblaient pauvres et usés ! Je pleurais sans contrainte, à la fois pour tout cela, et aussi parce que je sentais une joie extraordinaire à être là, près d'eux, à les voir, à les toucher, à les embrasser, comme si j'étais encore un petit enfant.

Mon père tâchait de me calmer : il me fit remarquer gentiment que je retardais les autres voyageurs venus comme moi de Hong Kong par la même agence de voyages, et qui m'attendaient pour que nous nous rendions ensemble à l'hôtel où nos chambres avaient été retenues : comprenant mes larmes, ces autres voyageurs attendaient avec patience que je reprenne mes esprits, sans se plaindre de l'excès de mon émotion.

Nous nous dirigeâmes donc vers l'hôtel. Mes parents étaient accompagnés d'un grand garçon que je n'avais pu reconnaître, car il avait dix ans seulement à l'époque de mon départ : c'était mon neveu, le fils de ma belle-sœur qui vivait à Shanghai près de mes parents. J'avais quitté un petit garçon, et je retrouvais un beau jeune homme, grand et robuste.

J'avais tant de questions à poser à mon père et ma mère qu'une fois à l'hôtel, où nous pouvions échanger tout ce que nous avions à nous dire sur ces huit ans passés, si différents de leur côté et du mien, je ne sus par où commencer. Il me sembla une ou deux fois qu'on me cachait quelque chose. Il me sembla même que mes parents empêchaient mon neveu de me parler. Chaque fois que je posais une question, ma mère manifestait une agitation étrange et tremblait comme pour me prier de ne pas continuer. Elle répétait automatiquement : « Tout va bien, tout va bien ! »

Je résolus, dès le lendemain matin, de faire une promenade seule avec mon neveu. Je pris pour prétexte mon travail à la foire de Canton, je recommandai à mes parents de se reposer dans leur chambre, et je demandai à mon neveu de m'accompagner.

Une fois hors de l'hôtel, je l'emmenai dans un jardin, non loin de la foire, je l'invitai à s'asseoir au bord de la rivière, et je lui posai la question qui me brûlait les lèvres et le cœur, car je voulais tout savoir de la vie de mes parents depuis mon départ.

8 *Regard sur la Révolution culturelle / Histoire merveilleuse de l'empereur Woo / Légende du héros qui combattit les huit soleils / Conséquences funestes du mariage de Ching Son / Les malheurs des jumeaux Lele et Toutou / Le père de la belle-fille du patron lave les crachoirs / Une étrange façon de réclamer le loyer / Où il faut mentir pour garder la face / Le testament de Liu Pin San.*

Les épreuves et les tempêtes qu'avait subies ma famille, pendant ces années décisives, comme aussi bien mes amis et mes maîtres de conservatoire, n'étaient certes que des remous parmi les événements qui avaient secoué le pays tout entier depuis le début de ce qu'on appela la Révolution culturelle.

Le lecteur me pardonnera de faire ici un bref retour en arrière. Je veux faire allusion à quelques événements et à quelques épisodes de ma vie telle que je l'ai racontée dans un premier livre, car cela me paraît indispensable pour éclairer les drames qui ont suivi.

J'ai vécu mon enfance à cheval entre deux mondes, un monde corrompu et féodal qui s'effondrait sous nos yeux sans que nous nous en rendions compte, et un monde nouveau sorti de vingt-cinq ans de lutte pour rendre à la Chine sa dignité et permettre au peuple de manger à sa faim. Je me suis mariée, à l'âge de treize ans et demi, pour entrer dans une famille que l'on peut qualifier de capitaliste puisqu'elle fut une des plus riches de Shanghai. Or, si mon beau-père, l'important Liu Pin San, eut quelques ennuis et s'installa à Hong Kong plus par peur que par nécessité, j'ai continué pendant des années, et cela sous un régime communiste, à percevoir les dividendes sur les revenus de ses usines, même après qu'elles eurent été nationalisées. Mon frère aîné, Ching

155

Son, qui, lui, avait été un révolutionnaire clandestin, connut des difficultés à l'intérieur du Parti. De même, mon père, modeste professeur, qui, à l'époque des Cent Fleurs, avait cru pouvoir critiquer les paysans, ce qui était pour le moins une erreur. Mais ces incidents, même pénibles, n'étaient rien si l'on regardait les progrès presque incroyables de mon pays.

Moi, dont le grand-père avait été un misérable colporteur, né dans une ville, Tchao-Tchéou, spécialisée dans la vente des enfants, j'avais vu des changements inouïs dans le niveau de vie, dans l'hygiène — la quasi-disparition des mouches m'avait stupéfiée — dans le prix des loyers, dans la médecine, et je ne parle, dans le désordre, que de ce qui m'a personnellement sauté aux yeux lors de chacun de mes voyages. Le peuple sorti de sa misère, délivré de l'impôt, 4 p. cent prélevé sur le salaire pour le loyer, l'éducation gratuite, la possibilité de manger et de s'habiller, et même de mettre de l'argent de côté. Je ne parle ni de l'agriculture ni de l'industrie. J'ai littéralement vu la Chine, ce « malade de l'Asie », comme on l'appelait, retrouver peu à peu sa santé physique. Mon pays, où l'espérance de vie, en 1940, était de *trente ans,* avait entamé une lutte grandiose contre les épidémies, contre la tuberculose, développé un système sanitaire unique au monde. Pour faire face à la pénurie de médecins et d'infirmières, on a créé les fameux « médecins aux pieds nus », ces aides médicaux volontaires, formés en six mois ou un an, qui travaillaient ensuite pendant deux ou trois ans avec les médecins. Grâce à eux, la médecine avait pénétré jusqu'aux moindres villages et le plus humble eut droit aux soins les plus attentifs.

Certes, une révolution, dans un pays aussi vaste et qui avait un tel retard dans son développement, ne pouvait pas avancer sans accidents ni sans erreurs, comme on l'a vu pendant les Cent Fleurs, pendant le Grand Bond en avant et ses difficultés.

Pour mon neveu, qui me racontait les événements de la Révolution culturelle, tout n'était pas tout à fait clair encore, mais ce qui était certain, c'était que Mao Tsé-toung avait décidé lui-même de relancer une lutte plus décisive, entraînant la masse des ouvriers, des paysans, des étudiants, et jusqu'à l'armée et au Parti lui-même. On ne voulait pas que la Chine prenne le même chemin que les Soviétiques en 1965 avec Khrouchtchev — ce qu'on appela le « révisionnisme », c'est-à-dire le retour vers le capitalisme. Et à ce moment-là, quand le président Liu Chao-chi se mit à parler de priorité de l'économie, de nécessité d'adopter certaines méthodes occidentales, on commença à l'accuser de vouloir revenir en arrière.

Dans les années 1965 et 1966, c'est la peur — et peut-être le danger réel — d'un retour au capitalisme, qui déclencha ces immenses campagnes d'affiches murales, ces manifestations monstres de millions de jeunes gens qu'on appela les Gardes rouges, toutes choses qui ont tellement étonné les étrangers. Peu importaient, au début, le désordre, la fermeture des universités — certaines sont restées fermées plusieurs années — 700 millions de Chinois allaient construire un monde nouveau et déraciner les dernières traces de la bourgeoisie. Il fallait supprimer « les quatre vieilles choses » : les vieilles traditions, les vieilles coutumes, les vieilles habitudes, les vieilles pensées. Il fallait d'abord changer la culture, réformer et rééduquer les intellectuels, dont l'esprit n'était pas débarrassé de la culture de la vieille Chine, extirper la gracieuse et poétique culture bourgeoise des mandarins qui avait, pendant des siècles, écrasé le peuple, en se développant dans l'oisiveté. D'où la suppression de beaucoup d'œuvres de la littérature et du théâtre : il ne resta que la chanson populaire, le folklore paysan et des opéras en nombre très limité. La pensée de Mao Tsé-toung était la clef de tous les problèmes et des millions de petits livres rouges étaient lus, commentés, brandis comme des drapeaux.

Les Gardes rouges instaurèrent une démocratie directe inspirée par la Commune de Paris. Ils avaient le droit de critiquer ouvertement toute personne, jusqu'aux cadres du Parti et aux personnages les plus haut placés. Ils pouvaient voyager dans toute la Chine et les autorités régionales devaient les héberger et les nourrir. En 1966, treize millions de jeunes gens étaient venus dans la capitale pour apercevoir le Grand Timonier. Les Gardes rouges eurent le pouvoir d'arrêter les gens, de les interroger, ils pouvaient susciter des grèves partout où ils l'entendaient. Des milliers de jeunes gens grossirent ce grand fleuve, le pays se remplit de Gardes rouges.

Tous n'avaient plus qu'un seul cœur qui battait pour Mao Tsé-toung et Mao Tsé-toung déclarait : « Il ne s'agit pas seulement de détruire un vieux monde, il faut créer un nouveau monde, et il faut lutter mais sans violence, il faut faire une bataille pour changer tout le pays, toute la société mais il faut le faire avec douceur. »

157

Or, on sait que les événements ne se déroulèrent pas toujours dans la douceur. Il y eut des heurts, des violences, et même des batailles rangées. Les Gardes rouges, après avoir brisé des boutiques bourgeoises, s'en prirent à des monuments qui furent endommagés et détruits, il y eut même une vague, heureusement brève, de xénophobie, avec l'incendie de l'ambassade d'Angleterre.

Parmi les intellectuels et les artistes qui furent les victimes de ces excès, l'un m'était tout particulièrement cher, et je pleurai beaucoup en apprenant son histoire : je veux parler du Pr Cheng, du conservatoire de Shanghai, envers qui j'avais une dette de reconnaissance, car c'est lui qui m'a formée comme pianiste et accompagnatrice, et il m'avait témoigné confiance et amitié. C'était un homme de grande valeur et de grand cœur, qui sacrifia toute sa vie pour l'instruction de ses élèves. Mais il avait fait ses études en Angleterre et, à cause de cela, les « Gardes rouges rebelles » le traitèrent en espion : sa femme et lui furent accusés, injuriés, battus avec une telle violence que tous deux choisirent de se donner la mort en se jetant d'un balcon. Cette fin pénible me fit une peine qui ne s'est jamais consolée et je ne peux écouter le triste et beau concerto de Wienavski, que nous avions travaillé ensemble, sans être étreinte par une grande mélancolie, car j'y retrouve le sentiment profond et pur que j'éprouvais pour mon professeur et ami.

De ces événements souvent tragiques et qui ont surpris le monde, je ne puis rapporter que ceux dont j'ai été le témoin ou dont mes parents et mes amis ont été les acteurs, qu'ils l'aient voulu ou non. Quant à les commenter, je m'en abstiendrai. L'histoire dira un jour ce que furent les dernières années du grand homme, Mao Tsé-toung, qui a changé le destin du quart de l'humanité. On apprendra peu à peu la vérité — qui apparaît déjà — sur la fameuse bande des Quatre, on saura ce que fut le rôle de la femme du président Mao, Chiang Ching, petite actrice de cinéma portée au faîte du pouvoir. Avant d'en revenir à l'histoire de ma famille, je voudrais me contenter, pour éclairer le lecteur, de rapporter deux histoires traditionnelles, car dans la Chine moderne, la Chine éternelle est toujours présente et nous connaissons beaucoup d'histoires d'empereurs vieillis et de femmes que le destin a portés au sommet de l'empire.

Je commencerai par la femme et une histoire qui montre ce qu'elle peut devenir. Le caractère de la Chinoise est bien

158

connu, dans le monde entier, pour sa soumission, son extrême douceur et son obéissance. En vérité, cette douceur et cette soumission ne sont pas dans la nature des Chinoises mais résultent de la pression familiale dans une société féodale qui a réglé le sort de la femme dès sa naissance. Renoncer à toute personnalité, être entièrement soumise, obéir toujours avec douceur étaient donc une nécessité imposée par l'homme. Souvent, sous l'apparence de douceur féminine et de faiblesse, se dissimulait une forte personnalité sinon même un véritable désir de domination.

Ainsi, tout au long de l'histoire, les belles-mères chinoises ont maltraité leurs belles-filles, génération après génération. Mais il ne faut pas oublier que ces belles-mères sévères jusqu'à la méchanceté, jusqu'à la tyrannie, avaient été traitées de la même manière quand elles étaient belles-filles elles-mêmes. Ces persécutées devenaient un jour des persécutrices, telle était la loi de cette société. Il n'y avait pas de révolte contre cet état de choses. Le mari lui-même s'y soumettait : devenu vieux, il laissait sa femme diriger les fils et les belles-filles, c'était elle, l'épouse, qui était le vrai chef de la famille. Ainsi l'on voit comment, et l'histoire de mon enfance l'a bien montré, la femme chinoise, soumise et douce, devenait à son tour un tyran domestique.

L'histoire de nos impératrices reproduit exactement ce mécanisme. Il en est de bonnes et de mauvaises, mais leur nature joue sans doute un rôle moins important que leur éducation.

Traditionnellement, l'empereur de Chine donne sa couronne à son fils. Lorsque l'empereur meurt jeune et laisse par conséquent un héritier qui n'est qu'un enfant, alors, c'est la mère du petit prince qui prend le pouvoir et domine le pays. L'histoire de l'Empire du Milieu est pleine d'impératrices au pouvoir absolu qui dirigent l'empire en ignorant les conseils des fonctionnaires et des ministres jusqu'au jour où le pays est plongé dans le chaos et la dynastie renversée...

A l'époque glorieuse des Han, il y avait un empereur du nom de Woo. Il était vieux et fatigué et les affaires de l'Etat lui donnaient beaucoup de soucis. Un jour, après le déjeuner, il voulut prendre un peu de distraction et sortit avec son ministre pour faire une petite promenade dans les parcs des alentours.

Il marchait sans parler, l'ambiance était lourde. Tout à coup, l'empereur remarque, au fond du ciel, une masse de nuages aux couleurs merveilleuses, il demande à son ministre de regarder, et celui-ci lui dit que ces nuages sont un symbole de joie. Alors, puisque ces nuages annoncent cette joie qui lui fait tant défaut, l'empereur ordonne aussitôt qu'on apporte deux montures, une pour lui, une pour son ministre et ils chevauchent l'un et l'autre en direction des merveilleux nuages dorés.

Ils arrivent dans un petit village de fermiers où ils ne trouvent que trois ou quatre maisons de paille, un chien et quelques poussins. C'est un village vraiment modeste et fort peu habité.

L'empereur descend de cheval, il se promène lentement. Un chien, qui a flairé un étranger, ne cesse d'aboyer. Ses aboiements font sortir les habitants de leurs cabanes de paille. Parmi eux apparaît un vieil homme du nom de Tschao qui, voyant la tenue de ces deux seigneurs, recule, effrayé. Par la porte de la cabane, l'empereur a aperçu, à l'intérieur, plusieurs personnes au visage rempli d'inquiétude. Tschao dit à l'empereur que sa fille est malade. Alors, le ministre, s'adressant au vieil homme, lui révèle que c'est l'empereur en personne qui se trouve ici et que c'est à l'empereur qu'il vient d'adresser la parole. A cette nouvelle, l'inquiétude des villageois se transforme en une grande excitation.

L'empereur demande à Tschao où est sa fille. Le vieil homme répond que sa fille, Shai Hu, se trouve dans sa chambre. Il conduit l'empereur dans sa cabane de paille et là, en effet, l'empereur voit, dans un lit, une jeune fille d'une grande beauté à la peau claire et qui semble délicate et faible. Son cœur se remplit d'une immense pitié : comment une créature si belle et si fragile peut-elle vivre dans un endroit si misérable ?

L'empereur prend dans ses mains les petites mains blanches de la jeune fille couchée et voit qu'elle est vraiment malade. Shai Hu, de son côté, regarde l'empereur avec son beau sourire très pur, elle n'a jamais vu de si grandes mains d'homme et jamais un tel homme n'a serré ses mains dans les siennes. Son sourire est si timide et radieux qu'il la couvre de lumière et provoque une soudaine jeunesse chez le vieil empereur. Le voilà rempli d'une ardeur fougueuse, comme un jeune homme qui a besoin d'aimer et d'être aimé : il prend la fille dans ses bras et l'emmène avec lui dans son palais.

Là, Shai Hu est soignée si attentivement qu'en très peu de temps elle est guérie et cent fois plus belle encore. L'empe-

160

reur est, cette fois, follement amoureux ; il se dit que toutes ses épouses et toutes ses concubines, avec leurs peaux artistement fardées, sont loin d'atteindre à la beauté et la noblesse incomparables de cette Shai Hu qui est pareille à une blanche fleur.

L'empereur fait construire un palais pour sa bien-aimée. Shai Hu a donné à l'empereur un fils, beau et intelligent, elle vit dans le bonheur et la gaieté entre son empereur et son fils.

Mais voici que, de jour en jour, la santé de l'empereur se détériore. Il doit penser à l'avenir, à la mort qui approche. Shai Hu est encore bien jeune et son fils est encore un enfant. Aucun des autres fils que lui ont donnés ses autres femmes n'est digne de lui succéder sur le trône. Il faut donc qu'il donne la couronne au fils de Shai Hu. Mais s'il meurt, ce fils sera un empereur bien jeune. C'est donc Shai Hu, avec son intelligence et ses capacités exceptionnelles, qui aura le pouvoir et l'empire sera donc dirigé par l'impératrice-mère. Mais la famille de Shai Hu est une famille modeste. Alors, pour éviter que le pouvoir de la grande et illustre dynastie Han tombe dans les mains de cette femme et de sa famille — de cette femme qui n'est pas de sang royal — et pour empêcher des gens si inférieurs de s'approcher du pouvoir et du gouvernement, l'empereur Woo confie son fils à ses fidèles ministres et décide de demander à Shai Hu de se tuer avant que lui-même ne soit mort.

Cependant, il a tant aimé cette femme, que rien ne lui est difficile comme de lui donner un ordre pareil. Un jour, Shai Hu, heureuse et gaie comme à l'accoutumée, voit que l'empereur n'a pas beaucoup d'appétit. Alors, tout en continuant à fredonner de jolies mélodies, elle lui prépare une tasse de soupe et s'avance vers lui pour la présenter.

Quand l'empereur la voit s'approcher, il se demande, soucieux, comment lui faire comprendre qu'elle doit se tuer. Tout en réfléchissant, il la fixe des yeux intensément, avec un regard terrifiant et, dans ses yeux, une envie soudaine et folle de tuer, mais en même temps, ce regard devient aussitôt rempli d'amour. En surprenant ce regard, Shai Hu a grande peur. C'est la première fois qu'elle voit une telle expression sur le visage d'un empereur qui lui a toujours témoigné tant d'amour. Qu'a-t-elle fait pour mériter un regard si terrifiant de la part de son maître bien-aimé ? Elle a si peur qu'elle

161

laisse tomber la tasse, la soupe est renversée et la tasse cassée.

L'empereur saisit cette occasion pour lui faire de violents reproches. Est-ce ainsi qu'on traite son empereur ? Quel manque d'égards que de servir si négligemment son maître. Et il donne l'ordre qu'on la tue. Il meurt aussitôt après elle avec un immense chagrin.

J'ai rapporté cette histoire célèbre, parce que, dans toute l'histoire de la Chine, elle montre le seul empereur qui, pour le bien du pays, se soit sacrifié et qui ait sacrifié ses propres sentiments.

Ma deuxième histoire est une légende, une vieille légende que perpétue la cérémonie de la Lune.

Au commencement du monde, l'empereur du ciel régnait en maître sage et absolu : il avait neuf fils, neuf soleils qui avaient mission de veiller sur la terre à tour de rôle. Tout alla pour le mieux jusqu'à la mort du vieillard. Ses neuf enfants s'entre-déchirèrent pour régner à sa place. Comme ils étaient de force égale, aucun d'entre eux ne parvint à prendre le dessus. Neuf soleils éclairaient le monde. Ce fut le temps des catastrophes : la terre, se desséchant, devint stérile. Le lit des rivières se vida. La soif et la faim accablèrent les hommes, qui moururent en grand nombre. C'est alors qu'un sauveur apparut : c'était un jeune homme de grand courage, qui ne pouvait supporter sans agir le désastre général. Il tira ses flèches dans les huit soleils indésirables, et laissa briller seul celui qui, fils aîné de l'empereur défunt, représentait la légitimité. L'ordre ainsi rétabli, le peuple reconnaissant proclama le jeune héros empereur de la terre. Entouré d'honneurs, il prit pour femme une jeune beauté aussi sage que belle.

Mais le pouvoir absolu pèse d'un poids dangereux sur celui qui l'exerce. Le plus noble n'est pas épargné : et le héros qui avait fait ce qu'aucun autre n'avait osé tenter, qui avait risqué sa vie pour sauver l'humanité, devint avec le temps aussi tyrannique, aussi égoïste que ses anciens ennemis. Il ne pouvait pas supporter l'idée qu'un jour son règne prendrait fin ; l'obligation de vieillir et de mourir comme tous les hommes l'emplissait de fureur. Dans ce désir d'immortalité, il était violemment poussé par l'impératrice, sa femme, qui était encore plus que lui hantée par la pensée de vieillir, d'enlaidir et de mourir. Il entendit parler d'une certaine plante, très rare, qui conférait l'immortalité, et il exigea de

162

« *Je rêve parfois de recommencer à préparer un concert.* »

La femme de mon fils, Liliane,
tient la main de mon petit-fils Alexandre
et Juliette lui sourit.

Paul et Liliane le jour de leur mariage. (Coll. de l'auteur.)

Trois générations heureuses sous un même toit :
Liliane, Paul, Alexandre et moi, assise par terre.

Souvenir d'un récent voyage en Chine : je suis assise auprès de
mon père, de ma mère, de mon frère Ching Son. J'ai dans les
bras le nouveau-né de ma sœur plus jeune. Ching Lin est
derrière mon père. (Coll. de l'auteur.)

Me voici dans un de mes magasins. Quel chemin parcouru depuis mon arrivée à Paris en 1964 !

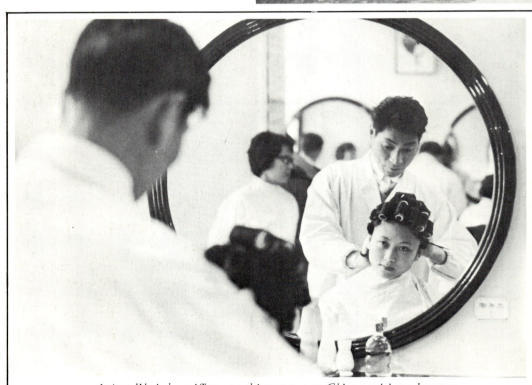

Aujourd'hui, les coiffeurs ne chôment pas en Chine : voici une heureuse jeune fille qui a pu obtenir un rendez-vous. (Ph. J. Andanson-Sygma.)

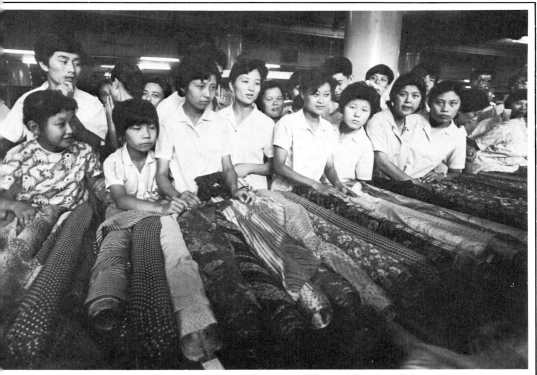

Les Chinoises ont dit adieu à l'ancien uniforme bleu et raffolent de la diversité enfin permise. (Ph. A. Noguès-Sygma.)

Me voici à Shanghai, entourée de mes parents. (Coll. de l'auteur.)

A l'instigation de Teng Hsiao Ping, la Chine se modernise et se libéralise à grands pas. Signe des temps : ces Pékinois rêvent devant une riche et belle vitrine. Les amoureux osent se tenir par la main dans la rue. (Ph. J. Andanson-Sygma.)

A Pékin, au printemps 1979, une jeune fille métamorphosée par un coiffeur et un couturier français. (Ph. J. Andanson-Sygma.)

Dans un grand hôtel de Pékin, on découvre les danses occidentales. (Ph. F. Lochon-Gamma.)

Été 1979 : dans mon appartement parisien.

Photos non signées : reportage Henri Elwing.

son peuple que, toute activité cessante, il se jetât à la recherche du merveilleux végétal. Sans pitié, il fit exécuter ceux qui ne montraient pas assez de zèle dans cette quête. Et le peuple se mit à haïr celui qui l'avait autrefois sauvé. Enfin, un homme se présenta au palais, apportant non pas une mais deux plantes magiques, qu'il avait eu la chance de découvrir. Le tyran les cacha dans un placard secret, se réservant de choisir le jour où lui et son épouse absorberaient en grande cérémonie ces gages d'immortalité.

Cependant, l'impératrice qui, elle, n'avait pas changé, pleurait la misère des hommes. Si son époux devenait immortel, fallait-il croire que les malheurs des peuples ne finiraient jamais ? Elle ouvrit en tremblant la porte du placard secret. Hélas ! son mari la surprit, les deux plantes à la main, quand elle se disposait à les détruire. Il entra dans une grande colère. Prise de court, la pauvre femme, épouvantée, mangea précipitamment les deux plantes. Mais cette double dose était trop forte. Comme l'impératrice tentait d'échapper à la fureur de son époux, elle devint tout à coup légère, légère, et s'envola par la fenêtre jusqu'à la Lune où on peut la voir, surtout au 15 août, avec le petit lapin et l'arbre millénaire qui étaient là bien avant elle : par les nuits claires, on distingue parfaitement ce trio.

La moralité de cette légende est qu'il est bon que tous les hommes soient mortels, même et peut-être surtout ceux dont les exploits ont sauvé le peuple et qui détiennent le pouvoir, car leur orgueil d'anciens héros peut faire d'eux des tyrans odieux. La loi du vieillissement et de la mort est une loi bonne pour tous, et qui ne souffrira plus même l'espoir d'une exception. Il faut en être reconnaissant à la sage impératrice qui a élu pour toujours domicile sur la Lune, abandonnant la vie terrestre par dévouement au peuple qui a et qui aura toujours besoin de changement.

Le lecteur n'a pas oublié qu'en ce jour d'avril 1970 je m'étais assise au bord de la rivière, dans un jardin de Canton, et que j'interrogeais mon neveu : je voulais qu'il me parle de mes chers parents, qui m'avaient paru si changés et vieillis. Que leur était-il arrivé pendant les huit années de mon absence ?

Telles sont les périodes de grands bouleversements historiques : aucune destinée particulière n'échappe à la tourmente générale, et la vie quotidienne de chacun, jusque dans les plus humbles détails, est pénétrée par les événements qui constituent l'Histoire majuscule.

Ainsi la transformation de la Chine s'était-elle inscrite en rides profondes sur les visages bien-aimés de mon père et de ma mère.

Et certes, quand ils m'écrivaient ces lettres rassurantes que j'attendais toujours avec tant d'impatience à Paris, quand ils m'affirmaient que tout allait bien pour eux, qu'ils étaient en bonne santé et très heureux, je n'aurais pas dû les croire, car ils ne disaient pas la vérité. On ment parfois à ceux qu'on aime, et il arrive que ce mensonge soit une suprême preuve d'amour.

Quand les familles sont unies, même dans les temps les plus troublés, leurs malheurs ne sont pas si grands, car au moins, entre parents, on pratique l'entraide : mais hélas souvent la division s'installe entre proches, et en ce cas il n'y a plus de sécurité nulle part, car l'ennemi est à l'intérieur aussi.

C'est ce qui était arrivé chez nous, à la suite du désastreux mariage de mon frère Ching Son.

Il avait épousé en 1955 une fille au cœur sec, dont l'arrivisme sans frein prenait les couleurs d'une conviction politique qui ne correspondait à rien de sincère : Yun Fen n'était qu'une opportuniste aux vues courtes, qui faisait passer avant tout ce qu'elle croyait être son intérêt personnel. Cette hypocrisie et cette absence de scrupules devaient avoir les conséquences les plus funestes sur tout son entourage.

A peine mariée, elle travailla à séparer mon frère de nos parents ; elle déclara qu'elle refusait de vivre avec eux, ainsi que c'était l'usage dans toute la Chine, et elle entraîna son mari à Pékin, où ils travaillèrent tous deux, loin de leurs familles.

Elle mit au monde des jumeaux, un garçon et une fille, et comme elle ne voulait pas s'embarrasser du soin de ses enfants, elle les remit à ma mère, et continua de vivre sans souci à Pékin.

Un nouveau-né exige beaucoup de travail, — mais deux à la fois ! Ma pauvre maman, qui n'était pas très forte et qui avait déjà élevé ses propres enfants, vit sa santé s'altérer progressivement, et tomba malade tout à fait. En 1957, elle rendit les deux petits à leur mère. Elle s'inquiétait du peu d'attachement de Yun Fen pour ses enfants, mais elle espérait que le sentiment maternel s'éveillerait chez la jeune femme quand elle vivrait avec eux et les verrait chaque jour sourire, grandir, s'épanouir.

Il n'en fut rien. Yun Fen, au contraire, disait à tout propos que ces innocents jumeaux étaient d'extraction bourgeoise, et qu'elle ne pouvait pas aimer les descendants de cette famille déshonorée qui comptait parmi ses membres une odieuse capitaliste (moi-même). Ainsi pensait-elle faire la démonstration de sa maturité politique, en s'opposant à mon frère, dont elle proclamait qu'il était moins avancé qu'elle. Non seulement elle se montrait détestable et méprisante avec son propre mari, mais elle n'hésitait pas à maltraiter les enfants qui, à deux ou trois ans, étaient souvent battus sans raison.

Un soir de grand froid (l'hiver est rude à Pékin), une voisine trouva les petits blottis l'un contre l'autre devant la maison : ma belle-sœur, pour les punir de quelque peccadille, les avait mis dehors sans pitié.

Ce fut un petit scandale ; la voisine compatissante prit les enfants chez elle, les réchauffa et les réconforta, puis elle se procura l'adresse de mes parents, et elle leur écrivit en leur racontant la vie misérable des pauvres petits. Elle leur demandait d'intervenir.

Ma mère n'était pas encore rétablie ; cependant, elle proposa à Yun Fen de se charger de la petite fille, Lele. Le garçon, Toutou, resterait à Pékin chez ses parents. Ma mère pensait que, la tâche étant moins lourde pour Yun Fen, celle-ci se montrerait moins nerveuse. Et elle demandait à s'occuper de la fille parce que les mères chinoises ont la réputation de préférer leurs garçons : Yun Fen s'attacherait peut-être à son fils.

Cette fois encore, c'était un vain espoir, comme l'avenir, malheureusement, le montra. Yun Fen, avec une violence accrue, se désolidarisait bruyamment de toute sa belle-famille, et parlait de divorce, toujours sous le prétexte que les Chow, dont elle portait le nom, étaient déshonorés par leur alliance avec la riche famille Liu. C'est vraiment tout ce qu'elle pouvait reprocher à mon frère, qui était un mari bon et patient.

Il fallait, pour divorcer, des motifs graves : en Chine, on cultive la patience, on tâche de se faire des concessions mutuelles pour ne pas briser un foyer à la légère, et ne pas faire souffrir inutilement les enfants. Aussi, avec sagesse, le Parti ne donna pas à Yun Fen l'autorisation de divorcer, et lui conseilla, au contraire, d'aider son mari à progresser, si comme elle s'en plaignait, il était politiquement moins avancé qu'elle. A plusieurs reprises, au cours des années qui suivirent, elle renouvela sa demande, et chaque fois reçut même réponse. Mao Tsé-toung voulait que le Parti donnât sa chance de se corriger à ceux qui avaient commis des erreurs, et qu'entre proches on s'aidât à mieux faire, au lieu de se déchirer.

A vrai dire, le zèle de ma belle-sœur à accuser mon frère n'était pas désintéressé, il s'en faut. Elle avait fait de médiocres études au conservatoire avec l'espoir de devenir cantatrice, et tout ce qu'elle avait obtenu était un poste de monitrice dans une école secondaire, où elle apprenait des chansons aux enfants. Ce travail ne correspondait pas à ses ambitions. Pendant ce temps mon frère, excellent angliciste, enseignait des professeurs, et son métier lui plaisait beaucoup. Envieuse, Yun Fen avait imaginé de ruiner la réputation de son mari, et d'établir sa propre carrière politique sur ces ruines. Son calcul réussirait-il ? Les excès de la Révolution culturelle lui donnèrent de l'espoir, et elle s'acharna contre mon frère avec une méchanceté inouïe.

Comme elle ne supportait décidément pas son fils, elle l'expédia chez sa mère. Cette femme dénaturée humiliait chaque jour l'enfant en lui reprochant d'appartenir à une famille déshonorée. A dix ans, le pauvre Toutou se sauva tout seul du foyer de cette méchante femme, et se rendit à pied jusque chez mes parents. Là, se jetant dans les bras de ma mère, en pleurant de tout son cœur, il la supplia de le garder. Pleurant aussi, ma mère, qui était encore bien faible, décida qu'il serait fait selon le désir de l'enfant, et les jumeaux grandirent l'un près de l'autre, dans la tendresse et la douceur d'une vraie famille.

Que devenait mon pauvre frère, privé de ses enfants et livré à la haine d'une mégère ? Il tomba gravement malade et fut transporté à l'hôpital de Pékin, où les médecins décidèrent qu'il devait être opéré d'urgence, car il souffrait d'une affection aiguë de la vésicule biliaire. Il fallait tout de suite une autorisation de la famille : cette autorisation, ma belle-sœur refusa de la signer, affichant le plus grand dédain à l'égard de ce qui pouvait arriver. La directrice de l'école secondaire où Yun Fen était monitrice intercéda personnellement pour obtenir cette signature : en vain. Je ne puis croire que Yun Fen souhaitait vraiment la mort de son mari, mais si elle l'avait souhaitée, elle n'aurait pas agi autrement. Enfin,

166

quid 80

LE PHÉNOMÈNE QUID

Depuis 1963, la vente de **QUID** a été multipliée par neuf, le contenu de **QUID** a quintuplé.

Chaque année, le nouveau **QUID** s'est révélé un best-seller parce que :

QUID est une encyclopédie de l'actualité, entièrement remise à jour et enrichie.

QUID s'intéresse à tout : histoire, religions, arts, sciences, politique, économie, finances, salaires, sports, spectacles, enseignement, transports, armée...

QUID répond immédiatement aux questions que l'on se pose grâce à un index de 30 000 mots clé.

QUID permet de faire rapidement le tour d'un sujet grâce à sa présentation synthétique.

QUID sert en toutes circonstances : en famille, au bureau, en classe... pour répondre aux questions des enfants, trouver un renseignement professionnel, préparer un exposé, participer à une discussion, à un rallye ou à un jeu télévisé ou radiodiffusé, faire des mots croisés...

QUID est à la fois un instrument de travail et de distraction, un ouvrage de référence et de culture, une mémoire de secours.

QUID 80 : des centaines de rubriques inédites, plus de 1 600 pages de faits précis, de dates et de chiffres, 17 millions de signes (soit l'équivalent de 45 livres de poche).

QUID 80 : une banque d'informations à portée de la main.

QUID 80 : de quoi satisfaire toutes les curiosités.

QUID 80 : un tirage initial de 350 000 exemplaires.

Un fort volume relié de plus de 1 600 pages.

quid 80

toujours plus nouveau

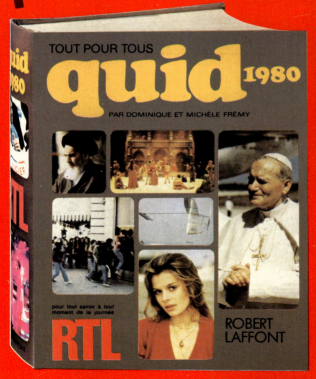

TOUT POUR TOUS

quid 1980

PAR DOMINIQUE ET MICHÈLE FRÉMY

pour tout savoir à tout
moment de la journée

RTL

ROBERT
LAFFONT

ROBERT LAFFONT

on put joindre ma petite sœur Ching Lin, qui s'empressa de donner la signature nécessaire, et Ching Son fut sauvé.

On imagine la douleur de mes parents, leur inquiétude terrible quand ils apprirent ces nouvelles. Ne voulant pas propager souci et chagrin jusqu'à moi, ils m'écrivaient régulièrement, pendant ces sombres jours, que tout le monde était en bonne santé et que tout allait bien. Qu'aurais-je pu faire, de si loin, si j'avais su la vérité ? Pratiquement rien, sans doute. Mais j'aurais été par la pensée avec les miens dans leurs souffrances, que j'aurais partagées en priant avec ferveur.

Comme si ce n'était pas assez des peines infligées à ma famille par la méchanceté de Yun Fen, d'autres malheurs s'abattirent injustement sur mes parents, malheurs dont j'étais en quelque façon responsable.

Mes parents habitaient à Shanghai chez moi, dans la maison qui avait appartenu à mon beau-père au temps où il était propriétaire de tout le quartier. Bien que mon père lui-même fît partie de la classe ouvrière, puisqu'il était professeur en retraite, et qu'on considérait les enseignants comme des ouvriers, le fait qu'il demeurât dans une maison qui avait appartenu au beau-père de sa fille le désigna à la malveillance des Gardes rouges. Une bande furieuse fit un jour irruption chez mes parents et sous leurs yeux consternés, les arrivants commencèrent à tout mettre sens dessus dessous, faisant main basse sur tout ce qu'ils trouvaient, bijoux, vêtements, objets de toutes sortes. A la suite de cette visite-éclair, mon père fut dépossédé des derniers biens qu'il avait encore à la banque, et qui furent réquisitionnés. Ma mère en fut réduite à vendre à une boutique d'occasions les meubles sans valeur que les Gardes rouges avaient laissés, pour assurer péniblement, au moins, les repas quotidiens de la famille.

C'était une iniquité de traiter ainsi mon père, qui avait obtenu lors de son départ à la retraite la médaille du travail, mon père qui n'avait rien d'un profiteur, et dont toute la vie avait été intègre. Mais se justifie-t-on devant une horde furieuse qui n'écoute rien ? Il se trouva donc sans ressources avec ses petits-enfants à nourrir. Comment paierait-il son loyer à l'Etat, pour la maison qu'il occupait et dont mon beau-père Liu Pin San avait été propriétaire ?

Mes parents n'avaient pas fini d'expier pour moi le crime de mon entrée dans la famille Liu.

En effet, lorsque mon beau-père avait quitté la Chine en 1959 pour s'installer à Hong Kong, il avait mis tous ses biens au nom de mon mari Liu Yu Wang. A la mort de celui-ci, j'étais considérée comme l'héritière de toute cette fortune ; c'était comme si j'avais été personnellement le patron des usines, la propriétaire des immeubles, moi qui étais entrée dans cette famille sans l'avoir voulu, par obéissance, étant encore enfant.

Cependant, les ouvriers ne connaissaient rien de ces circonstances : pour eux, j'étais l'invisible et toute-puissante capitaliste, qui avait régné sur ces biens immenses et avait enchaîné les travailleurs à leur tâche pour en tirer profit.

Aussi, un groupe excité, venu d'une usine de textiles, se présenta un jour devant la porte de mes parents, scandant mon nom avec des menaces : « Chow Ching Lie, Chow Ching Lie, sale capitaliste, exploiteur des travailleurs, sors de là pour t'expliquer ! » Mes parents, à l'intérieur, tremblaient de peur avec mes neveu et nièce. Le bruit, dehors, grandissait : « Si tu ne sors pas, Chow Ching Lie, cela te coûtera cher ! »

Mon père ouvrit la porte et se montra aux ouvriers : « Chow Ching Lie n'est pas ici, elle est en France actuellement. » Le chef de la délégation interpella mon père : « Qui es-tu, toi ? » Et mon père répondit : « Chow Ching Lie est ma fille. » Les ouvriers délibérèrent entre eux. Mon père attendait leur verdict avec un calme apparent, mais son cœur malade le faisait souffrir. Enfin son sort fut fixé : il allait prendre ma place. On lui ferait subir les châtiments qui m'étaient destinés. Il était convoqué à l'usine, et menacé des pires sanctions s'il ne se présentait pas au jour et à l'heure dits. Mon père ne fit aucune objection, et promit qu'il serait exact.

Il se rendit en effet au rendez-vous des ouvriers, tandis que ma mère pleurait, et se demandait anxieusement ce qui allait se passer, et s'il supporterait ces nouvelles épreuves.

A l'usine, mon père se vit ordonner de nettoyer les sols, de laver les crachoirs et les lieux d'aisance. Les ouvriers le narguaient, lui disant qu'il avait encore de la chance, car les vrais patrons, quand on les tenait, on les battait, et on leur crachait au visage : « C'est ainsi que nous traiterions ta fille si elle était ici. » Et mon père, tout épuisé qu'il était, s'estimait heureux que je sois en France, et que j'échappe ainsi aux mauvais traitements.

Mais les ouvriers ne s'entendaient pas entre eux : il y avait deux tendances opposées. Mon père avait eu affaire à la première, — les rebelles — un membre de la seconde,

— Défense rouge — après quelques jours, l'interpella : « Que fais-tu ici, toi ? Je ne t'ai jamais vu. » Mon père expliqua sa situation à ce questionneur qui appartenait au mouvement « Défense rouge ». Il dit qu'il était le père de la belle-fille du patron, et raconta comment on était venu le chercher. Son interlocuteur, cadre dans l'usine, se montra indigné par le procédé dont mon père avait été victime, et il le pria de rentrer chez lui ; comme celui-ci hésitait, craignant les conséquences possibles, le représentant de « Défense rouge » affirma qu'il prenait tout sous sa responsabilité. C'est ainsi que mon père fut libéré instantanément, heureux, certes, de s'en tirer à si bon compte car il avait craint pire encore — mais inquiet pour son sauveur qui eut ensuite à rendre compte de son geste devant le groupe adverse des ouvriers — et la lutte dut être ardente de part et d'autre. Quelle reconnaissance eut mon père pour cet homme courageux !

Toutes ces émotions représentaient un grave danger pour la santé, de plus en plus chancelante, de mon malheureux père, qui n'était pas encore au bout de ses épreuves.

En effet, trois mois après la mémorable visite des Gardes rouges qui avaient réquisitionné les derniers biens de mes parents, des hommes se présentèrent chez eux, disant qu'ils étaient chargés de percevoir les loyers dans les immeubles du quartier. Mon père était en retard pour payer, car il n'avait plus d'argent. Il s'en excusa auprès des visiteurs, disant qu'il se trouvait sans ressource depuis l'intervention des Gardes rouges.

Les quatre hommes qui s'étaient présentés pour percevoir les loyers se mirent aussitôt en colère. Ils criaient, et l'un d'eux frappa sur la table : « Tu oses critiquer les Gardes rouges ! Allez, tout de suite ! Il faut que tu paies ! Sors ton argent ! » « Sale bourgeois, disait un autre, tu veux profiter de l'Etat, n'est-ce pas ? Tu refuses de payer ce que tu dois pour ton loyer ! » Mon père, en sueur, se taisait, son cœur de plus en plus serré le faisant souffrir de façon insupportable. Ma mère joignait les mains en pleurant : « Je vous en supplie, laissez-le, ayez pitié, il est malade, nous emprunterons, nous paierons, donnez-nous un petit délai ! »

Mais il n'y avait aucune pitié à attendre de ces hommes-là. L'un repoussait ma mère tandis que les autres entraînaient mon père dehors, où le vent emportait la neige en tourbillons. Mon père était très rouge et au bord du malaise, mais ils ne s'en souciaient pas, et le forçaient à marcher en criant si fort que les voisins commencèrent à sortir pour voir ce qui se passait. Les quatre hommes clamaient le crime de mon père, qui depuis trois mois n'avait pas payé son loyer. Le malheureux fit un ultime effort pour sauver la face devant tout le monde et voulut une fois encore' expliquer que les Gardes rouges ne lui avaient rien laissé : peine perdue, sa voix était couverte par les cris de ses bourreaux.

Ma mère, qui avait suivi difficilement, glissant à chaque pas dans la neige, continuait à supplier et à pleurer : en vain. On faisait agenouiller mon père, on lui ôtait sa veste matelassée, son gilet de laine, et les coups commencèrent à pleuvoir avec les injures. « Sale capitaliste » était celle qui revenait le plus souvent.

Le malheureux, trempé de sueur et de neige, le visage rouge foncé, giflé devant les voisins assemblés, sentit une douleur violente dans la poitrine, et s'affaissa, terrassé par la crise cardiaque dont ma mère avait vu avec angoisse les signes avant-coureurs.

Quand mon neveu arriva à ce point de son récit, je l'empêchai de continuer ; je ne pouvais plus rien entendre, j'avais envie de vomir, tout était devenu noir devant moi, une peine immense, la pitié, la tendresse, la colère, le sentiment de l'injustice, tout cela me rendait comme folle, il me semblait que j'allais me mettre à hurler, la poitrine serrée à étouffer, le cœur dans la gorge. Dans une confusion et une horreur indicibles, j'essayai de prier pour retrouver mon calme. Il n'y a pas de larmes, pas de mot pour une telle douleur.

Mon neveu respectait mon silence et ma peine. Nous restâmes ainsi quelque temps. Il n'était plus question pour moi d'aller ce jour-là à la foire de Canton ni de faire des affaires. Je ne pus que regagner péniblement l'hôtel, où je demeurai enfermée dans ma chambre, cherchant la paix, et la force, moi aussi, de mentir désormais.

Car il faudrait mentir à mon père et à ma mère. Il ne faudrait jamais leur révéler que *je savais*. Pour que mon père garde la face, je devais ignorer qu'il avait été giflé, insulté, traîné dans la rue comme un criminel, lui si fier, toujours si digne. Quelle torture, se forcer à sourire, quand le sourire masque tant de chagrin !

170

Mon neveu m'apprit encore que mes parents et leurs petits-enfants — sept personnes en tout — vivaient tous maintenant dans une seule pièce qui n'avait pas plus de neuf mètres carrés, car les autres avaient été condamnées et ils n'avaient plus le droit d'y habiter.

J'étais inconsolable à la pensée que tous leurs malheurs étaient destinés à m'atteindre : c'est moi qui étais visée, chaque fois, c'est à cause de moi qu'ils avaient eu à souffrir. Et pourquoi ? Je n'avais jamais été traître à ma patrie : où étaient mes torts ? Comment me justifierais-je ? Comment pourrais-je jamais prouver que je ne méritais pas cette haine, qui en mon absence venait frapper les miens ? J'avais été mariée enfant et sacrifiée par les anciennes coutumes chinoises, j'avais été privée de jeunesse, j'avais perdu mon mari, j'avais travaillé de mon mieux, je m'étais trouvée seule à l'étranger sans consolation, j'avais lutté pour mes enfants, et au lieu d'être aimée par mon pays, aidée, comprise, j'étais traitée comme une dangereuse ennemie. A cause de moi les êtres que j'aimais étaient insultés, brutalisés, réduits à la condition la plus misérable.

Je sentis que je n'aurais pas longtemps le courage et la force de bavarder d'un air naturel avec mes parents comme si de rien n'était. Je craignais de me trahir chaque fois que je regardais leurs pauvres visages. J'avais toujours mon sourire forcé, je ne savais plus ce que c'était que sourire de bon cœur.

Je pris prétexte des études de Juliette pour leur annoncer mon départ, et je les quittai en pleurant : puisque je les quittais, j'avais enfin le droit de pleurer.

A Hong Kong, je m'occupai tout de suite de retenir nos places d'avion pour le retour ; il nous restait quelques jours encore, et je ne manquai pas une fois de rendre visite à mes beaux-parents. Le dernier jour, mon beau-père me fit entrer dans sa chambre, dont il ferma la porte avec quelque solennité. Il prit une boîte, et la tint dans ses mains en me parlant ainsi :

« Je suis maintenant très âgé, et je me sens comme une bougie devant le vent qui souffle. J'ôte mes souliers ce soir, mais je ne suis pas sûr de les chausser demain. C'est pourquoi je dois tout mettre en ordre avant ma mort. »

A ces mots, il ouvrit la boîte et me la tendit. Je vis qu'elle contenait des bijoux, des jades, des diamants. Tout cela était pour Paul. A Juliette revenait symboliquement une bague, ce qui, contrairement à ce qu'on pourrait croire, était une faveur spéciale et une marque d'affection puisqu'en Chine c'est le fils qui hérite de la plupart des biens, ne laissant que peu de chose à la fille. Quant à la petite-fille, il n'est même pas question qu'elle reçoive quoi que ce soit. Pour Paul encore, une somme d'argent importante me fut offerte. Je ne voulais pas accepter, mais mon beau-père me dit que tous ses autres enfants l'avaient fait, et qu'il tenait beaucoup à établir un partage équitable. Il ne serait en paix qu'une fois ce point réglé. Ainsi je consentis à ce qu'il voulait.

Je comprenais maintenant le sens de notre entrevue dans le café, le jour de mon arrivée à Hong Kong. Mon beau-père voulait savoir si j'étais remariée, mais plus encore si j'avais ou non un troisième enfant. Avant de me remettre la part d'héritage de Paul, il avait besoin d'être sûr que je n'aurais pas la tentation d'en prélever une fraction pour un fils ou une fille qui ne porterait pas le nom de Liu. Je comprenais aussi pourquoi il avait refusé de payer les frais d'études de mes enfants : ce n'était pas par avarice, puisqu'il était heureux de tout donner à sa descendance de son vivant, mais seulement parce qu'en espérant que je ne pourrais pas m'en charger, il comptait garder plus longtemps auprès de lui ce petit-fils qui était une des dernières joies de sa vie.

Il faut beaucoup de temps pour se comprendre, entre gens qui s'aiment et s'estiment. J'étais heureuse, au moins, de n'avoir pas compris trop tard mon beau-père, et de ne l'avoir jamais chagriné ou blessé, jusqu'à ce jour où se révélait l'amour que nous portions ensemble à mes enfants, même si c'est cet amour qui nous avait justement opposés, quand je voulais qu'il me les envoie, et que lui voulait les garder avec lui. Je le quittai affectueusement.

9 *Naissance d'un grand projet / Concerto du fleuve Jaune / Un rêve prémonitoire / Rites de deuil dans l'ancienne Chine / Dix-huit enfers et trente-trois paradis / Mystères de nos réincarnations / Un air yin.*

Pendant le voyage, j'eus tout le temps de réfléchir à ce que j'avais appris au cours de mon séjour, et surtout aux révélations de mon neveu, quand nous avions passé la matinée au bord de la rivière, dans ce jardin de Canton qui resterait pour moi associé au plus douleureux des récits. Comment pourrais-je aider mes parents à sortir de leurs difficultés ? Je tournais et retournais ce problème sans lui trouver de solution.

De Londres, où nous ramenait notre charter, nous rentrâmes tout de suite à Paris. M. Tsing nous attendait à l'arrivée.

Pareil à lui-même, il se mit en colère dès qu'il nous aperçut : Juliette tenait à la main une guitare que je lui avais achetée à Hong Kong, et pour toute parole de bienvenue, M. Tsing me reprocha avec véhémence de dépenser l'argent inconsidérément. Selon lui, ce voyage avait déjà coûté trop cher, et voilà qu'en plus j'achetais une guitare ! J'ai subi ce reproche avec tristesse et ennui.

J'interrompis le discours bien parti de M. Tsing en lui disant ce que mon beau-père venait de faire pour les enfants. Il en resta littéralement bouche bée, la mâchoire pendante de stupéfaction : une telle générosité devait lui paraître insensée.

175

La vie reprit comme d'habitude, en apparence au moins. Je ne cessais de chercher comment je pourrais dissiper le malentendu cruel qui faisait que mes parents étaient punis à cause de moi. Quel témoignage pouvais-je produire de ma fidélité ? Quelle preuve donner de mon amour sincère pour mon pays ?

A force d'y réfléchir, la réponse m'apparut. C'était la plus simple qui soit, mais, chacun le sait bien, l'évidence la plus proche est souvent ce que l'on découvre en dernier.

Ainsi, je voulais exprimer un sentiment qui me tenait à cœur : quel était mon meilleur moyen d'expression, celui auquel je m'étais entraînée avec acharnement — et avec succès ? La musique. Je m'exprimerais au moyen d'un piano. Je voulais m'exprimer publiquement : je donnerais un concert public, le plus éclatant qu'il me serait possible. Mon amour de la Chine était ce que je voulais dire : je jouerais donc de la musique chinoise, pour la faire connaître et aimer à Paris.

Ce projet me transportait d'espérance : sa réalisation me demanderait beaucoup d'efforts, mais justement, quand je regarde ma vie, je crois que j'ai toujours aimé l'effort.

Mon premier acte fut de faire poser une sonnette à la porte de ma boutique : les grandes entreprises commencent parfois par un geste minuscule. La sonnette m'avertirait de l'entrée de tout client, et je pourrais ainsi, d'un client à l'autre, travailler mon piano qui, on s'en souvient, avait été transporté dans l'arrière-boutique. J'avais à retrouver toute la technique acquise à l'Académie Marguerite Long, et à dépasser encore ce niveau, car l'œuvre que j'avais choisie pour mon concert était particulièrement difficile : le *Concerto du fleuve Jaune*, de Shi Shin Haï. Jamais je ne parvenais à travailler un passage difficile sans être interrompue par un coup de sonnette : quand ce n'était pas un client, c'était une livraison. Alors, les mains de la pianiste n'étaient plus sur les touches du piano mais sur les caisses à soulever...

D'autre part, il fallait trouver une salle, un orchestre et, bien entendu, trouver une somme d'argent suffisante pour assumer les frais. Tout cela demanderait du temps : car je voulais mettre toutes les chances de mon côté. Je sentais fortement qu'il ne fallait aucune médiocrité dans ma démonstration, si je voulais donner tout son poids à mon message. Je vivais donc dans cette hantise : avoir l'argent nécessaire, et ne pas perdre la face devant la critique parisienne.

176

Après mûre réflexion, ma décision était prise : je louerais la salle du Théâtre des Champs-Elysées, avec un orchestre de soixante-cinq musiciens. Le concert aurait lieu en décembre 1973 : d'ici là, je pourrais tout préparer minutieusement en vue de la réussite que je voulais. Je me mis aussitôt au travail.

Le *Concerto du fleuve Jaune* est une très intéressante rencontre de la musique chinoise avec les instruments occidentaux. Le piano, considéré quelque temps en Chine populaire comme un héritage suspect des cultures étrangères et bourgeoises, trouve ici un rôle original, car il sert une inspiration authentiquement chinoise. Cette musique virile demande des qualités de puissance, et la choisir, c'était pour moi presque un défi. Je m'élançai de toutes mes forces dans cette longue préparation, soutenue par le désir de célébrer la Chine et d'honorer ma famille qui n'avait que trop souffert par moi. Le sentiment d'être, à ma façon, un pont entre les cultures occidentale et chinoise m'emplissait de fierté, et j'avais conscience de ma responsabilité devant le public qui allait être appelé à m'entendre. Je ne déteste pas le risque.

Ainsi donc, partagée entre les soucis de mon commerce, les soins de ma famille et la préparation de mon concert, ma vie se trouvait plus que remplie, et depuis mon retour de Chine jusqu'à la fin de l'année, les journées me parurent trop courtes. Paul et Juliette m'aidaient de leur mieux quand leurs études à tous deux le leur permettaient.

C'est au plus fort de cette activité intense qu'un songe mystérieux me fut donné.

Comment oublierais-je jamais ce 30 décembre 1971 ? L'agitation coutumière des derniers jours de l'année battait son plein, et la boutique ne désemplissait pas ; toute la journée, les enfants m'avaient aidée à recevoir la clientèle et à confectionner des paquets-cadeaux. Nous étions si las tous les trois que, sitôt le dîner achevé, chacun s'en fut se coucher.

Je m'endormis sans tarder.

Et je fis un rêve d'une force et d'une précision surprenantes, un de ces rêves qui laissent au matin un profond malaise, comme si on avait involontairement surpris un secret.

Ma belle-mère était sur son lit, entourée de tous les membres de notre famille, et elle me regardait fixement. Des larmes coulaient sur son visage, et j'étais accablée d'une tristesse sans nom. « C'est la fin, dit ma belle-sœur, maman va mourir à l'instant. »

L'émotion fut si forte qu'elle m'éveilla. « Ce n'est qu'un cauchemar », pensai-je. Il fallait sans doute mettre au compte des fatigues de la journée cette funèbre vision. Je me rendormis.

Levée tôt comme tous les jours, ce 31 décembre, je ne parvins pas à me défaire de l'angoisse de la nuit. Paul et Juliette vinrent avec moi au magasin où, sans doute, nous aurions autant de travail que la veille.

Le télégramme était là, et mon cœur se serra, car en Chine on ne télégraphie que dans de graves occasions. Ma belle-mère était morte.

Le premier client entrait déjà ; je me réfugiai dans l'arrière-boutique, en proie à une grande confusion, car il me semblait revivre à la fois tous les souvenirs de celle que je ne verrais plus jamais. Je la retrouvais, comme elle était quelques mois plus tôt à Hong Kong, paralysée, mais en assez bonne santé, semblait-il, pour pouvoir vivre encore longtemps ; je la revoyais telle qu'au temps où sa sévérité me faisait si grande impression, quand j'étais entrée dans sa famille à treize ans, en devenant l'épouse de son fils. Elle avait été dure avec moi, c'est vrai, mais pas plus que ne le sont traditionnellement les belles-mères chinoises, toujours un peu jalouses de leur bru, et peut-être aussi tentées de faire subir à une jeune femme ce qu'elles ont elles-mêmes dû supporter dans leur jeunesse. Elle m'avait formée et éduquée à l'âge le plus ingrat, elle m'avait appris les bonnes manières et le tact, je lui devais beaucoup, elle avait la sévérité et aussi l'affection d'une mère. Mais surtout, je la retrouvais dans sa douleur, à la mort de Liu Yu Wang, mon très cher mari et son fils préféré. Comme nous avions pleuré ensemble !

Cette grande peine partagée avait fait de moi vraiment sa fille : oui, elle me chérissait comme son propre enfant. Et moi, j'avais cependant fait couler ses larmes — mes belles-sœurs n'avaient pas manqué de me le dire et de me le répéter — elle avait été très malheureuse quand elle avait entendu parler de mon second mariage.

C'était à mon tour de pleurer amèrement, pleine de repentir pour le chagrin que je lui avais donné.

Mais il ne convenait pas de me livrer à un stérile désespoir pour cette faute passée : l'âme de la morte avait besoin de nous tous, qui l'avions aimée, et nous ne devions pas retarder le moment d'entrer en prière pour aider cette âme

178

qui venait de quitter notre monde terrestre et commençait son grand voyage.

Je téléphonai aussitôt à mon beau-père ; au récit qu'il me fit des derniers instants de la mourante, je compris qu'à peine morte, elle était venue me visiter en rêve. Les êtres profondément unis, la distance ne peut les séparer : je le savais déjà, et le songe du 30 décembre en témoignait encore. J'exhortai mon beau-père, qui semblait accablé, à ne pas s'abandonner tout entier au chagrin, et je lui assurai qu'avec Paul et Juliette nous allions entrer en prières le jour même.

A ma belle-sœur aînée, j'envoyai une somme d'argent destinée aux frais de cérémonies traditionnelles à Bouddha, dont je la priai de se charger pour moi.

Ce n'était là que le commencement des devoirs que j'allais rendre à ma belle-mère défunte ; si ferventes que soient mes prières, et si scrupuleuse mon obéissance à tous les rites de deuil, je savais que je serais toujours loin de m'acquitter envers elle, comme je serais loin d'égaler la grande preuve de reconnaissance et d'amour que lui avait donnée jadis Liu Yu Wang, mon mari.

En effet, quand elle avait eu un premier accident cérébral, avant sa paralysie, en 1961, ma belle-mère avait paru si durement frappée que l'on craignait pour ses jours ; c'est alors que son fils fit un sacrifice sublime : il offrit dix ans de sa propre vie pour les donner à sa mère. J'avais pleuré en apprenant cette décision cruelle pour moi, mais je n'avais pas murmuré : toutes les raisons que me donnait mon mari étaient justes et bonnes ; je ne pouvais donc que l'aimer et l'admirer davantage pour ce témoignage exceptionnel d'abnégation et de piété.

Je n'avais pas douté, en cette circonstance, qu'un vœu si sincère fût entendu par Bouddha. Et en effet : Liu Yu Wang était mort, et sa mère avait eu encore dix longues années de vie.

Mon mari n'avait trouvé que ce moyen pour compenser les peines qu'il avait, croyait-il, infligées à sa mère depuis qu'il était né. De tempérament maladif, il se reprochait de lui avoir donné plus de soucis que de sujets de fierté ; il n'avait brillé dans aucune carrière, n'avait pu pousser loin aucune étude qui demandât quelque assiduité, et la vue de sa mère inquiète et penchée sur son chevet était pour lui depuis l'enfance une image familière qui l'emplissait de remords.

L'admirable sacrifice de Liu Yu Wang n'était pas sans exemple en Chine, chez les croyants. Trois choses importent chez nous : la naissance, le mariage et la mort. Pour nous, Chinois, la mort n'est pas l'anéantissement de l'être, mais un départ, et le commencement d'une mutation. Nous nous préparons à cette aventure toute notre vie durant, sachant que cette vie même n'est qu'un passage entre le monde d'avant la naissance et celui d'après la séparation de notre âme et du corps provisoire qui nous a été prêté. L'âme voyageuse du sage ne s'effraie pas de reprendre la route après quelques décennies de séjour sur cette terre.

Que ce soit dans les familles riches comme la famille Liu ou que ce soit chez les plus pauvres, les cérémonies funèbres donnaient lieu à des préparatifs aussi minutieux que les cérémonies de mariage. Soie et satin somptueusement brodés de fils d'or et d'argent composaient autrefois le vêtement d'apparat qui envelopperait le corps dans le cercueil. Ce vêtement dit « de longévité » était choisi et commandé par celui même qui aurait à le porter, et chacun s'en souciait dans la force de l'âge ; on ne commençait à le coudre qu'à la date donnée par l'horoscope comme la plus favorable, de même que l'horoscope désignait le lieu le meilleur pour l'enterrement.

Matelassé de soie, ce vêtement avait pour fonction d'absorber l'humidité du corps en décomposition. Et ce sont aussi des couvertures de soie, des coussins rembourrés que les invités offraient au mort — comme ailleurs on lui offre des fleurs — afin que tout ce matelassage tienne le corps propre et au sec.

Ainsi les amis, parents et connaissances prenaient-ils soin du corps que l'âme avait quitté. Mais l'essentiel des rites et coutumes autour de la mort étaient inspirés par le devenir de l'âme.

Chez les vrais bouddhistes, on pense qu'il n'est pas bon de se lamenter quand un être cher vient de mourir : nous ne nous livrons pas à de bruyantes manifestations de douleur, comme font, dans certains pays, les pleureuses qui crient, s'arrachent les cheveux, se tordent les bras.

En effet, l'âme du mort est encore toute désorientée, toute troublée, elle ne sait pas ce qui va lui arriver, elle a eu peur, peut-être, avant la mort : si la famille et les amis l'appellent à grands cris, elle va être pleine de regret, elle voudra revenir, et ne pensera qu'à se réincarner au plus vite dans le monde qu'elle vient de quitter.

Au contraire, pour aider l'âme à se détacher de son ancienne vie, il faut avec ferveur lui faire entendre le nom de Bouddha, il faut demander aux dieux de l'appeler vers eux, afin qu'elle se détourne du passé et puisse aller vers un avenir meilleur.

Les jours qui suivent la mort, quand l'âme n'est pas encore réincarnée, quand son sort n'est pas encore fixé pour sa prochaine résidence, sont le moment décisif où les rites et les prières peuvent attirer la clémence des dieux. Si toute la famille et les amis s'attachent sincèrement à racheter les fautes de celui qui vient de mourir, on peut espérer que l'âme sera délivrée et montera dans un des paradis, qui sont de plus en plus beaux à mesure qu'ils s'élèvent et s'approchent du trente-troisième paradis, « le Monde de l'Extrême Joie », où se tient Bouddha lui-même.

On raconte beaucoup de choses sur ces trente-trois paradis et leurs délices : les fleurs, les oiseaux, les musiques, les jardins merveilleux. Mais on raconte encore plus de choses sur les dix-huit enfers, avec des détails horribles sur les supplices qui attendent les criminels dans les mondes d'en bas. Là, ce ne sont que crochets, harpons, instruments de tortures, huile bouillante et flots glacés, monstres hideux qui déchirent à belles dents les âmes condamnées. On arrache les langues, on fouaille les ventres, on serre les gorges, on écartèle les membres, et les hurlements des suppliciés emplissent l'air puant. Le dix-huitième enfer, le plus bas et le plus profond, est si abominable qu'on ne peut l'évoquer sans frémir.

Dans les prières du Bouddha, on dit que du côté de l'Est il y a une montagne. Cette montagne s'appelle « Barrière de fer » ; derrière cette barrière, s'étend une première mer, immense, d'eau bouillante dont les vagues montent et descendent sans arrêt. Dans ces flots agités, des animaux cruels, au corps de métal, vont et viennent, pour tourmenter les criminels précipités en enfer.

Ces diables sont pleins d'yeux, de mains, de têtes horribles, les dents leur sortent de la bouche : elles sont tranchantes comme des couteaux et des épées. Ils pourchassent et mangent les criminels de tous côtés.

A l'est de cette première mer, il y en a une autre où la souffrance des condamnés est deux fois plus grande, et à l'est de la seconde mer, il y en a une troisième où l'on souffre trois fois plus.

Ensuite, il y a des quantités d'enfers, dont le dix-huitième est le plus grand que l'on connaisse. Il a quatre-vingt mille kilomètres de longueur et dix mille mètres de hauteur.

Dans cet enfer à quarante-six compartiments, on rencontre des bœufs, qui tirent les criminels par la langue, des diables qui ouvrent les cœurs et d'autres qui arrosent les criminels avec de l'eau bouillante.

Il y a des misérables dont on attache le corps à des colonnes de bronze brûlant, d'autres qu'on expose à un froid glacial, d'autres qu'on jette dans des flots d'excréments hérissés d'épées qui transpercent leurs poitrines, d'autres encore qui sont livrés à des serpents, et ceux-là sont lentement étranglés.

Des chiens en fer et des milliers de diables mordent et griffent les criminels pendant que des aigles de bronze leur mangent les yeux. Cet enfer, c'est *Woostan,* où les supplices sont sans trêve, ni jour ni nuit.

Quand ses souffrances et ses tortures ont pris fin, l'âme sort de l'enfer, et entre dans les espaces compris entre l'enfer et le paradis, à l'endroit le plus proche du monde yang où chaque jour les êtres humains et les animaux accouchent. A ce moment-là, selon leurs crimes, les âmes se réincarnent. Certaines deviennent de mauvais animaux : cochon, serpent, ou autre bête, pour continuer de souffrir.

Si sa vie a été moins criminelle, l'âme retourne dans un être humain, et souffre en proportion de ses fautes passées.

Celui qui a tué des êtres vivants aura une vie courte, et tourmentée par toutes sortes de maladies.

Celui qui a volé sera pauvre toute sa vie.

Celui qui a eu une vie sexuelle déréglée deviendra pigeon, chat ou canard.

Celui qui a maudit les autres sera maudit à son tour.

Celui qui a répandu des médisances aura une vie pleine de querelles et sa famille ne connaîtra jamais l'entente.

Celui qui a insulté les autres aura la bouche malade, et en mourra.

Celui qui a été coléreux, et a causé la souffrance par de mauvaises paroles, sera sourd et muet.

Celui qui s'est amusé à chasser les animaux mourra de mort violente, avec une peur horrible.

Celui qui a été mauvais avec ses parents sera puni par le ciel et la terre.

Celui qui a détruit de petits animaux sera séparé de ceux qu'il aime.

Celui qui a insulté les dieux sera aveugle, sourd ou muet.

Celui qui a insulté les enfants de dieu, tels que les prêtres et les moines, deviendra une bête.

Celui qui a méprisé les autres sera condamné à vivre dans la classe la plus basse.

Voilà pourquoi les hommes ne naissent pas égaux. Beau ou laid, riche ou pauvre, génial ou bête, chacun reçoit son lot en fonction de ses vies passées : plus on est proche de mériter le paradis, plus on est favorisé par la fortune. Ainsi, la dernière incarnation se fait toujours dans une famille puissante et riche. Rien ne sert de murmurer contre le sort : nous avons mérité d'être ce que nous sommes. Moi-même, qui aurais à me plaindre, je ne le fais pas : une voyante ne m'a-t-elle pas révélé que dans ma vie antérieure j'avais abandonné mon mari et mes enfants ? J'étais âgée de dix-sept ans quand la vieille femme inspirée m'apprit mon crime d'autrefois, et la façon dont, dans cette autre vie, j'avais tenté de le racheter : en brodant un bouddha Kouan Yin tout entier avec un cœur en fil d'or. Ce travail me permettait d'espérer en ma vie présente le succès de mes entreprises, mais je n'obtiendrais rien sans de grands efforts.

Revenons à l'au-delà.

Il y a une seconde catégorie de personnes : c'est celle de gens qui n'ont fait ni bien ni mal. Ils n'ont ni qualités ni vices. Après la mort, ils ne vont ni en enfer ni en paradis. Ils restent dans l'espace qui est le plus proche du monde yang, et ils peuvent y circuler librement. Il n'y a pas de frontière, pas de limite, et ils errent ainsi jusqu'au moment où ils naissent dans une famille quelconque pour mener encore une vie quelconque.

La troisième catégorie, c'est celle des gens qui se sont sacrifiés eux-mêmes pour faire du bien aux autres. Non seulement ils ont mené une vie sans faute, mais en plus ils ont aidé les autres à se conduire bien. Tels sont les prêtres, les moines.

Après leur mort, selon ce qu'ils ont accompli comme bonnes actions, ils entrent dans les différents paradis.

Il y a trente-trois étages de paradis, et plus c'est haut, plus c'est beau. Chacun se trouve placé à la hauteur qui correspond à ses actes passés. Au bout d'un certain temps, ces personnes reviennent sur la terre : celui qui continue à se conduire bien, et surtout à aider les autres, pourra à sa mort entrer dans un paradis plus haut que le précédent. Ainsi, de réincarnation en réincarnation, après beaucoup de temps, il peut enfin être admis au trente-troisième étage, et rester là définitivement avec les dieux, comme un bouddha.

Avant de devenir bouddha, dans sa dernière incarnation, celui-là naît toujours dans une famille riche et de situation importante : tels sont les empereurs, les chefs d'Etat, les grands savants qui ont beaucoup de pouvoir, ou ceux qui possèdent une énorme fortune.

Chaque réincarnation offre l'occasion de laver les anciennes fautes : chaque fois qu'on revient sur la terre, on doit se laver de ses crimes au moyen d'une bonne conduite, et par les quatre souffrances que nul ne peut éviter : la naissance, la vieillesse, la maladie et la mort. C'est seulement quand tous les crimes sont lavés que l'âme est pure, et admise à entrer au plus haut des paradis, le trente-troisième, qu'on appelle « le monde de l'extrême joie », à l'ouest. C'est le lieu où réside le dieu Omtova avec les autres dieux. Au monde de l'extrême joie, il n'y a aucune souffrance, aucune peine, aucun malheur.

Selon les prières à Omtova, ce paradis est entouré par des balustrades en pierres dures : il y a des étangs pleins de pierres précieuses où dort une eau pure et limpide, et au-dessus de l'eau, ce sont des poudres d'or brillant. Tout est d'or et d'argent, décoré d'ambre, d'onyx, de perles, de rubis et d'émeraudes.

Dans les jardins, les fleurs abondent : sur les étangs, les lotus sont grands comme des roues, et de toutes les couleurs, bleus, jaunes, rouges, blancs, avec un parfum extraordinaire. Des milliers d'oiseaux ravissants, avec des plumes multicolores, volent et chantent dans les airs. Le vent souffle dans les arbres, et l'on entend une mystérieuse musique qui fait penser à Bouddha.

Telle est la dernière résidence de l'âme entièrement purifiée. Mais que d'existences à vivre, avant d'arriver là !

Bien que nous perdions chaque fois tout souvenir de notre vie passée, nous restons liés à elle par des liens mystérieux. C'est ce qui explique cet étrange sentiment de déjà vu qui nous trouble parfois, et aussi la sympathie ou la haine que nous inspirent sans raison des personnes dont nous ne savons rien.

Les âmes qui se sont autrefois aimées se reconnaissent entre elles dès le premier regard, et s'attirent irrésistiblement, comme si l'ancien amour était prêt à renaître, quelles que soient les apparences nouvelles des amants.

Le lecteur occidental, fort de son rationalisme, sourira-t-il de nos croyances ? Ce serait peut-être alors à nous de sourire : il y a tant de choses en ce monde qu'aucun rationalisme ne peut expliquer... N'ayons pas de dédain pour les façons de penser qui ne sont pas les nôtres, mais plutôt respectons les diverses formes de piété qui toutes, j'en suis convaincue, portent leur part de vérité, et qui toutes sont comme les aspects multiples d'un seul et même besoin humain, car en tout lieu et en tout temps l'homme a tenté de comprendre les grands secrets de la vie et de la mort.

Les prières que nous adressons aux dieux pour l'âme désincarnée durent quarante-neuf jours. Elles sont ponctuées par plusieurs cérémonies, dont la plus importante est celle du trente-cinquième jour. On dit que ce jour-là l'âme défunte est autorisée à rendre une dernière visite à ceux qu'elle a aimés. Sa présence se fait sentir aux vivants par des signes bizarres, des bruits auxquels il faut être attentif. Parfois, on trouve légèrement déplacés les objets familiers de celui qui est mort : c'est comme un adieu de l'âme avant qu'elle n'oublie tout à fait la vie qu'elle vient de quitter.

Ainsi que je l'avais promis à mon beau-père en lui téléphonant, nous allions le jour même, Juliette, Paul et moi, entrer dans notre deuil et commencer les prières rituelles.

Avec de la laine blanche, je tressai trois bracelets afin que nous en portions chacun un ; je découpai une fleur de tissu blanc que je fixai sur mes cheveux ; et je fixai à la manche de Paul un brassard de tissu noir.

C'était le soir du réveillon. Nous fîmes une toilette soignée et nous approchâmes tous trois de la table où les bâtonnets d'encens brûlaient devant les Bouddhas Kouan Yin et Di Tsan. Je commençai par lire pour Bouddha Kouan Yin la très longue prière de Omidova, afin que l'âme de ma belle-mère soit admise au paradis de l'Ouest, dans le monde de l'Extrême Joie. Puis je lus une autre longue prière à Bouddha Di Tsan, afin que soient lavées et pardonnées les fautes de la morte. Je connaissais bien cette prière, pourtant il ne me fallut pas moins d'une heure et demie pour arriver à la fin. Après quoi, j'accompagnai Juliette qui lisait à son tour, et puis Paul. Il fallut deux heures à chacun des enfants. Cela fait, nous priâmes encore Di Tsan, à genoux tous les trois.

La nuit était déjà bien avancée. Je sentis autour de moi un air yin, une sensation venue de l'autre monde, comme une présence glaciale qui me pénétrait jusqu'aux os.

Je frissonnai, saisie d'un étrange sentiment. Ce n'était pourtant qu'un avant-goût des phénomènes surnaturels qui allaient marquer notre période de deuil.

Chaque soir, ainsi, je lisais les grandes prières à Bouddha Kouan Yin pour que ma belle-mère soit reçue chez les dieux, et à Bouddha Di Tsan pour que les fautes de sa dernière existence lui soient remises. Chaque soir, l'un après l'autre, jusqu'au 49ᵉ jour, Paul et Juliette les lisaient aussi, avec ferveur et persévérance, prenant bien soin de ne pas laisser se perdre une seule syllabe des textes rituels.

Et quand nous avions achevé de dire à genoux ensemble la toute dernière prière, chaque fois, comme au soir du 31 décembre, je sentais autour de moi et en moi-même cet air yin qui me glaçait et me faisait frissonner.

Nous allions nous coucher fort tard, ces soirs-là, et toute notre journée se ressentait du manque de sommeil, mais pour rien au monde nous n'aurions renoncé à ces veillées, car nous les devions à l'âme de la morte.

M. Tsing s'abstenait de tout commentaire sur nos longues soirées : je savais bien qu'il était secrètement irrité de tout ce qui touchait à ma belle-famille, et lui rappelait ainsi mon premier mari, dont il était toujours jaloux.

Je fus donc fort étonnée, le jour où il se mit à me parler de ma belle-mère, et dans des termes bien inattendus.

C'était un samedi, et nous déjeunions tous deux dans

l'arrière-boutique. Il se taisait depuis un moment, puis il me demanda tout à coup :

— Ta belle-mère avait-elle les yeux très brillants, et le regard particulièrement perçant ?

C'était bien là en effet ce qu'on remarquait tout de suite chez elle. Je le dis à M. Tsing, en ajoutant :

— Mais pourquoi cette question ?

Au lieu de me répondre, il continuait à m'interroger :

— Son front était-il grand ? Avait-elle un petit menton pointu ? Portait-elle un chignon très serré et très haut ?

Tout cela était vrai.

— As-tu une photo de ta belle-mère ? demanda M. Tsing.

Je fouillai dans mon sac, et trouvai une petite photo d'amateur, faite sans art, mais ressemblante. Je la tendis à M. Tsing, qui hocha la tête :

— C'est bien elle que j'ai vue, me dit-il.

Avec une vive et légitime impatience, je le priai de s'expliquer, et voici ce qu'il me raconta :

— J'étais couché depuis longtemps, la nuit dernière, quand, après tes prières avec Paul et Juliette, je t'ai entendue entrer dans notre chambre et te glisser dans ton lit. Je me suis rendormi profondément. J'étais plongé dans un sommeil sans rêve, quand il m'a semblé qu'on touchait mon visage, comme si une main se posait sur mes paupières. J'ai fait un effort pour me réveiller et j'ai pu enfin ouvrir les yeux. Dans la pénombre de notre chambre, une forme immobile se tenait debout au pied de ton lit. Ma vue s'habituait à ce faible éclairage à mesure que mon esprit s'éloignait de l'opacité du sommeil. Je distinguais de plus en plus nettement la femme qui te regardait dormir : elle était telle que je te l'ai décrite — vêtue d'une robe chinoise de couleur sombre — avec un front haut, un chignon serré, un menton pointu, et surtout des yeux brillants, un regard extraordinaire. Comme j'étais médusé par cette apparition, cloué sur place, incapable de bouger ou de parler, elle a paru entendre mon émotion : elle s'est tournée vers moi, m'a souri avec douceur, puis, sans te réveiller, elle s'est enfoncée dans l'ombre, et a disparu tout à fait.

Le récit de M. Tsing m'emplit d'émotion. Ainsi, l'âme de ma belle-mère s'était montrée à lui, et non à moi, qui priais tant. Sans doute avait-elle craint de m'effrayer. Elle avait dû prévoir que M. Tsing me raconterait cette visite miraculeuse destinée à me rassurer : et en effet, si ma belle-mère avait été autorisée par les dieux à venir me voir si loin du lieu de sa mort, c'est que ses fautes n'avaient jamais été bien graves, ou que nos prières les avaient lavées entièrement. Cette apparition était le gage, pour elle, d'une vie future meilleure : son sourire pouvait s'interpréter comme la confiance qu'elle mettait dans son existence à venir, comme l'affection qu'elle nous portait, et comme, peut-être, de la reconnaissance pour nos prières. Tout cela ne pouvait être que de très heureux présage.

Je remerciai M. Tsing, tout en m'étonnant, en moi-même, que ma belle-mère eût choisi, pour être le messager et l'interprète du monde yin, où résident les morts, cet ingénieur en apparence si parfaitement occidentalisé. Il me dit qu'il avait regardé l'heure au moment où l'apparition s'était évanouie : il était 3 heures du matin.

Après cette mystérieuse visite, et bien que nos soirées de prières aient duré, selon la coutume, les quarante-neuf jours prescrits, jamais plus je ne retrouvai ce frisson de glace, le sentiment de cet air yin qui m'avait troublée tous les soirs pendant les premiers temps de notre deuil et jusqu'à la visite du fantôme à M. Tsing. Sans doute ma belle-mère avait-elle cherché à se manifester les soirs où je sentais une présence yin, mais sans la voir : après son apparition nocturne, elle n'avait plus cherché à m'atteindre, et elle était partie.

Mais Paul la vit en songe.

Il nous raconta, le lendemain, qu'il avait vu et entendu sa grand-mère pendant la nuit. Elle lui faisait solennellement trois recommandations. Malheureusement, mon fils avait oublié les deux premières. Toute la journée il fit effort pour s'en souvenir : en vain. Mais il avait bien retenu la troisième, qui était de se coucher tôt.

Paul n'était jamais pressé, le soir, d'aller au lit : il disait qu'il n'avait pas sommeil, et se trouvait toujours mille choses à faire quand il était temps de dormir. Le résultat de cette fâcheuse habitude, c'est que, levé tôt pour suivre ses cours du matin, il avait à lutter contre le sommeil pendant la matinée, et, plus souvent qu'il n'était convenable, il lui arrivait de s'endormir en classe, ce qui amusait ses camarades et ne plaisait guère à ses professeurs. Il n'était pas puni pour ce travers, parce qu'il avait néanmoins d'excellents résultats, mais il se faisait remarquer et on se moquait de lui pour cette façon qu'il avait de dormir, la tête ballante.

Ainsi, ma belle-mère se faisait du souci pour les études

de Paul, et voilà pourquoi elle venait de si loin pour lui dire de se coucher plus tôt. Cette recommandation fut vaine : à Cambridge, et même à Harvard, il lui arriva encore plus d'une fois de sombrer dans le sommeil pendant les cours. Quant aux deux autres conseils qu'il avait reçus cette nuit-là, il ne parvint jamais à s'en souvenir.

Ces apparitions de ma belle-mère pendant notre période de deuil montrent à l'évidence que le monde yin et le monde yang ne sont pas séparés par d'étanches cloisons. Entre la vie et la mort comme entre la lumière et l'ombre il y a des échanges constants : unies par tant de liens, l'âme de la défunte et la mienne n'étaient pas séparées, et pouvaient encore communiquer.

Et, certes, mon chagrin fut bien allégé par ces bienveillants messages de notre chère morte. Cependant, le choc de ce 30 décembre où un rêve prémonitoire m'avait avertie de notre deuil, la fatigue de mes veillées tardives, et, plus que tout sans doute, l'afflux de souvenirs à la fois tendres et cruels suscité par cet événement, tout cela, avec, bien sûr, la recrudescence d'activité commerciale en période de fêtes, avait de nouveau ébranlé ma santé. Affaiblie, nerveuse, toujours au bord des larmes, je consultai une fois de plus l'excellent médecin qui m'avait toujours si bien conseillée. Il me prescrivit un traitement que j'allais suivre à la lettre, car j'avais grande confiance en lui.

L'essentiel du traitement visait à rétablir mon équilibre hormonal. M. Tsing s'empressa de lire les notices qui accompagnaient mes diverses boîtes de pilules. Il tomba en arrêt devant l'une d'elles : le médicament prescrit pour harmoniser chez moi un cycle menstruel perturbé avait aussi — hélas ! — des vertus contraceptives. Il n'en fallait pas plus pour rendre fou de jalousie le jaloux M. Tsing qui m'interpella le jour même avec une violence inouïe, me demandant le nom de mon amant, car, selon lui, si je prenais ce médicament, c'était pour ses vertus contraceptives. Or, comme j'étais dans une période de révolte et que j'aspirais à ma libération, nous vivions depuis longtemps à une certaine distance l'un de l'autre. Qui donc rencontrais-je en cachette ?

M. Tsing se mit à m'insulter tous les soirs, après m'avoir espionnée toute la journée. Il téléphonait à ma boutique dix fois, quinze fois — ce qui me gênait beaucoup et me blessait plus encore — dans l'espoir (faut-il dire l'espoir ou la crainte ?)

192

de ne pas me trouver : où, quand, comment imaginait-il que je lui étais infidèle ?

J'étais honteuse devant Juliette de supporter ces scènes quotidiennes si peu compatibles avec ma dignité maternelle, et malheureuse de la voir souffrir mes souffrances avec moi.

Il n'y a pas de mot pour dire combien nous sommes proches l'une de l'autre, Juliette et moi. Blesser l'une, c'est blesser l'autre. Nous sommes mère et fille, nous sommes sœurs, nous sommes amies et compagnes d'infortune. Nous avons lutté ensemble, chacune sait ce que vaut l'autre : notre confiance réciproque est sans limites et sans ombre.

Intelligente et sensible, mûrie précocement, Juliette comprenait trop bien ce qui se passait entre M. Tsing et moi. Or, elle s'était attachée à lui, comme lui à elle : il avait, certes, un caractère souvent difficile, mais il estimait et aimait Juliette, autant qu'il pouvait aimer.

La pauvre petite était donc déchirée entre cette mère si tendrement aimée, et l'homme qui remplaçait un peu son père disparu.

J'aimerais que ce triste épisode de mon histoire puisse servir de leçon aux jaloux : car c'est une grande imprudence de multiplier fausses accusations et scènes injustes contre une personne innocente. Quiconque se trouve ainsi accablé de reproches sans les avoir mérités, tôt ou tard renonce à défendre cette innocence qui n'est pas appréciée à sa juste valeur.

C'est ce qui nous arriva, malheureusement, à M. Tsing et à moi : à force d'entendre ses reproches, je finis par les mériter.

Mes torts sont certains : loin de moi l'intention de les passer sous silence pour me faire meilleure que je ne suis. Et d'ailleurs l'échec d'un mariage doit-il se juger comme un procès criminel ? Dans notre cas, il n'y eut pas un coupable d'un côté et une victime de l'autre, mais plutôt un homme et une femme tous les deux à la fois coupables et victimes de leur mauvais choix : nous n'aurions jamais dû nous marier.

On ne fait pas d'affaires comme les miennes sans rencontrer beaucoup de gens. Dès 1966, au temps où j'installai un premier dépôt de marchandises dans la cave de la rue de Richelieu, j'avais fait la connaissance, au restaurant de Mlle Lin, de deux dames qui s'intéressaient aux gilets brodés de perles que je faisais venir de Hong Kong.

Ces deux personnes m'achetèrent un certain nombre de

pièces pour les revendre dans leur magasin de prêt-à-porter. Nous nous rencontrions assez souvent. Elles me présentèrent leur commanditaire, Alain H., qui était le mari de l'une et le frère de l'autre.

Qu'on n'aille surtout pas croire que cette rencontre s'accompagna pour moi des signes ordinaires qui font reconnaître la naissance d'une passion. Alain ne me plut ni ne me déplut. Il ne correspondait en rien à l'idée que je me fais d'un homme séduisant. Et je crois qu'il n'essayait même pas de le paraître.

Peut-être les hommes les plus dangereux pour une femme sont-ils ceux qui ne lui plaisent qu'à moitié. Ne parlons pas de mon premier mariage, où mon choix n'était pour rien, mais qui eût dit que j'épouserais M. Tsing ?

De la même façon, je n'imaginais guère, quand je le vis pour la première fois, que cet Alain bouleverserait ma vie, ni qu'il me ferait verser encore tant de larmes. Je le regardais comme un bon garçon un peu faible, et nous devînmes amis sans la moindre méfiance de ma part. J'appréciais son intelligence et sa culture. Il appartenait à une excellente famille.

Son épouse (appelons-la Michelle), avec qui j'étais en affaires, me parlait souvent de lui. Il me parla aussi d'elle : j'étais un peu la confidente de chacun, et, dans la mesure où je le pouvais sans indiscrétion, je tentais d'aplanir entre eux les difficultés, qui n'étaient pas petites.

Alain se plaignait beaucoup des infidélités de Michelle ; soupçonnant son infortune, il avait payé les services d'un détective privé, qui lui avait fait des révélations pénibles.

Des scènes éclatèrent entre les époux. Michelle refusant de renoncer à sa passion, et Alain restant très épris de sa femme, on vit souvent le trio réuni. Ils dînaient et sortaient ensemble, puis se disaient bonsoir, Alain rentrant tout seul chez lui pendant que Michelle allait passer le reste de la nuit avec son jeune amant.

Lui me disait sa peine. Elle me racontait l'attrait irrésistible d'un jeune homme, qu'elle craignait de perdre.

Pour moi, Chinoise, une telle situation paraissait impossible, en tout cas inimaginable dans mon pays, où les principes étaient encore stricts, les épouses obéissantes et les maris ombrageux.

Mais je pensais que je venais de trop loin pour pouvoir comprendre les mœurs occidentales : ce qui me choquait était peut-être ici tout naturel et même courant. Ainsi je ne m'indignais pas quand ils me racontaient, l'un et l'autre, leurs malheurs. Je prêchais de mon mieux la réconciliation, les concessions mutuelles, la tolérance et l'amour.

Afin qu'ils ne se croient ni l'un ni l'autre poursuivis par un mauvais sort exceptionnel, je leur confiai mes propres misères conjugales : la jalousie sans cause de M. Tsing, les scènes, les drames à tout propos et hors de propos.

Ainsi tous trois nous prenions l'habitude de nous plaindre les uns les autres, fraternellement en quelque sorte.

Jusqu'au jour où je me trouvai dans l'obligation de faire un court voyage dans le Midi. Je recevais de la Côte d'Azur beaucoup de commandes, et il fallait prendre contact avec ces clients nouveaux. Paul et Juliette, qui m'aidaient toujours de tout cœur, se trouvaient en vacances, et se proposèrent pour tenir la boutique pendant quelques jours.

Michelle était à Antibes ; Alain, qui allait la rejoindre, offrit de m'emmener par la même occasion. Je demandai à M. Tsing ce qu'il en pensait, et il trouva l'idée excellente. Il faut croire qu'Alain était le seul homme au monde dont il ne fût pas jaloux.

Routes encombrées, moteur rétif, un peu de retard peut-être aussi au départ de Paris, Alain et moi nous nous trouvâmes sur la route bien loin de l'arrivée quand la nuit était depuis longtemps tombée. Nous avions faim, nous étions fatigués, nous avions roulé toute la journée dans la chaleur.

Alain se mit en quête d'un hôtel pour y prendre deux chambres. Il n'en trouva qu'une, à la fin. Je ne vis pas d'objection à dormir dans la même pièce que lui : d'une part parce que son amitié m'inspirait grande confiance, et d'autre part, comme je l'ai dit, parce qu'il ne me plaisait pas du tout.

Donc, nous voilà tous deux bien las de la route, et las d'avoir beaucoup parlé, dans le décor triste et banal d'une chambre d'hôtel médiocre. Alain voulut me dire bonsoir beaucoup trop tendrement. Je le repoussai avec vivacité, et nous nous endormîmes fâchés : moi, très choquée de son audace, lui très blessé d'avoir été si mal accueilli.

Enfin, nous nous couchons chacun de notre côté. Le matin, vers 4 heures environ, je suis réveillée par une caresse dans mes cheveux, une caresse tendre et gentille ; je vois ses yeux près des miens et leur regard plein de tendresse ; cette caresse et le profond sentiment que je crois lire dans ses yeux me font trembler. Sa caresse dans mes cheveux pénètre jusqu'au fond de mon âme, il caresse mon âme blessée par tant de souffrances. Son regard profond me réchauffe jusqu'au fond du cœur. J'ai de la peine, je suis faible et je n'ai aucune expérience pour résister à cette forme de tendresse, car dans ma vie amoureuse, jusqu'à présent, je n'ai jamais été aimée de cette façon et c'est bien cette tendresse qui correspond vraiment à mes sentiments. Je suis faible, enfin je suis tombée dans ses bras avec toute ma faiblesse. Que de complications je me préparais là !

Quelle ne fut pas ma surprise quand, ayant repris la route, j'entendis comme la veille Alain se désoler des duretés de sa femme, qu'il aimait toujours autant !

Je me taisais, l'œil sec, regardant sans le voir le paysage qui défilait. J'étais dans une grande colère contre moi-même : j'avais, par ma sottise et mon abandon, bien mérité mon châtiment. Moi si fière, je me voyais traitée comme un jouet sans importance, un objet de plaisir qu'on prend et qu'on oublie. Quant aux confidences d'Alain, que je commençais à connaître par cœur, m'étaient-elles vraiment adressées ? J'avais le sentiment qu'obsédé par ses misères, il se parlait à lui-même à haute voix.

De retour à Paris après ce bref déplacement — que j'aurais mieux fait de ne consacrer qu'aux affaires — je m'efforçai de ne plus penser à ce qui s'était passé entre Alain et moi. Mais c'était impossible : il me téléphonait très souvent, interrompant brusquement notre conversation si sa femme entrait dans la pièce où il se trouvait, ce qui m'irritait beaucoup.

En outre, je ne pouvais plus du tout supporter les querelles de M. Tsing et sa folle jalousie. Mon attitude à son égard avait changé malgré moi du tout au tout : au lieu de patienter quand il commençait une scène, je répliquais vertement, je haussais le ton comme lui, et, pour finir, nous échangions des injures en criant comme des fous.

C'était tout à fait horrible, vulgaire, indigne de moi et insupportable pour Juliette qui assistait, impuissante, à nos affrontements. Je garde un souvenir affreux de cette période.

J'en voulais à M. Tsing de m'attribuer des amants imaginaires, et de soupçonner particulièrement un de ses amis, vieux monsieur qui aurait pu être mon père, mais je crois que je lui gardais rancune encore plus de m'avoir laissée partir seule avec Alain. Un mari doit-il permettre cela ? Après tout, il était en grande partie responsable de ce qui m'était arrivé, et du trouble où je me trouvais maintenant.

Car si je n'avais à la maison que tracas et désagréments, ce n'était guère mieux du côté d'Alain. Sa femme avait appris, je ne sais comment, notre aventure, et, bien qu'elle eût elle-même la conscience chargée, elle m'avait téléphoné avec des injures et des menaces. Quand je voulais rompre avec Alain, il m'accablait de ses larmes et de ses paroles fleuries, à quoi mon cœur se laissait prendre. Et quand je retrouvais ma confiance dans notre amour et recommençais à rêver d'un avenir commun, il se chargeait de me prouver sèchement que son plus grand souci était de ne pas déplaire à sa chère Michelle et de ne la contrarier en aucune façon.

Ainsi, liés les uns aux autres sans pouvoir nous libérer, nous nous faisions souffrir à chaque mouvement, comme des prisonniers qu'on a enchaînés ensemble.

J'épargnerai au lecteur le détail de nos douleurs toujours renouvelées ; chaque jour apportait son lot de contrariétés et de déceptions. J'étais lasse des complications entre Alain et sa femme. Je ne voulais plus en entendre parler. Je ne répondais même plus au téléphone.

Un soir où je prenais mon bain avant d'aller dormir, Juliette entra en coup de vent : elle m'apprit qu'Alain était dans sa voiture devant la porte de notre immeuble et klaxonnait sans arrêt. La pauvre petite paraissait épouvantée, et me suppliait de descendre avant que M. Tsing, qui lisait tranquillement dans son lit, n'ait l'attention attirée par ce vacarme.

Je sortis vite de la baignoire, passai un manteau, et me précipitai dans l'escalier. Alain attendait en klaxonnant toujours, portière ouverte. Quand je me penchai pour lui demander de partir, il m'attira brusquement à l'intérieur de la voiture, et démarra en trombe. En dépit de mes protestations, il m'emmena chez lui, d'où je ne pus partir que le lendemain, nue, hélas, sous mon manteau.

On imagine l'accueil que M. Tsing me réservait. Ce fut terrible.

Je me serais fait couper en morceaux plutôt que de dire d'où je venais. Mais mon absence toute la nuit, et ma tenue inconvenante confirmaient largement les pires soupçons de M. Tsing. Il ne pouvait plus supporter ma vue ni moi la sienne. Autrefois, nous nous étions souvent heurtés parce que nos caractères étaient très différents : maintenant, il y avait entre nous des faits graves, irréparables, nous ne pouvions plus éviter de divorcer. Voilà ce que me valaient les larmes d'Alain et ses paroles fleuries.

Je crus devenir folle en recevant, le matin même, un appel téléphonique de Michelle. J'étais encore tremblante de la scène avec M. Tsing quand elle ajouta à mes peines en m'accablant une fois de plus d'injures et de marques de mépris. Son mari, me dit-elle, pensait comme elle, et, comble de douleur, la voix d'Alain, hésitante et sans force, vint confirmer que sa femme, en tout, avait toujours raison.

Après la nuit que je venais de vivre, et les violences matinales, cette lâcheté et ce reniement me furent odieux. Il me semblait que la terre entière se liguait contre moi. La seule aimante et fidèle, ma Juliette, qui avait toujours pris mon parti, subissait tous les contrecoups de mes malheurs et des désordres de ma vie. Je ne savais pas encore combien profondément tout cela travaillait à la détruire : ce serait bien le pire de mes châtiments.

Cependant, les devoirs et les tâches de la vie quotidienne ne se relâchaient pas : ce sont les princes et les princesses des légendes qui peuvent à loisir s'abandonner à leurs passions. Quant à moi, j'avais mon commerce, qui prenait la plus grande partie de mon temps, et mon piano, car à aucun moment je n'eus la tentation de renoncer à préparer ce grand concert dont j'avais eu l'idée. Il faut sans doute que je me félicite d'avoir eu en tête autre chose, dans cette période agitée, que les amours et leurs complications. La discipline du travail est un merveilleux remède aux incertitudes du cœur.

Ainsi, je devais penser à me rendre une seconde fois à la foire de Canton, au mois d'avril.

Peu de temps avant la date fixée pour mon départ, et comme la vie à la maison était devenue intenable, je décidai de m'installer provisoirement avec Paul et Juliette dans un petit hôtel où nous aurions la paix. Pendant mon voyage en Chine, les enfants retourneraient auprès de M. Tsing qui gardait avec eux le comportement normal qu'il ne pouvait plus avoir avec moi.

J'espérais un peu que je reprendrais mes esprits en me retrouvant dans mon pays, que mes problèmes, vus de plus loin, m'apparaîtraient moins embrouillés, et que la grande transformation de la Chine, qui brassait tant de destinées, remettrait à leur juste place — une place très modeste, en somme — nos difficultés personnelles où nous nous sentions enfermés.

Aussi bien, je ne me voyais pas en état de prendre les graves décisions que ma situation exigeait. Un peu de délai, un peu d'absence ne pouvaient que m'être favorables, loin des influences de M. Tsing et d'Alain, loin de Michelle et de ses injures.

Je descendis d'avion le 12 avril à Hong Kong. Il n'y avait plus rien ni personne pour me retenir dans cette ville. Mon beau-père était, avec ma belle-sœur, aux Etats-Unis ; ma belle-mère était morte. J'étais impatiente de me rendre à Shanghai, que je n'avais pas pu revoir lors de mon précédent voyage, Shanghai où vivaient mes parents, Shanghai, ville de mon enfance, de mon fabuleux mariage, et de mes souvenirs les plus heureux.

Les formalités nécessaires furent rapides. Quelle joie de reconnaître mes chers paysages par la fenêtre du train ! Quelle joie de me retrouver dans la gare grouillante d'une foule familière !

Comme j'avais un passeport français, je sortis par la porte réservée aux étrangers, où l'on évite le plus gros de la bousculade et, tout de suite, j'aperçus mes parents.

Ils étaient entourés de toute une troupe de gens inconnus de moi : leurs voisins, qui voulaient participer à leur joie et accueillir avec eux leur fille qui revenait de si loin, et après si longtemps.

Chacun alors de me saluer, de m'appeler gaiement par mon nom, de m'attraper par le bras, par l'épaule ! C'était à qui approcherait cette grande voyageuse, lui souhaiterait la bienvenue, en obtiendrait un sourire ou un mot.

En Chine, on forme, entre voisins, une grande famille. Les événements, heureux ou malheureux, qui viennent toucher l'un sont partagés par tous. Ainsi j'étais fêtée comme si j'étais l'enfant de tout le quartier. On m'escorta, dans les exclamations chaleureuses et les rires, jusqu'à mon hôtel, et les voisins se retirèrent alors discrètement pour me laisser me reposer en compagnie de mes parents. Resta avec eux ma nièce Lele, la fille de mon frère Ching Son, qui était déjà une charmante jeune fille de seize ans. Son jumeau Toutou était retourné à Pékin. Et je revis avec émotion mon neveu Sun Lian, âgé de quinze ans, et fils de ma sœur Ching Lin. Sun

Lian était comme mon fils adoptif : Ching Lin avait accouché de lui chez moi, et j'avais pris soin de lui dans sa toute petite enfance, si bien qu'il se considérait un peu comme mon fils. Je m'émerveillai de le voir si grand, et lui se montra tout heureux de retrouver sa « petite mère ».

Le pauvre enfant se garda bien de me raconter — mais je l'appris par ailleurs — qu'il avait eu bien à souffrir de notre lien. Car en classe, il fut l'objet des persécutions de ceux qui lui reprochaient d'être « fils de la sale capitaliste Chow Ching Lie ». On lui crachait au visage, on lui collait des chewing-gums dans les cheveux. Et lui, au lieu de renier notre tendresse, et de dire la vérité : qu'il n'était pas mon fils, au contraire, plus il souffrait à cause de moi, plus il se sentait être mon véritable enfant.

Sun Lian vivait depuis dix ans auprès de ma mère. A me revoir, il éprouva tant d'émotion qu'il paraissait intimidé. Il me suivait comme mon ombre, ou comme un chien qui retrouve son maître, il me souriait beaucoup, mais il osait à peine me parler.

Je demandai des nouvelles de tous. Mon frère Ching Son n'avait pas pu venir me voir, car il venait de subir une nouvelle opération de l'estomac et n'était pas encore rétabli. J'appris que mon petit frère Ching Tsen était marié et qu'il avait un fils : il avait terminé ses études et travaillait dans un centre de recherche scientifique. Ma petite sœur Ching Lin, depuis la Révolution culturelle, travaillait dans une petite ville de Wopey et ma plus jeune sœur Ching Chin, travaillait dans une usine de produits chimiques dans la banlieue de Shanton, après avoir fini ses études à Shanghai.

Ce fut pour moi une grande joie d'apprendre que mon père avait télégraphié à mes sœurs et que je pourrais bientôt les embrasser, car elles avaient toutes deux obtenu un congé pour venir me voir.

Comme il y avait deux lits dans ma chambre d'hôtel, je demandai à ma mère d'y passer la nuit avec moi. Nous avions tant à nous dire ! Elle y consentit volontiers, et mon frère rentra le soir chez lui avec ma nièce et mon fils adoptif Sun Lian.

On ne peut rien cacher à une mère comme la mienne. J'aurais voulu ne rien lui dire de mes soucis, ni de mon inévitable divorce : elle me parla comme si elle savait déjà tout cela.

Certes, j'avais bien mauvaise mine, et à me voir on

200

pouvait deviner que dans ma vie présente tout n'allait pas pour le mieux. Mais ma mère savait mes difficultés avant même de me regarder.

Elle me raconta qu'avec mon père, deux mois plus tôt, elle avait pris quelques jours de vacances et avait visité le temple de Hanchao. Comme d'habitude quand ils voient les Bouddhas, mes parents pensèrent à leur fille, si loin d'eux, avec ses deux enfants. Et ils commencèrent à parler de moi, priant tous deux, inquiets pour ma vie difficile.

Un vieillard les avait entendus et les aborda, ému de leur anxiété. « Voulez-vous, demanda-t-il, que j'établisse l'horoscope de votre fille ? Vous saurez ainsi s'il y a lieu ou non de vous inquiéter, et vous ne vous tourmenterez pas en vain. »

Mes parents acceptèrent de donner la date, l'heure et le lieu de ma naissance à cet homme aux cheveux blancs qui commença ses calculs.

Au bout d'un certain temps, il eut fini et annonça que tout finirait bien pour moi, mais que j'étais maintenant dans l'affliction. « Son premier mari est mort, précisa-t-il, et elle divorce du deuxième. Elle est comme dans une toile d'araignée, enfermée sans savoir comment sortir, et c'est une période pour elle tout à fait mauvaise. Mais tout cela ne concerne que ses sentiments. Ses affaires vont de mieux en mieux, et un jour elle sera connue du monde entier. »

Mes parents savaient donc que j'allais divorcer, et je fus dispensée de leur apprendre cette nouvelle — ce qui me soulagea grandement. Ma mère savait trouver les mots qui apaisent : « Laisse venir tous tes ennuis comme ils viennent, ne lutte pas inutilement, les mauvais temps passeront, et ensuite tout ira bien. »

C'était un bon conseil : mais les bons conseils ne sont pas toujours les plus faciles à suivre. J'ai beaucoup de volonté, et parfois je manque de patience, je ne sais pas attendre que « les mauvais temps » passent tout seuls. Il faut que je m'en mêle, que j'agisse, que je pousse à la roue, et quand je ne sais dans quel sens pousser, je crains de brouiller le cours des événements. Aussi j'appréciai la sagesse de ma mère : et en même temps, j'avais hâte d'être rentrée à Paris, où j'avais laissé tant de questions en suspens.

J'étais heureuse de dormir dans la même chambre que maman. Les émotions et la fatigue du voyage me donnèrent un bon et profond sommeil.

A 6 heures du matin je fus réveillée en sursaut par une

musique tonitruante. Ma mère me dit que c'était l'heure de la gymnastique.

Le gouvernement avait en effet décidé d'améliorer la santé chinoise par l'usage quotidien de l'exercice physique. Donc chaque matin, dans les parcs, les jardins, les stades, on se groupait pour la gymnastique collective, sur le rythme de la musique largement dispensée par des haut-parleurs. De la fenêtre de notre chambre d'hôtel, je pouvais voir en effet de nombreuses personnes s'activer avec beaucoup d'ardeur. Cette culture physique faisait partie de l'hygiène nouvelle, dans les écoles, les entreprises, les familles.

Maman m'expliqua que, outre cette gymnastique collective, il y avait aussi des cours de gymnastique individuelle, qui permettaient à chacun de se perfectionner de diverses façons. Elle-même apprenait la boxe.

Tout en parlant, maman, entraînée par la musique, se mit à exécuter dans notre chambre les mouvements de culture physique que les gens exécutaient dehors. Elle me dit qu'elle était bien contente de cette pratique, et que sa santé s'en trouvait bien.

Je fus ravie de la trouver si jeune et pleine d'entrain.

Le lecteur s'étonnera peut-être de voir une grand-mère s'initier tardivement à l'art de la boxe ; cette boxe, traditionnelle en Chine, porte le nom de Traidji, et peut parfaitement convenir à une femme, même si elle n'est plus toute jeune, car cet art demande plus de finesse et de précision que de force brutale.

La boxe Traidji est fondée sur le principe de l'imitation des cinq animaux : quand on imite *le tigre,* on reproduit ses bonds souples et puissants, et cela fait travailler les muscles et les articulations des jambes ; on imite *le cerf* en dessinant au-dessus de la tête la forme de ses bois, et c'est excellent pour les épaules, les bras, les poignets ; on imite *l'our*s et les jeux des oursons en reproduisant les mouvements lents qui développent le sens de l'équilibre et fortifient les articulations des chevilles tout en développant l'attention et la stabilité de l'esprit ; à la façon du *singe,* on saute avec rapidité, de droite et de gauche, ce qui entraîne tout le corps à l'agilité et à la souplesse ; enfin on imite *l'oiseau* en étendant les bras et en se déplaçant ainsi, avec des mouvements liés et arrondis qui favorisent le sens de l'harmonie. On le voit, l'imitation des cinq animaux par la boxe Traidji constitue une gymnastique complète, et accessible à chacun selon ses moyens.

Dans l'ancienne Chine, les femmes ne faisaient aucun exercice ; aussi beaucoup d'entre elles, dès l'âge de quarante ans, abusaient des fortifiants et des calmants aux recettes compliquées. La boxe Traidji, qui ne demande pas une grande dépense musculaire, est d'une merveilleuse efficacité : avec deux doigts, on peut renverser un colosse. Il y a un proverbe qui dit : « Ne méprisons pas les moines qui sont maigres » et cela signifie que si les moines les plus maigres pratiquent la boxe Traidji, ils sont invincibles sans pourtant en imposer par leur silhouette. Même si on n'a pas l'intention de boxer pour attaquer ou pour se défendre, ce sport, qui développe le sens de l'équilibre et rassemble l'énergie nerveuse en cultivant l'attention, donne sur la santé des résultats remarquables. Maman avait bien raison de s'y adonner.

Voilà de quoi nous parlions toutes les deux, quand le portier de l'hôtel m'annonça par téléphone la visite de mon père, accompagné de ma nièce Lele et de mon neveu Sun Lian.

Mon père portait deux bouteilles Thermos (j'ai déjà dit qu'on utilise beaucoup ces bouteilles en Chine) contenant l'une et l'autre du jus de ginseng — du foncé et du clair. Il dosa dans un verre la juste proportion des deux breuvages, et je dus les boire.

La veille, il m'avait trouvée amaigrie, pâle et les traits tirés. Il avait préparé ces décoctions, qui doivent bouillir pendant plusieurs heures, afin de me tonifier. Je fus très touchée de ce soin, qui témoignait de l'amour de mon père, aussi vif et attentif qu'autrefois.

Il y a plusieurs sortes de ginseng — plante dont on utilise les racines. La qualité la plus appréciée, la plus rare, et donc bien entendu la plus chère, c'est le ginseng sauvage. Plus la racine est sombre, sèche et ridée, plus elle est vieille, et plus ses vertus sont, à ce qu'on dit, miraculeuses. On dit que des moribonds se sont levés de leur lit d'agonie, grâce au ginseng sauvage, parfaitement guéris. Ceux qui ne sont pas malades et prennent ce ginseng, évitent les maladies, conservent la jeunesse, et se sentent pleins de force et de santé.

A défaut de cette plante naturelle, on peut en trouver une autre qualité, beaucoup moins onéreuse — et moins efficace aussi. Celle-là, qui est cultivée, donne des racines plus claires et plus grandes : il faut l'employer en quantités plus importantes.

Ce que mon père m'avait apporté, c'était, dans une bouteille, du ginseng coréen foncé, et du ginseng américain plus clair. Le plus foncé, très fortifiant, convient aux personnes très affaiblies ou âgées : il renforce le côté yang, réchauffe, tonifie, stimule. Mais comme j'étais jeune et que trop de yang pouvait, selon mon père, me surexciter et me congestionner, il avait apporté aussi du jus de ginseng américain, plus clair, plus yin, et mieux à même de calmer mes nerfs surmenés.

Comme tous les médicaments actifs, le ginseng ne doit pas être consommé à la légère. J'ai moi-même connu un garçon que sa famille gâtait beaucoup trop. Quand il était petit, sa mère, qui voulait le voir devenir un homme plein de santé et de force, lui faisait boire du ginseng sauvage en grande quantité. Le résultat fut qu'il devint un monstrueux obèse.

Quand les Gardes rouges, pendant la Révolution culturelle, forcèrent la porte de ses parents et firent irruption dans sa maison, il eut une telle peur qu'il en mourut sur le coup, et il fallut lui faire faire par le menuisier un cercueil sur mesures car son énorme corps ne pouvait entrer dans aucune bière de modèle courant.

Voilà pourquoi mon père agissait sagement en mêlant pour moi jus clair et jus foncé.

Je venais de boire avec reconnaissance cette mixture, quand le téléphone sonna de nouveau : on m'annonçait la visite de A Tching, qui avait été la nourrice de Paul et de Juliette.

Nous nous préparions à passer dans la salle à manger pour déjeuner. Avant que la nourrice ne nous rejoigne, ma mère me fit une recommandation qui me parut bizarre : elle voulait que j'invite A Tching à partager notre repas. J'étais assez surprise, car nous n'avions jamais eu les domestiques à notre table.

Mais les temps avaient changé : ce que montrent non seulement l'histoire de A Tching mais toutes les histoires de ceux et de celles que j'allais retrouver après ma longue absence de Shanghai.

11 *Une nourrice en colère / Oncle Woo pédale en livrant des gâteaux / Histoire de Shiolan, jolie orchidée / Trois sœurs se retrouvent après dix ans d'absence / Les cheveux courts de Ching Lin / Masure dans la tempête / Bienfaits de l'acupuncture / Le ministre renvoie Ching Lin à son piano.*

J'appris qu'aux pires moments des excès de la Révolution culturelle, A Tching, nourrice de mes enfants, avait été appelée à témoigner contre moi. Elle n'avait trouvé qu'un sujet de plainte : nous la laissions prendre ses repas dans la cuisine et ne l'invitions pas à notre table. (Bien entendu, nous n'avions fait que suivre la coutume.)

Contre ma mère, A Tching porta d'autres accusations. En effet, c'est ma mère qui l'avait embauchée dans un bureau de placement, quand Paul venait de naître. Dans ces agences, les personnes qui demandaient du travail attendaient les unes à côté des autres, et les employeurs choisissaient parmi elles. Ainsi, A Tching, qui voulait s'engager comme nourrice, était assise avec d'autres femmes sur une longue banquette, quand ma mère entra.

A Tching raconta que ma mère avait un air tout à fait décidé et qu'elle regarda attentivement les paysannes qui attendaient, en pantalons noirs et simples tuniques. Puis, s'approchant de la première, elle retroussa sa tunique d'un geste résolu, lui prit les seins à pleines mains, les tâta, les soupesa, puis elle passa à la suivante. Jusqu'au moment où elle arriva à A Tching qui avait une gorge pleine et rebondie. A Tching fut engagée aussitôt.

Par la suite, ma mère voulait s'assurer que le lait de A Tching ne tarissait pas, que son petit-fils était bien nourri, et pour cela, chaque fois qu'elle voyait A Tching, elle retroussait sa tunique et lui tâtait les seins de nouveau.

A Tching se plaignit d'avoir été traitée comme une vache laitière et non comme une personne humaine.

Son autre grief concernait les pieds de cochon cuits avec des cacahuètes sans sel et les truites bouillies sans sel. Ces deux mets ont la réputation de donner beaucoup de lait aux nourrices, et on lui en faisait manger très souvent. Les premiers temps, comme A Tching était très pauvre, elle se réjouissait de tous ces pieds de cochon et de toutes ces truites. Mais elle en fut vite écœurée, d'autant qu'il y avait sur la table de bonnes choses pour lesquelles elle ne se sentait plus d'appétit quand elle avait avalé les plats obligatoires.

Ainsi, à l'époque de la Révolution culturelle, A Tching s'était vengée en dénonçant ma famille pour cela. Ce n'était vraiment pas bien grave et je refusai de me passionner pour ce conflit.

A Tching me salua avec la même déférence qu'autrefois ; je lui proposai de déjeuner à ma table et elle me remercia beaucoup en déclinant l'invitation avec toute sa politesse habituelle.

Je demandai des nouvelles de sa famille, et elle me répondit avec discrétion. Le sort de A Tching n'était guère enviable. Son mari était petit couturier dans la ville de Tchao Tchin ; ses enfants étaient maintenant mariés. A Tching travaillait à Shanghai, loin de chez elle, pour envoyer tout son argent à ses enfants et à son mari, bien que celui-ci vive depuis longtemps avec une maîtresse. A Tching, la pauvre femme, espérait toujours que son mari finirait par l'aimer. Hiver comme été, elle se levait avant l'aube et faisait des courses et des livraisons pour une dizaine de familles ; puis, elle faisait des ménages toute la journée. Elle gagnait plus d'argent qu'une diplômée d'université, pourtant elle portait de vieux vêtements tout usés et paraissait au comble de la misère. Depuis bien des années, elle travaillait comme une bête de somme sans recevoir la moindre marque d'affection.

Pauvre A Tching, victime de l'ancienne oppression de la femme chinoise : on l'avait mariée à un homme qui en aimait une autre, et cette autre était alors inaccessible pour lui, fiancée à un garçon qui était encore un bébé.

A Tching s'était éprise de son mari, et ne savait que

travailler pour se rendre, sinon aimable, au moins nécessaire.

Après cette visite qui m'attrista et me fit plaisir à la fois, car A Tching était venue d'elle-même pour me saluer, et l'on voyait bien que ses accusations n'avaient été que de circonstance, nous retournâmes dans ma chambre où le téléphone sonnait encore.

Le visiteur était cette fois un cousin de ma mère, oncle Woo.

Comme on peut le penser, j'étais très heureuse et touchée par ce défilé à l'hôtel, dès le premier matin de mon séjour à Shanghai : voilà qui démontrait que je n'avais pas été oubliée des uns et des autres. Je dois dire que c'était pour moi un plaisir tout particulier d'accueillir oncle Woo. Ce riche bijoutier était un homme très agréable, de conversation plaisante. Nous nous entendions bien et, autrefois, il m'avait souvent fait profiter d'occasions intéressantes, quand on lui apportait de beaux bijoux anciens.

L'homme qui entra dans ma chambre ressemblait si peu à oncle Woo que je crus sur le moment avoir mal compris au téléphone le nom qu'avait dit le portier.

En effet, au lieu d'un bourgeois élégant et mince, je vis un homme du peuple à la peau tannée, à la silhouette épaissie, vêtu d'une tenue usée, taillée dans un tissu bon marché.

Pourtant, il s'avançait vers moi en m'appelant affectueusement par mon nom, et je reconnus la voix, le sourire, le regard de mon oncle lui-même. Il s'amusait de mon étonnement.

Ma mère et lui m'expliquèrent le secret de sa transformation.

Il était devenu actionnaire du commerce de bijouterie dont il avait été autrefois l'unique propriétaire, et les choses n'allaient pas trop mal pour lui. Mais pendant la Révolution culturelle, il vit beaucoup d'anciens patrons comme lui traînés dans la rue par les Gardes rouges, humiliés, battus, accusés et condamnés. « A quoi bon souffrir tout cela », se dit-il. Il renonça spontanément à tout intérêt dans sa bijouterie, fit don à l'Etat de tout ce qui lui restait, et demanda un emploi, n'importe quel emploi.

L'Etat lui procura aussitôt du travail : sa fonction consistait à pédaler sur un vélo-pousse pour livrer les gâteaux d'une pâtisserie. Oncle Woo avait été tout content : il pédalait, il se musclait, il vivait dans la rue. Je remarquai que sa tenue et son langage avaient changé au moins autant que sa silhouette et sa physionomie. Vivant une autre vie, il était devenu un autre homme. Il était très heureux d'avoir échappé aux sévices des Gardes rouges, et ne regrettait rien.

Je lui demandai des nouvelles de ma tante, et il ne put cacher son émotion en me disant qu'elle était malade et déprimée. Ma tante Woo a toujours été fragile, et je pensai d'abord que son état n'était peut-être ni meilleur ni pire qu'autrefois. Je me trompais. Pauvre tante.

Mon oncle avait été marié une première fois quand il avait vingt ans : c'était encore un de ces mariages arrangés par les familles, qui ont fait dans l'ancienne Chine tant de malheureux et de malheureuses. Ainsi, il ne connaissait pas sa future femme avant ses noces.

Il fut clair tout de suite qu'ils n'étaient pas faits l'un pour l'autre. Oncle Woo travaillait beaucoup à sa bijouterie et, comme tous les commerçants d'alors, c'est souvent dans les maisons de rendez-vous qu'il recevait ses clients et traitait ses affaires.

Dans l'une de ces maisons, oncle Woo fit la connaissance d'une très jeune prostituée, douce et ravissante, qui n'avait connu aucun homme avant lui et dont il tomba amoureux. On l'appelait Shiolan — ce qui veut dire jolie orchidée. Oncle Woo paya très cher pour que Shiolan ne reçoive plus aucun client, et il allait lui rendre visite le plus souvent qu'il pouvait.

A cause de cela, l'épouse qu'il n'aimait pas devint de plus en plus triste : la femme chinoise de ce temps-là n'avait pas d'autre intérêt dans sa vie que son mari et si son mari la négligeait, c'était pour elle un malheur irréparable. Ainsi la pauvre femme dépérit quelque temps, puis mourut, laissant un gentil petit garçon de six ans.

Aussitôt, oncle Woo épousa Shiolan et l'installa chez lui. Mais Shiolan était bien trop jeune pour avoir la responsabilité d'une maison. Elle aimait beaucoup le petit garçon qui avait perdu sa mère, elle le choyait et jouait avec lui comme une sœur, mais elle n'avait pas la vigilance d'une vraie maman.

Un jour, le petit garçon jouait avec un cerf-volant sur la terrasse du toit : il courait à droite, à gauche, comme font les enfants, à l'étourdie, Shiolan ne le regardait pas. Le petit garçon tomba du toit et mourut.

Ce fut pour le père un grand chagrin, car il adorait son enfant, mais que dire de la douleur de Shiolan ? Non seulement elle avait perdu le petit compagnon qu'elle aimait, mais, en plus, elle se répétait qu'il ne serait pas mort si elle avait surveillé ses jeux. Jamais elle ne pourrait guérir de sa peine et de son remords.

Quelque temps plus tard, Shiolan à son tour mit au monde un garçon qui reçut le nom de So Woo (longévité). Hantée par la crainte de ne pas assez bien le soigner et de le voir mourir, Shiolan consacra tout son temps et toutes ses pensées à son enfant, qu'elle ne quittait pas des yeux. Le froid, le chaud, le mouvement, l'immobilité, tout l'inquiétait pour son fils, tout lui paraissait menacer sa santé et sa vie. Pour lui éviter toute contrariété, elle prit l'habitude de satisfaire ses moindres caprices, trouvant toujours des excuses à ses petites incartades d'enfant.

Je demandai à mon oncle quel âge avait So Woo maintenant, et quelles études il faisait.

— Il a dix-sept ans, dit tristement mon oncle et ta tante est malade parce qu'il a été envoyé dans un camp de rééducation par le travail. Il a fait de grosses sottises.

Je ne demandai pas lesquelles, et je vis bien que oncle Woo avait le cœur lourd.

Il resta un moment silencieux, puis me dit tristement qu'il avait toujours été inquiet pour son fils, que Shiolan avait beaucoup trop gâté. So Woo ne connaissait aucune contrainte, aucune loi, il était devenu si égoïste qu'il croyait que tout lui était permis, à lui, parce que c'était lui. Et maintenant, il s'était rendu coupable d'actes graves.

En apprenant ces nouvelles, je compris que, sûrement, Shiolan cette fois n'était pas seulement anxieuse et nerveuse comme toujours, mais que le malheureux destin de son fils tant aimé avait dû la blesser d'une façon mortelle. Comment cette petite âme sensible et légère pourrait-elle supporter que son enfant se soit rendu coupable d'actions si graves qu'il fallait le traiter comme un criminel ?

Je compatissais de tout mon cœur à la peine des pauvres parents.

Mon oncle Woo, qui cherche toujours le bon côté des situations les plus pénibles, me dit qu'après tout, et en dépit de toute la tendresse qu'il portait à son fils, il était peut-être meilleur pour lui d'être éduqué par l'État que par sa propre mère. Il me raconta les efforts de Shiolan pour cacher à tout le monde les bêtises qu'il faisait, et avec quelle ardeur elle prenait toujours son parti quand il recevait les justes remontrances de son père, de ses professeurs, du directeur de son école. « Tout cela ne pouvait que mal finir avec sa mère, conclut oncle Woo ; il en serait venu à lui mordre le bout des seins. »

Cette expression chinoise fait allusion à une vieille légende.

On dit qu'il y a mille ans, et plus de mille ans peut-être, un brigand redoutable se moquait de ses poursuivants, et leur échappait toujours. Pendant qu'on le cherchait d'un côté, il riait de l'autre, volant, pillant, rançonnant et terrifiant les honnêtes gens.

Enfin, on s'empare de lui, on le juge, on le condamne à mort. Le voilà sur la place de l'exécution, enchaîné, à genoux, les mains derrière le dos. Au premier rang des assistants, sa mère gémit et pleure.

Avant de lui couper la tête, on lui demande s'il a un dernier vœu à formuler. Il regarde sa mère qui sanglote, et déclare qu'il voudrait lui sucer le sein.

A peine a-t-il formulé cette étrange demande, qui étonne toute l'assemblée, et voilà cette malheureuse femme qui se précipite vers son fils, relève sa tunique, et découvrant son sein, elle essaie de le donner au condamné. Les femmes chinoises ne montrent jamais leur poitrine : c'est une action indécente.

Le fils enchaîné dit alors à sa mère, avec une grande tristesse : « A quoi bon pleurer, maman ? C'est par ta faute que me voilà ici. Depuis ma naissance, tu ne m'as rien refusé, tu m'as laissé me conduire aussi mal que je voulais et aujourd'hui encore, où je t'ai demandé un sacrifice ridicule, tu laisses voir tes seins à tout le monde pour faire téter un garçon de trente ans. » Là-dessus, de toutes ses forces, il mord le bout de sein que sa mère lui tendait et déclare : « Voilà la récompense de ton amour sans borne et sans raison. »

Je songeai que oncle Woo avait raison : son fils était encore assez jeune pour pouvoir changer, mais en effet, auprès de sa mère trop faible, il n'aurait pu que continuer dans la mauvaise direction qu'il avait prise. So Woo n'avait pas su s'adapter à la nouvelle situation de son père : car quand il était fils de bijoutier, le jeune homme pouvait s'offrir toutes ses fantaisies, mais oncle Woo était devenu pauvre en conduisant son vélo-pousse, et le garçon, qui ne supportait aucune privation, avait volé pour satisfaire ses envies. Je tâchai de persuader mon oncle que tout irait mieux pour son fils et pour Shiolan, et je lui demandai de rester un peu avec nous. Il accepta de partager notre déjeuner de midi, mais nous quitta aussitôt après, car il avait des livraisons à faire.

Chaque repas à Shanghai était pour moi un vif plaisir : je retrouvais nos recettes anciennes, et il me semblait que tout avait un autre goût qu'à Paris. Et c'était une telle joie de me voir entourée d'affection que vraiment j'aurais aimé ne pas repartir. Mais je savais que c'était impossible, à cause des études de Paul et de Juliette.

Avec une grande impatience, j'attendais la venue de mes deux sœurs Ching Chin et Ching Lin, à qui mon père avait télégraphié et qui avaient annoncé toutes deux leur arrivée. Elles se présentèrent en effet à mon hôtel à quelques heures d'intervalle.

La première fut ma chère petite Ching Chin, qui n'avait que quatre ans de plus que Paul, et qui était encore une petite fille quand j'avais quitté la Chine. Elle me fut annoncée par mon fils adoptif, mon neveu Sun Li, tout excité par ces grands événements, qui se précipita dans ma chambre en criant : « Voilà petite tante ; petite tante arrive. »

Je la vis venir de loin dans le couloir : elle s'avançait en pleurant comme une petite fille. Ses larmes coulaient sur notre séparation, et elle pleura de plus belle quand je la pris dans mes bras, mais cette fois, c'était de joie. Comme elle avait changé ! Je me souvenais du jour, vingt-deux ans plus tôt, où elle pleurait et me tendait les bras, quand elle me vit emmener par la famille Liu. Elle était encore presque un bébé et maman la consolait en l'embrassant. Ching Chin était une femme maintenant, et mariée, bien qu'on lui eût refusé le droit de vivre avec son mari.

Que de choses nous avions à nous dire. Elle avait fait trois années d'études supérieures de chimie, et n'avait pas pu suivre la quatrième et dernière, parce que les Gardes rouges étaient venus la chercher, et avaient fait suspendre les cours. Ensuite, elle avait épousé un jeune archéologue, mais une semaine après son mariage, Ching Chin avait été désignée pour travailler dans une usine de produits chimiques du petit village de Shanton. Elle avait beaucoup souffert d'être séparée de nos parents, qu'elle n'avait jamais quittés, et de son mari avec qui elle était si heureuse, et depuis si peu de temps, mais elle avait appris à se résigner. Elle aurait pu refuser le travail qui lui était donné, ainsi que beaucoup de jeunes l'ont fait, mais, comme je la plaignais, elle cessa de pleurer pour me consoler et déclara bravement que chacun devait faire des sacrifices pour construire le pays.

Nous nous racontions l'une à l'autre nos vies si différentes quand mon cœur bondit de joie : j'entendais la voix de ma sœur Ching Lin dans le couloir. C'était bien sa voix d'autrefois, gaie, décidée, pleine d'entrain.

Elle entra en coup de vent, à sa manière, toujours rieuse, vivante, chaleureuse, et je me jetai à son cou. Que de souvenirs d'enfance, heureux ou terribles. Avec reconnaissance, je pensais à son courage, à son indignation, quand elle voulait à tout prix empêcher mon premier mariage, qu'elle jugeait révoltant. Je me souviens du jour où elle avait osé braver mon père, qui avait levé la main sur elle, pour l'unique fois de sa vie...

Ching Lin avait toujours son regard brillant et direct, mais comme elle était changée. Dix ans plus tôt, après ses études au conservatoire, elle était pianiste à Radio-Pékin. Après la Révolution culturelle, le piano avait été regardé comme un instrument étranger et bourgeois : la carrière de Ching Lin était terminée. Même, on estima qu'elle avait besoin d'être rééduquée, et elle fut envoyée dans une petite ville pauvre, pour travailler avec les paysans. La vie à la campagne avait transformé ma sœur : sa peau blanche était devenue bronzée, colorée par le soleil et l'exercice physique ; elle s'était musclée, et toute son apparence, saine et robuste, était maintenant celle d'une paysanne. Je lui demandai pourquoi elle avait renoncé à sa longue chevelure qui faisait autrefois sa fierté : « C'est plus pratique ainsi », répondit-elle. Et elle parla vite d'autre chose.

Je connaissais bien ma petite sœur et je sentis qu'il y avait une autre raison, qu'elle ne voulait pas me dire. Je m'arrangerais bien pour savoir.

Elle me racontait sa vie dans son village, qui était très dure. Avant la libération de la Chine, les pauvres gens y manquaient de tout, et parfois même de sel. Les épidémies faisaient des ravages, car les conditions d'hygiène étaient mauvaises et on ne trouvait ni médecins ni médicaments. Maintenant, me dit-elle, tout cela s'améliorait, mais non sans effort. Les « médecins aux pieds nus », volontaires qui servaient d'instructeurs et d'intermédiaires entre les médecins encore trop peu nombreux et la population, faisaient du bon travail : Ching Lin était heureuse de participer à cette œuvre. Elle aidait à donner des connaissances sanitaires aux jeunes

214

mères, elle leur apprenait à reconnaître les symptômes des maladies infantiles les plus courantes et à administrer les premiers soins. Elle-même avait appris les grands principes de l'acupuncture, et elle était contente de pouvoir ainsi soulager certains de ceux qui venaient à elle.

Certes, ma sœur n'était pas devenue un véritable acupuncteur : cet art ancestral, qui a repris une vigueur nouvelle en Chine et que l'Occident découvre à son tour, demande une très longue expérience et aussi beaucoup de méditation car sa pratique repose sur toute une philosophie. Mais les médecins qui l'avaient instruite lui avaient enseigné des rudiments de technique qui lui permettaient d'obtenir d'excellents résultats dans les cas de migraine, par exemple, d'insomnie, de troubles digestifs ou sexuels. Elle savait très bien, grâce à ses maîtres, quel point du corps devait être touché par l'aiguille, à quelle profondeur elle devait la planter, combien de temps elle devait la laisser en place, et s'il fallait ou non la faire délicatement vibrer en piquant le malade.

Ching Lin a toujours été généreuse : elle aime sincèrement ses semblables et, en l'écoutant parler, je compris qu'elle trouvait un réel bonheur dans cette nouvelle activité. Mais pourquoi avait-elle coupé ses beaux cheveux ?

Je devais l'apprendre plus tard, de la bouche d'une amie de Ching Lin.

Un après-midi d'été, en 1967, où il faisait très chaud, Ching Lin travaillait la terre en plein soleil avec les paysans, quand un Garde rouge passa dans le champ, avertissant qu'on arrêtait le travail et qu'il y avait une réunion sur la place publique. Ching Lin s'y rendit avec tout le monde. Un podium avait été installé, où quelqu'un faisait un discours. Les paysans écoutaient, debout, autour du podium, et Ching Lin, qui était en sueur, appréciait cette halte. A la fin de son discours, l'orateur annonça qu'on allait maintenant, pour l'exemple, juger et punir un grand ennemi dont les crimes allaient être mis au jour.

Chacun se demanda comment on pourrait bien trouver un grand ennemi parmi des gens si pauvres, et quels crimes pourraient lui être reprochés. Ching Lin se le demandait avec les autres et attendit bien calmement.

Elle n'en crut pas ses oreilles quand le Garde rouge qui venait de parler l'interpella :

— Chow Ching Lin, monte sur le podium pour ton jugement.

Elle pensa d'abord qu'on appelait quelqu'un dont le nom ressemblait au sien, mais le Garde rouge s'impatientait et répéta :

— Chow Ching Lin, viens ici, tu vas nous dire la vérité.

Ma pauvre sœur ne bougeait pas plus qu'une statue, clouée de stupéfaction. Autour d'elle, ses compagnons, qui l'estimaient et l'aimaient bien, n'osaient rien dire et se demandaient avec crainte ce qui allait se passer. Elle ne resta pas longtemps immobile : déjà les Gardes rouges la saisissaient, la tiraient vers eux, et lui criaient dans la figure :

— Allons, avoue, dis la vérité. Dis la vérité.

Quelle vérité ? Ching Lin n'avait rien sur la conscience. Elle avait toujours obéi aux ordres. Ne travaillait-elle pas de son mieux ? Son mari, ingénieur de 1re classe, acceptant de travailler partout où on le lui demandait, n'avait fait que servir consciencieusement son pays. Que pouvait-on lui reprocher ?

Comme elle se taisait, au comble de la perplexité, un des Gardes rouges s'adressa à l'assemblée :

— Chow Ching Lin refuse de dire la vérité. Elle a caché à tout le monde que sa sœur trahit notre pays. C'est le moment d'avouer que sa sœur Chow Ching Lie est partie en France et que c'est une espionne.

Aussitôt Ching Lin commença à vouloir expliquer ce qui était vrai : la mort de mon mari, le séjour à Paris pour me perfectionner comme pianiste... Ching Lin tentait de dire que je n'avais aucune activité politique : peine perdue. On ne l'entendait pas, les Gardes rouges criaient plus fort qu'elle et l'assourdissaient, répétant : « Tu ne dis pas la vérité. Tu seras punie pour tes mensonges. »

Elle a vu qu'ils tenaient des ciseaux à la main : ils se précipitèrent sur elle, coupant des mèches ici et là et ses jolis cheveux brillants tombaient à terre.

Ching Lin avait beaucoup de peine, mais elle ne bougeait pas et n'essayait plus de se justifier : elle craignait trop d'être blessée par les ciseaux qui s'agitaient autour de sa tête. En outre, elle se sentait très mal, la sueur l'aveuglait, la chaleur et les cris lui donnaient l'impression que tout tournait autour d'elle, et elle luttait pour ne pas s'effondrer.

A ce moment, un homme cria aux Gardes rouges d'arrêter : c'était un représentant du mouvement Défense rouge. Il dit avec force qu'on n'avait pas de preuve suffisante que la sœur de Ching Lin était une espionne. Une grave dispute éclata entre lui et les autres. Certains prirent son parti. La voilà terrorisée à l'idée qu'on allait se battre pour elle. Et, en effet, accusateurs et défenseurs de Ching Lin en vinrent aux mains, mais elle ne le vit pas, car elle était évanouie sur le podium au milieu de ses cheveux sacrifiés.

Après cela, elle ne les avait pas laissés repousser, afin d'être bien sûre, quoi qu'il arrive, qu'une telle scène ne pourrait pas se renouveler.

Avant même d'apprendre les détails de cette journée si terrible pour ma pauvre sœur, il me suffisait de regarder sa nouvelle coiffure, qui lui faisait la tête toute ronde, pour être bien certaine qu'elle ne l'avait pas choisie par goût. Je commençais aussi à connaître cette expression embarrassée de ceux qui avaient eu à souffrir, et ne voulaient pas en parler : chacun voulait bien raconter les malheurs des autres, mais non les siens. Personne ne voulait se plaindre — et surtout pas à moi qui étais indirectement la cause de ces souffrances. Mon père, ma sœur, mon neveu avaient été humiliés et molestés en mon nom, à cause de mon alliance avec la famille Liu, à cause de mon absence de Chine.

Quand je sus tout cela, on imagine quelle rage et quelle pitié il y eut dans mon cœur ; je m'en voulais de m'être laissée trop facilement persuadée par les lettres rassurantes des miens, quand je ne savais d'eux que ce qu'ils voulaient bien m'écrire. Ils me répétaient toujours qu'ils allaient bien et, même quand je m'inquiétais d'eux jusqu'à l'angoisse, jamais je n'imaginais les souffrances qu'ils enduraient.

Qu'ils aient subi tout cela à cause de moi, « sale capitaliste », était bien le comble du malentendu. La « sale capitaliste » que j'étais, pendant qu'on maltraitait ses proches, faisait du porte à porte dans les rues de Paris avec des perruques ou des bois sculptés, charriait des caisses, s'endettait pour ouvrir une toute petite boutique, et ne savait comment payer la pension de son fils.

Pour ce qui était de l'accusation d'espionnage, je ne voyais vraiment pas sur quoi elle pouvait se fonder : je n'avais jamais fait de politique, ni en Chine, ni à Hong Kong, ni à Paris. Et rien dans ma vie, rien dans l'éducation que j'avais reçue ne pouvait faire douter de mon patriotisme.

J'avais le cœur gros en regardant ma sœur Ching Lin, dont l'apparence avait tant changé, et une question me brûlait les lèvres. Je me décidai à la lui poser :

— Puisque maintenant les excès de la Révolution culturelle et les méfaits des Gardes rouges appartiennent au passé, pourquoi, Ching Lin, vis-tu toujours à la campagne ? Pourquoi n'as-tu pas repris tes fonctions de pianiste à Radio-Pékin ? N'y serais-tu pas plus à ta place ? Et n'as-tu pas fait la preuve de ta bonne volonté, de ton obéissance et de ton courage ? Si tu avais besoin d'une rééducation par le travail, cette rééducation n'est-elle pas terminée ?

Ching Lin ne répondit pas tout de suite à ma question. Elle avait trop de choses à me faire comprendre, et des choses trop graves, pour les dire en deux mots.

Elle me raconta qu'en arrivant dans ce village où elle avait été envoyée pour sa rééducation, elle s'était mise aussitôt aux travaux des champs. Elle n'était pas habituée à des efforts physiques aussi durs, et, les premiers temps, elle se demanda si elle arriverait à suivre le rythme des autres. Elle se tenait courbée sous le soleil du matin jusqu'au soir, les jambes dans l'eau bourbeuse, piquée par toutes sortes d'insectes. Chaque matin la trouvait plus raide et plus endolorie, pleine de courbatures ; les piqûres d'insectes s'infectaient dans l'eau sale. Mais comme elle ne voulait pas paraître plus douillette que les autres, elle s'efforçait de cacher ses difficultés.

Les paysans qui l'entouraient ne demandaient qu'à l'aider comme elle les aidait en leur donnant quelques premiers conseils d'hygiène. Elle eut le sentiment qu'elle était la bienvenue parmi eux, qui menaient depuis toujours cette vie rude. Très vite, ils devinrent ses amis. Leur gentillesse lui fit paraître ses douleurs plus légères. Ainsi encouragée, et dans ce climat de bienveillance, elle s'aguerrissait de jour en jour, devenait plus forte et moins sensible.

Jamais, au temps de sa vie choyée en ville et de ses études au Conservatoire, elle n'avait soupçonné que la misère pût être si terrible pour les paysans. En même temps que leurs peines, elle découvrait leur sens spontané de l'entraide, une solidarité venue du cœur qui la touchait profondément.

Loin de pleurer sur ses propres malheurs, sur ceux de sa famille, sur sa séparation d'avec ses proches, et sur sa privation de musique, Ching Lin pensait que le sens de sa vie désormais serait de consacrer toutes ses forces et tout son temps à aider ce peuple qui avait à la fois tant de richesse humaine et tant de pauvreté.

Un événement dramatique, au cours de l'hiver 1968, lui ouvrit les yeux tout à fait.

Ching Lin habitait une pauvre maison construite en terre

218

et en pierrailles. Elle partageait une petite pièce avec deux collègues. Leurs couches étaient faites de boue séchée, et bien dures, mais toutes trois tombaient de fatigue le soir venu, et dormaient d'un sommeil de plomb. Dans la même maison, en face de cette chambre, il y avait une pièce plus grande, où vivait une famille de paysans composée de sept personnes. On tendait le soir, à travers cette chambre, une toile qui séparait les hommes et les femmes.

Une nuit où Ching Lin dormait profondément — car ni courbatures ni piqûres d'insectes ne troublaient plus son sommeil — elle fut réveillée en sursaut par la chute d'une pierre. Toute la maison craquait, sous une violente tempête, et d'autres pierres tombaient du plafond.

Vite, vite, voilà Ching Lin qui se lève, et court secouer ses compagnes : « Il faut sortir, leur dit-elle, la maison va s'écrouler. »

Les malheureuses se précipitent sur la porte : trop tard. Le mur à demi effondré bloquait l'entrée.

On imagine leur terreur, leurs cris, leurs appels dans la nuit, tandis que le vent faisait rage, et que résonnaient autour d'elles de sinistres craquements.

De l'autre côté de la porte, elles entendaient aussi le branle-bas de la famille voisine, qui s'enfuyait. « Aidez-nous. Au secours ! » criaient-elles. Et elles poussaient la porte aussi fort qu'elles pouvaient, donnant ensemble des coups d'épaule sans aucun résultat.

Les deux jeunes fils des voisins leur criaient de garder courage, et pendant quelque temps, ils s'efforcèrent de secouer la porte, qui ne bougeait toujours pas. Puis ils s'en allèrent.

Ching Lin et ses compagnes virent alors la mort inévitable, ensevelies vivantes dans les ruines de la vieille maison. Des pierres roulaient, des gravats glissaient, la porte demeurait inébranlable, et toujours, dehors, la tempête hurlait, sifflait, dans un vacarme de fin du monde.

Ching Lin pensa à ses parents, au chagrin qu'ils allaient avoir de sa mort, et bien qu'elle ne fût plus croyante, elle implora spontanément Bouddha Kouan Yin. Près d'elle, en sanglotant, une de ses deux compagnes priait tout haut.

A ce moment, quand personne ne s'y attendait, un coup formidable retentit dans la porte qui se casse. Les deux fils du voisin avaient compris que s'ils continuaient à tenter d'ébranler la porte, le plafond, qui reposait sur elle, allait tomber et tous les recouvrir ; aussi étaient-ils allés en courant chercher une pierre aiguë non pour pousser la porte, mais pour y faire un trou. Au péril de leur vie, ils avaient avec rapidité, avec intrépidité, réalisé ce plan. Ils agrandirent en hâte le trou creusé dans la porte. Les trois filles s'y glissèrent l'une après l'autre. A peine étaient-ils dehors tous les cinq, la maison s'écroula.

Ma sœur Ching Lin dominait mal son émotion en évoquant cette nuit terrible et je compris que ce qui la bouleversait n'était pas tant le souvenir de la peur éprouvée que celui de sa joie, quand elle avait compris que les deux garçons ne s'étaient pas enfuis pour sauver leur vie, comme elle l'avait cru un moment.

La simplicité de leur courage quand, sans même se concerter, ils avaient couru chercher la pierre, quand ils étaient revenus dans la maison croulant de tous côtés, quand ils avaient pris le temps, encore, d'agrandir le trou dans la porte et d'aider les trois femmes à se faufiler dehors — c'est cela, c'est cet héroïsme sans espoir de récompense qui amenait des larmes aux yeux de ma Ching Lin.

Cette nuit-là, me dit-elle — en retrouvant sa voix ferme et son calme — elle avait compris que c'était pour elle comme si elle était morte dans la vieille maison et née à une vie nouvelle. Cette vie nouvelle appartenait tout entière à ses compatriotes en peine. Elle ne devait pas plus hésiter à se consacrer aux autres que les deux jeunes paysans n'avaient hésité à faire ce qu'ils avaient fait. Vivre dans le confort ? Ne penser qu'à soi ? C'était là pour Ching Lin un piètre idéal, dont elle aurait eu honte elle-même.

Voilà, conclut-elle, pourquoi, bien que le piano soit maintenant réhabilité, elle n'avait rien tenté pour reprendre à Pékin ses activités musicales. Les collègues de Ching Lin, qui s'étaient trouvés dans la même situation qu'elle, avaient maintenant recouvré leurs postes : Ching Lin était devenue résidente de son petit village où tout le monde l'avait adoptée et où elle se réjouissait du bon travail qu'elle faisait pour la santé des paysans.

Elle était intarissable sur les merveilles de l'acupuncture, et elle m'expliqua comment on peut gouverner tout l'équilibre de l'organisme en touchant ces points clefs, les méridiens, dont il faut savoir déterminer l'emplacement avec une extrême précision.

Il y a, me disait-elle, 37 méridiens sur la tête et le visage,

14 méridiens sur le ventre, 27 sur le dos et les reins, 39 sur les jambes.

Comme ces points ultra-sensibles sont reliés entre eux par des liens mystérieux, le plus habile des acupuncteurs est celui qui utilise le plus petit nombre d'aiguilles. Il sait exactement quel point toucher pour agir sur les autres, et il arrive qu'une guérison soit obtenue par une unique piqûre. Quelle joie alors, de voir la douleur s'envoler, et le patient retrouver tout son entrain et le bien-être d'un corps sain.

Elle me cita beaucoup d'exemples de ces guérisons qu'elle avait vu obtenir ou qu'elle avait obtenues elle-même. Les paysans, me dit-elle, qui n'ont jamais troublé le fonctionnement de leurs organes avec les médicaments dont on abuse en ville un peu à l'aveuglette, réagissent vite et bien à l'acupuncture, méthode naturelle qui n'entraîne pas d'effets secondaires. Cela, et une meilleure hygiène, une meilleure alimentation, et voilà le secret de rester jeune et dispos jusque dans le grand âge.

Je reconnaissais bien le caractère enthousiaste de Ching Lin qui, toute petite, était déjà éprise de justice, et je comprenais bien que, si dure soit sa vie quotidienne, elle était loin de se sentir malheureuse, car elle se sentait participer à une œuvre utile.

Mais je dois dire que je ne pensais pas sans regret, ni sans quelque perplexité, à toutes ces années où Ching Lin avait étudié la musique, et perfectionné son talent de pianiste. Etait-il juste, était-il bon que tout cela demeure perdu ? Je n'en étais pas du tout sûre. La musique est un univers merveilleux dont la clef ne s'invente pas en un jour : Ching Lin possédait cette clef, chèrement acquise, et il me semblait qu'elle la gardait dans sa poche, par humilité sans doute, mais tout de même indûment. Ne devait-elle pas ouvrir aux autres, et au plus d'autres possible, ce monde de lumière et de joie ?

Je réfléchis à ce problème pendant quelques semaines après mon entrevue avec Ching Lin. Il me semblait décidément que c'était une perte pour l'Etat de laisser dans une ferme une pianiste formée par des années de travail.

J'écrivis au ministre Chou En-lai pour lui poser ce problème. Je savais bien qu'il avait beaucoup de grandes décisions à prendre, et des affaires d'une importance telle que ma question risquait fort de rester sans réponse.

Il n'en fut rien. Le ministre examina le cas que je lui

soumettais et prit rapidement un parti. Ching Lin fut priée de regagner Pékin, où on avait besoin d'elle, car la musique n'est pas une chose frivole, et son devoir était de faire bénéficier le grand nombre des connaissances et de l'expérience artistiques qu'elle avait acquises depuis son enfance.

Ching Lin se remit au piano. Ses mains étaient d'abord un peu rouillées, et sa mémoire endormie. Mais avec du courage, elle retrouverait sa virtuosité.

Or, on l'a vu, de courage, Ching Lin n'en a jamais manqué.

12 *Retour au 61, ruelle Woo Kiang à Shanghai /*
Avarice et châtiment de Mme Tseu / Larmes
d'argent et poissons sans arête / Visite imprévue
et reconnaissante de Ton Ming / Inconvénient
d'acheter une femme dans un sac sans avoir
ouvert le sac / Vie et tribulations d'Ahwan,
depuis le sac fatal jusqu'à la ruelle Potiron /
Une chanson enfantine et une lettre d'amour /
Le regard d'Alain à l'aéroport de Londres.

Mon heureux séjour à Shanghai ne pouvait pas se prolonger indéfiniment ; déjà, le congé accordé à mes sœurs avait expiré, et nous nous étions quittées tendrement en nous promettant bien de ne plus jamais rester si longtemps séparées. Mais chacune était appelée par ses tâches, et il fallait que je songe à retrouver les miennes, et tous les problèmes personnels qui m'attendaient à Paris.

Je voulus profiter du temps qui me restait encore pour aller revoir ma maison où vivaient mes parents.

Shanghai est une ville surpeuplée. Autrefois, on ne s'étonnait pas de voir une personne seule mais riche occuper une immense maison, tandis que des familles pauvres s'entassaient — hommes, femmes et enfants — dans une seule petite pièce privée de tout confort. Il y avait des déshérités qui logeaient dans des cahutes de paille, et d'autres qui campaient sur de vieux bateaux hors d'usage ; que vienne une tempête, et c'était soudain beaucoup de victimes, beaucoup de sans-abri.

Le gouvernement, pour résoudre ce problème, fit construire un grand nombre de logements populaires afin que chacun, quels que soient ses moyens, puisse avoir une habitation décente. Mais en attendant que ce programme soit entièrement réalisé, il fallait organiser une répartition plus juste de l'espace habitable déjà existant.

C'est dire que les locaux insuffisamment occupés furent réquisitionnés au profit des mal-logés. Les familles eurent la possibilité de se grouper pour vivre ensemble, ce qui était plus agréable que de partager l'existence quotidienne avec des étrangers dans des locaux qui n'avaient pas été conçus pour cela.

C'est ainsi qu'en 1959, mes parents avaient laissé leur maison à la disposition de l'Etat pour venir vivre chez moi. Ils emmenaient avec eux leurs petits-enfants Sun Lian et Lele, et s'installèrent au rez-de-chaussée, où ils recevaient l'une ou l'autre de mes sœurs quand elles avaient un congé. Mon mari, mes deux enfants et moi, nous nous tenions au premier étage. Plus tard, mes parents eurent toute la maison provisoirement.

Mais beaucoup d'événements s'étaient produits, depuis ce temps-là.

J'étais bien émue dans le taxi qui me conduisit avec ma mère à mon ancienne adresse : 61, ruelle Woo Kiang. Le taxi nous arrêta à l'entrée.

Je croisai plusieurs personnes, connues et inconnues. Certaines me saluèrent amicalement. D'autres me regardèrent comme si j'étais un revenant, ou détournèrent les yeux pour éviter d'avoir à me reconnaître, et je pensai que c'était une conséquence des calomnies lancées contre moi.

L'entrée principale de la maison était condamnée. Autrefois, nous avions deux entrées, comme pour toutes les maisons des classes aisées. Le Parti avait réquisitionné, en 1966, sous la Révolution culturelle, les pièces attenantes à la grande entrée, afin de confiner mon père dans une pièce unique et exiguë et tout le monde devait passer par l'entrée de service, si bien qu'on se trouvait directement dans la cuisine.

La cuisine me parut fort encombrée : deux cuisiniers s'y affairaient, et une femme que je ne connaissais pas et qui paraissait chez elle. Mes parents m'entraînèrent rapidement et me firent passer dans le couloir puis dans leur chambre.

A vrai dire, cette « chambre » méritait plutôt le nom de dortoir : il y avait un vrai lit pour mes parents, deux couches en planches pour Sun Lian et Lele, et force cartons posés sur d'autres planches, qui remplaçaient les meubles absents. Ce que les Gardes rouges n'avaient pas emporté, ma pauvre maman avait été obligé de le vendre.

J'étais triste de voir dans quelles conditions mes parents

226

se trouvaient obligés de vivre. Je voulus savoir qui était la personne que j'avais aperçue dans la cuisine et ils m'expliquèrent, à voix prudente, sa présence ici.

En face de chez nous, vivait autrefois la riche Mme Tseu. Au moment où le gouvernement s'inquiéta des locaux insuffisamment occupés, Mme Tseu demanda à ses deux fils et à leurs femmes de venir vivre avec elle, ce qui fut fait. Malheureusement, la deuxième belle-fille de Mme Tseu ne s'entendait pas avec sa belle-mère et, au moment de la Révolution culturelle, elle s'empressa de la dénoncer, disant que Mme Tseu cachait des trésors sous le plancher de sa chambre.

Voilà les Gardes rouges qui entrent chez la vieille dame, défoncent le plancher, et découvrent en effet une quantité de billets de banque, si nombreux qu'ils les pesèrent au lieu de les compter, et des bijoux. Mme Tseu, à moitié morte de peur, fut traînée dans la rue, injuriée, battue et condamnée à aller vivre dans un autre quartier de Shanghai. Sa maison fut confisquée. Pour récompenser la belle-fille qui avait fait découvrir le trésor, on lui permit de s'installer dans ma maison, avec mes parents.

Craignant que je fasse une réflexion imprudente devant cette femme malveillante qui les espionnait, mes parents m'avaient entraînée hors de la cuisine.

Ils me racontèrent qu'un des fils de Mme Tseu et son autre bru avaient été condamnés comme complices parce qu'ils n'avaient pas dénoncé leur mère, et qu'ils s'étaient, tant bien que mal, logés à l'étroit loin de leur ancienne demeure.

Après la visite des Gardes rouges chez mes parents, mon père ne pouvait plus payer son loyer à l'Etat, et on ferma les deux plus grandes pièces du rez-de-chaussée, où personne ne pouvait plus entrer. Quant à la quatrième petite salle du rez-de-chaussée, qui était autrefois ma « pièce de riz » — réserve de provisions et rangement de vaisselle — elle avait été attribuée à la nourrice pour sa bonne conduite, et elle vivait donc tout près de mes parents. Elle se montrait gentille avec eux, et ma mère était contente de cet arrangement. Je remarquai une fois de plus que mes parents se disaient toujours contents de tout. Mon père me montra fièrement une petite commode que je ne connaissais pas, dans un coin de la pièce, et me dit : « Tu vois, Ching Lie, les choses vont mieux pour nous, je commence à nous remeubler. »

Son optimisme était si touchant que je lui souris en

faisant mine d'être moi aussi enchantée de ce modeste achat.

Pendant que je bavardais ainsi avec mon père, ma mère et la nourrice, tout le monde préparait le déjeuner et mettait le couvert sur une table faite de planches posées sur des tréteaux. Ce qui cuisait sentait l'odeur des repas d'autrefois, dont, pour moi, aucune cuisine de restaurant, fût-il le plus raffiné du monde, n'approchera jamais. Oh ! Le poulet de ferme cuit à la vapeur ! Les délicieuses crevettes de rivière ! Et les petits poissons d'argent, si doux, si frais, sans la moindre arête. Rien ne manquait à mon festin, où tout avait été avec amour préparé selon mon goût.

Quand j'étais toute petite, j'aimais déjà beaucoup le poisson, mais par deux fois il fallut me conduire à l'hôpital parce que j'avais avalé une arête qui m'était restée en travers de la gorge. Mes parents avaient eu tellement peur pour moi qu'après le deuxième accident on me donna de préférence ces petits poissons d'argent, qui me rappelleraient toujours mon enfance.

Ces poissons ont une origine légendaire qui remonte à la construction de la Grande Muraille. Cet ouvrage extraordinaire, qui ne mesure pas moins de six mille kilomètres et traverse cinq provinces, a exigé le sacrifice de nombreuses vies humaines. Les hommes qui travaillèrent à l'ériger, sous la conduite de contremaîtres impitoyables, allaient jusqu'à la limite de leurs forces, et au-delà, souffrant de la chaleur, du soleil et du froid de la nuit, sans repos ni consolation. Tout le monde pleurait dans une famille quand un de ses membres était désigné pour rejoindre ce vaste chantier, comme quand un innocent est condamné à une mort affreuse.

On raconte que la jeune Man Kiang venait de se marier quand son époux fut appelé pour rejoindre la foule de ceux qui travaillaient à la Grande Muraille. Le jeune homme était robuste et sûr de lui : il rassura sa jeune femme, et partit en affirmant qu'il reviendrait.

Les saisons passèrent. Man Kiang attendait et pleurait. Le temps vint où elle ne put plus supporter cette longue absence : pour rejoindre son mari, elle partit bravement à pied. Elle marcha longtemps, longtemps, portée par l'espérance de revoir celui qu'elle aimait, et après bien des jours elle arriva enfin devant le formidable grouillement des milliers d'hommes portant des pierres. Elle aborda un travailleur, puis deux, puis dix, demandant toujours aux uns et aux autres s'ils ne connaissaient pas son mari : personne ne l'avait vu. Man Kiang était terrifiée de voir les pierres tomber, les blessés gémissants, et l'épuisement des hommes titubant sous leur fardeau. Enfin, elle rencontra un de ces malheureux qui lui dit que son mari était mort depuis longtemps, écrasé sous les pierres. La Grande Muraille était son tombeau, comme le tombeau de beaucoup d'autres.

Man Kiang, à cette nouvelle, se mit à pleurer, et ses larmes furent sans fin, comme les peines du pauvre peuple. Tout le monde autour d'elle était saisi de pitié. Son chagrin fit tomber la Grande Muraille — d'où l'expression commune : « Pleurer à renverser la Grande Muraille ». L'eau tombée de ses yeux coula jusqu'aux fleuves et jusqu'aux rivières. Chaque larme d'argent devint un tout petit poisson, et ces milliers de petits poissons sans arête continuèrent d'habiter les eaux de la Chine en souvenir de son grand chagrin, et des milliers de morts ensevelis sous le gigantesque monument.

J'étais sensible à l'attention de mes parents qui avaient voulu me faire plaisir en me présentant à déjeuner ce mets introuvable en Europe, mais qui est en Chine tout à fait simple et bon marché, car les poissons d'argent abondent dans toutes nos provinces.

Après ce bon repas familial, je fis avec mes parents une promenade à pied dans la ville. Beaucoup de choses étaient restées les mêmes, et je me croyais revenue au temps d'autrefois. Je rentrai assez tôt à l'hôtel.

A peine j'entrais dans ma chambre, le portier m'annonça la visite d'un certain Ton Ming — dont le nom ne m'évoquait aucun souvenir. Je répondis que j'allais descendre, et le recevoir dans le hall. Il s'agissait peut-être d'une erreur.

Après avoir hésité, en cherchant des yeux mon visiteur, il me sembla vaguement avoir déjà vu l'homme qui se levait à mon approche : il me salua en m'appelant Mme Liu, ce qui me montra qu'il m'avait connue autrefois. Je le priai de s'asseoir, et j'attendis ses explications.

— Je conduisais le taxi que vous avez pris ce matin, me dit-il.

Je me souvins alors qu'il m'avait beaucoup regardée. Mais, sur le moment, je n'y avais guère prêté attention, car tout le monde me regardait depuis mon retour en Chine. C'est d'ailleurs quelque chose d'assez inexplicable : dès mon arrivée, j'avais relevé mes cheveux, je m'étais habillée à la chinoise, mais il faut croire que quelque chose d'occidental était demeuré sur moi, changeant peut-être mon allure, mes gestes : en tout cas, je ne passais pas inaperçue. Donc, l'intérêt du chauffeur de taxi n'avait pas retenu mon attention. Celui-ci avait pourtant quelque chose à me dire.

— Vous avez peut-être oublié le petit garçon qui mendiait pour manger, en 1950, à la porte de votre maison, commença-t-il.

Je le regardai mieux. Le souvenir voilé d'un gamin famélique se superposa à l'image de l'homme qui se tenait devant moi.

Mais c'était un faible souvenir, tout brouillé. Mes beaux-parents avaient donné de grandes fêtes, à l'occasion de mon mariage. Pendant quinze jours, on avait tué et fait cuire beaucoup de poulets et de canards. La cuisine était en perpétuelle effervescence — et pour laisser circuler l'air, on ouvrait les portes pleines et l'on tenait fermées des portes à barreaux.

A regarder mon interlocuteur, je revivais cette scène très ancienne, que j'avais tout à fait oubliée. Moi, la jeune mariée, j'entrai dans la cuisine, je ne sais plus pour quelle raison. Un enfant de sept ou huit ans était cramponné aux barreaux de la porte, et le cuisinier le chassait, criant que ce gamin l'ennuyait tous les jours et qu'il ne voulait plus le voir. Le petit s'éloigna à regret, et je courus le rejoindre, en lui demandant ce qu'il voulait. Il pleurait, il tremblait, il avait peur de moi, et je dus insister pour qu'il me réponde.

Quand il comprit que je n'avais aucune mauvaise intention, il me dit que les bonnes odeurs de cuisine l'avaient attiré et qu'il avait faim. Je me sentis toute triste devant ce malheureux enfant et l'injustice d'une telle situation.

Je le fis rentrer avec moi dans la cuisine, et ordonnai qu'on lui donnât un bol de riz. Il mangea très vite mais ne vida que la moitié de son bol, et me demanda la permission d'emporter l'autre moitié pour sa grand-mère qui était malade, et qui l'élevait. Il avait perdu ses parents. Touchée par sa gentillesse, je lui dis de finir son bol et je demandai au cuisinier de préparer un deuxième repas pour la grand-mère. Je recommandai à l'enfant de revenir à la cuisine tous les jours, aussi longtemps que sa grand-mère et lui pourraient en avoir besoin.

Je sus qu'il était revenu, en effet, tous les jours, pendant deux ou trois semaines, et puis, on ne le vit plus. Et je n'y pensai pas davantage.

Etait-il possible que cet enfant soit devenu l'homme qui

se tenait devant moi ? C'était un beau garçon et qui semblait intelligent.

— Je n'ai jamais oublié, me dit-il. Grâce à vous, nous avons survécu quand ma grand-mère était malade. Elle a repris des forces, et retrouvé son travail. Elle et moi nous avons toujours beaucoup pensé à vous.

J'appris que pendant toutes ces années, il s'était tenu au courant, autant qu'il l'avait pu, de tout ce qui m'arrivait. Il interrogeait les voisins. Il veillait de loin sur mes parents, et je fus bien émue et reconnaissante de savoir que le jour où mon père était tombé dans la neige, molesté par les Gardes rouges, ce garçon, Ton Ming, avait aidé ma mère à le relever et à le ramener chez lui.

Pourtant, pensais-je, il ne me devait rien : toute la reconnaissance qu'il me témoignait, je ne la méritais guère. Il y avait tant de victuailles chez nous, qu'étaient donc, en regard, deux bols de riz agrémentés d'un peu de viande ?

Mais il me regardait comme si j'avais sauvé la vie de sa chère grand-mère et la sienne.

Et il est vrai qu'il suffit parfois de presque rien pour sauver une vie ; encore faut-il que se rencontrent au bon moment celui qui a besoin d'aide et la personne qui peut la lui apporter.

Mon visiteur m'exposa alors le vrai motif de sa visite : quand j'étais montée dans sa voiture le matin, il avait cru me reconnaître, mais sans en être tout à fait sûr. C'est au moment ou je lui jetai mon ancienne adresse qu'il ne put plus avoir de doutes. Rentré chez lui, il avait raconté cette rencontre à sa grand-mère, et la vieille dame, toute joyeuse de me savoir à Shanghai, voulait absolument m'inviter à déjeuner.

Bien entendu, j'acceptai de grand cœur, et rendez-vous fut pris pour le lendemain. Avant qu'il ne me quitte, je demandai à Ton Ming de me parler un peu de sa vie actuelle, et il me dit qu'il avait bénéficié des nouvelles dispositions concernant l'école gratuite et obligatoire pour tous les enfants : il était devenu ingénieur dans une usine. Je le félicitai, tout en m'étonnant de l'avoir rencontré conduisant un taxi. Il m'expliqua alors que tous les ans, à l'occasion de la foire de Canton, une foule d'étrangers visitent les grandes villes de la Chine, et le gouvernement choisit pour être temporairement chauffeurs de taxi des personnes dont la réputation est bonne. C'est ainsi qu'au lieu d'aller à la campagne pour cultiver les champs dans le cadre de la rééducation, il restait en ville et faisait un stage de chauffeur de taxi.

Le lendemain, Ton Ming vint me chercher à l'hôtel pour m'emmener chez sa grand-mère. Autrefois, le quartier où il me conduisit était très misérable, pour ce que j'en savais, car je n'y étais jamais allée. Tout avait été, depuis la libération de la Chine, entièrement reconstruit, et je ne vis que des immeubles récents.

Le jeune homme, très courtoisement, vint m'ouvrir la portière de la voiture quand nous fûmes arrivés, et me conduisit au premier niveau d'une maison de trois étages, où il partageait avec sa grand-mère un petit appartement clair et propre, beaucoup moins nu que le logis de mes parents. Chacun avait sa chambre et tout me parut confortable.

La grand-mère de Ton Ming avait préparé des bonbons, des fruits, et tout ce qu'il faut pour une petite réception chaleureuse. Elle portait un ensemble chinois de coton bleu, propre et simple, et me parut gaie et en bonne santé. Son accueil sincèrement affectueux me réchauffa le cœur. Tout de suite, elle prépara le thé en répétant que grâce à moi, autrefois, elle avait pu survivre, et que j'avais joué un rôle déterminant pour elle dans un des moments les plus difficiles de son existence. Elle n'avait jamais osé venir me remercier, parce que, me dit-elle, nous appartenions à des classes trop différentes, mais maintenant que son petit-fils était ingénieur (et elle n'en semblait pas peu fière), elle avait pensé qu'elle pouvait m'inviter à déjeuner.

Tout en s'affairant à servir le repas, qui était prêt dans la cuisine, et à quoi elle avait dû travailler depuis le matin très tôt, elle me raconta sa vie.

Elle était née en 1896 dans un petit village des environs du Shantoung qui n'était pas simplement pauvre : il était la pauvreté même. La terre était nue, stérile, et comme lavée. Les gangsters de l'époque trouvaient encore le moyen de tirer bénéfice de ce malheureux pays : puisqu'il n'y avait rien à voler, même en cherchant bien, ils volaient les femmes.

Toutes les petites filles commençaient à trembler de bonne heure, sachant qu'elles couraient le risque d'être enlevées par les gangsters. Ils repéraient leurs proies, ils s'emparaient de force des filles et des femmes qui leur tombaient sous la main, ils fourraient chacune dans un sac de chanvre qu'ils fermaient avec une solide ficelle, et ils les transportaient pour les vendre ailleurs. Car un mariage coûtait cher, en ce temps-là. Et il y avait de pauvres jeunes gens qui auraient bien voulu se marier, mais ne pouvaient pas envisager les frais d'un mariage en bonne forme, avec tout le cérémonial d'usage, le recours à l'intermédiaire, les cadeaux, les invitations, les fêtes. Ceux-là, qui avaient tout de même besoin d'une femme à la maison, recouraient aux bons soins des gangsters, qui leur vendaient des épouses livrées dans leur sac de chanvre. On ouvrait le sac quand la marchandise était payée, et il n'y avait pas à réclamer. Belle ou laide, jeune ou vieille, bonne ou mauvaise, la femme était là, et il fallait s'en accommoder pour la vie, comme elle aussi, de son côté, devait s'accoutumer au mari qui avait payé pour l'avoir.

La grand-mère de Ton Ming, née dans ce malheureux village, était belle comme une fleur, et c'est pourquoi ses parents l'appelaient Ahwan (fleur). Le jour de ses seize ans, les gangsters firent une descente dans son quartier. Ce fut un concert de cris, de sanglots, de supplications. Jeunes et vieilles couraient en tous sens, tâchant de se cacher. Ahwan fut prise, et vivement ensachée. On jeta les sacs en tas dans des voitures à chevaux qui allèrent très loin, pour éviter que les femmes enlevées ne revinssent dans leurs familles.

Ainsi, Ahwan, la pauvre fleur prisonnière, se retrouva à Shanton, dans un village presque aussi pauvre que celui de ses parents. Les gangsters posent les sacs à terre, font sonner le gong ; les acheteurs accourent, paient, hésitent, font une prière, devant les sacs : lequel prendre ? On entend les sanglots et les prières des femmes. Et voilà qu'un homme saisit le sac où est Ahwan, et le prend sur son dos. Il l'emmène dans sa maison.

Et là, comme un enfant qui n'ouvre pas tout de suite le paquet qui contient un cadeau très attendu, l'homme attend pour ouvrir le sac, qu'il a posé sur le lit. Ahwang se tait, son cœur bat à tout rompre, et l'homme, un peu fou, parle tout seul :

« Elle est là, ma chère petite femme. Enfin ! Quel bonheur ! J'espère qu'elle est douce et jolie. Toutes les économies que j'ai faites pour l'avoir. Et la voilà dans ma maison ! Ah ! Que vais-je trouver dans ce sac ? Une beauté peut-être ! Et toute jeunette ! J'en profiterai toute ma vie. »

Ahwan se rendit compte, en écoutant son monologue, que l'homme était ivre. Et elle eut encore plus peur.

Il avait peur aussi, en coupant la ficelle du sac, et bredouillait : « Comment est-elle ? Comment est-elle ? »

Enfin le sac s'ouvrit.

L'homme n'en croyait pas ses yeux :

« Mais c'est une toute jeune fille ! Une fleur ! Et elle est vierge ! »

Il se mit à rire follement. Ahwan portait encore la natte unique des filles non mariées : il n'était pas difficile de voir qu'elle était vierge. Lui riait comme un fou. Elle ne riait pas du tout, car l'ivrogne était un vieil homme sans dent et qui sentait mauvais. Elle se mit à pleurer amèrement.

Il n'en avait cure. « Il faut du vin, dit-il, pour fêter l'événement. Je cours en chercher. Prépare-toi, ma belle, à souper en tête à tête avec ton mari. »

Et il sortit. Chez le marchand de vin, il rencontra nombre d'amis. A chacun, il racontait son heureuse aventure, et il but avec tous beaucoup de verres pour fêter sa chance, si bien que Ahwan pleurait toute seule de son côté.

Or, le vieil ivrogne était pourvu d'un voisin qui ne lui ressemblait guère : car Ton Yeng était jeune et beau. Cependant, le garçon, lui aussi, était bien solitaire. Il avait perdu ses parents depuis trois ans, et n'ayant pas de quoi envisager un mariage dans les règles, il avait lui aussi économisé pour acheter une femme aux gangsters. Comme l'autre, il avait hésité devant les sacs d'où s'échappaient plaintes et sanglots. Comme l'autre, il avait choisi une femme sans l'avoir vue, et il l'avait prise sur son dos pour l'emporter chez lui.

Horreur ! Quand il ouvrit son sac, il trouva une aïeule de plus de soixante ans, avec si peu de cheveux qu'elle avait un chignon minuscule, pleine de rides, qui riait de tout son cœur, exhibant ses gencives nues. « Ha ! criait-elle sans retenue : mon vieux corps a été tout plié dans ce sac, et j'ai des douleurs partout. Mais quel joli petit mari on me donne ! Il semble avoir l'âge des enfants de mes fils, que j'ai bien du regret de quitter. »

Et là-dessus, voilà la vieille qui proteste, parce qu'on l'a arrachée à sa descendance, et tout en protestant, elle ne peut s'empêcher de rire en voyant la déconvenue et la désolation du jeune et beau Ton Yeng, bien malheureux de voir quelle épouse le sort lui avait réservé.

Ton Yeng était si dégoûté par la vieille, et si écœuré d'avoir perdu ses trois ans d'économie pour cette horreur qui ricanait, qu'il sortit de la maison pour pleurer dans la cour.

Ahwan pleurait dans sa cour elle aussi. La vieille essayait de consoler son « mari » : « Ce n'est pas aimable pour moi, que tu pleures ainsi. Sèche tes larmes. » Puis prêtant l'oreille aux sanglots de Ahwan : « Mais quelqu'un d'autre pleure là-bas ? Que se passe-t-il ? » Et sans timidité, elle s'en alla trouver la jeune fille, qui lui raconta tout.

La vieille dame avait bon cœur.

« Sauve-toi, dit-elle à Ahwan. Je vais prendre ta place et me coucher ici. Ton mari rentrera après la nuit tombée : dans le noir, il ne s'apercevra pas de la substitution. Je soufflerai la bougie, je tournerai mon visage vers le mur, allons, fais vite. »

Avant même qu'Ahwan ait pu comprendre de quoi il s'agit, la vieille défait son chignon, laisse tomber sa longue chevelure, se coiffe avec une natte comme Ahwan, prend les fleurs et les accessoires de décoration piqués dans les cheveux d'Ahwan, échange ses vêtements avec les siens et la pousse dans la cour d'à côté, disant, à sa manière autoritaire : « Partez tout de suite. Demain, vous serez loin. »

Ahwan et Ton Yeng se trouvèrent face à face. Ils se plurent tout de suite : chacun était le salut de l'autre. Ils prirent la fuite aussitôt, se tenant par la main, dans un dénuement absolu, mais trop heureux d'échapper, lui à la vieille édentée, elle à l'ivrogne. Ils marchèrent très longtemps, et arrivèrent au nord de Kianson, où ils trouvèrent du travail et s'arrêtèrent. Ahwan fut plusieurs fois enceinte avant de pouvoir mener une grossesse à terme : elle était trop éprouvée, sans doute, par sa longue marche et ses terreurs. Enfin, à vingt ans, elle mit au monde un fils. Comme elle souffrait beaucoup de la pauvreté, elle souhaitait qu'il devînt riche, et lui donna le prénom de Foo (fortuné). Ton Foo serait plus tard le père de Ton Ming, l'ingénieur chauffeur de taxi qui était venu me voir à l'hôtel.

Ton Yeng et Ahwan travaillaient dur pour se nourrir et élever leur fils. Leur patron, propriétaire foncier à l'ancienne mode, les exploitait sans vergogne, quand, en 1929, Ton Yeng prit contact avec l'Armée rouge de Mao Tsé-toung. Il apprit et comprit beaucoup de choses auprès de ses nouveaux amis. Il s'engagea dans l'armée clandestine.

Deux ans plus tard, le patron de Ton Yeng découvrait ses activités. Ton Yeng devait suivre l'armée et ne pouvait laisser là sa femme et son fils qui risquaient d'être pris en otages. Ainsi Ahwan dit en pleurant adieu à son époux et prit la fuite de son côté avec son garçon d'une quinzaine d'années.

Ils s'en allèrent droit devant eux, traversant des pays si

éprouvés qu'on ne savait plus si les gens mouraient de famine ou d'épidémie. De grandes inondations firent encore d'innombrables victimes. Mère et fils arrivèrent à proximité de Shanghai, du côté du pont Ya.

C'est une région marécageuse où les herbes sont plus hautes qu'un homme, et où la boue envahit tout. Là, quelque trois mille familles d'exilés essayaient de survivre, se construisant des huttes précaires. On mourait beaucoup, dans ces roseaux où la chaleur, l'été, devenait intolérable. Les hommes louaient leurs bras à Shanghai pour les plus basses besognes, celles dont personne ne voulait.

Ainsi, Ton Foo poussait la voiture en bois qui transportait le tonneau à excréments. Le matin, dans les rues de Shanghai, il allait de maison en maison, criant : « Sortez vos excréments. » Et les femmes venaient vider leurs petits tonneaux dans le grand, puis chacun lavait son récipient avec une brosse en bambou et des coquilles de praires, ce qui produisait un joyeux vacarme.

Ton Foo, cette tâche remplie, chaque jour retournait au travail des champs, défrichant les terrains des environs du pont Ya, arrachant les grandes herbes qui repoussaient trop vite, pour y cultiver des potirons, car le potiron est vite mûr et mangeable. On appelait ce quartier, pour cela, « la ruelle Potiron ».

En 1941, Ton Foo épousa la jeune Hayan, qui avait seize ans. Son père vivait du pousse-pousse. Elle était charmante, mais son enfance avait été trop dure et sa santé paraissait fragile. En effet, Hayan n'avait pas une longue vie devant elle, victime, comme tant et tant d'habitants de l'ancienne Chine, d'une injustice sociale qui ne donnait guère de chances de survie à ceux que la naissance avait défavorisés. Atteinte dans sa chair par la misère de ses parents, comment Hayan aurait-elle pu surmonter le handicap d'être mal nourrie avant même d'ouvrir les yeux ?

1942 fut une année exceptionnelle pour les potirons. Le providentiel légume prospéra si vite et si fort qu'il attira l'attention de la Mafia. Les gangsters faisaient feu de tout bois, et du potiron même il leur fallait tirer profit.

Ainsi donc, un de leurs chefs de bande, avec plusieurs de ses hommes, vint inspecter les plantations. Il déclara que les potirons boursouflés prenaient des formes de dragons chinois : des diables se cachaient dedans. Il était donc urgent — assurèrent-ils avec aplomb — de construire un temple potiron pour exorciser ces esprits. Tout le monde devait participer à la collecte pour la construction du temple.

Les habitants de ce pauvre quartier ne crurent pas un instant au prétexte invoqué pour leur soutirer leur peu d'argent : mais ils n'avaient pas le choix. Quiconque refusait de payer était abattu sans pitié. Ainsi chacun, bien à regret, sortit sa monnaie, et cotisa, à contrecœur.

Ton Foo assista aux violences des brigands qui maltraitaient un vieux couple nécessiteux. Il voulut alors s'interposer. A coups de pied et à coups de poing, les hommes de la Mafia tombèrent sur le malheureux et le laissèrent pour mort sur le carreau. Ton Foo agonisant eut une dernière pensée pour sa mère, et pour sa jeune femme enceinte : qui s'occuperait d'elles désormais ? Il mourut ainsi.

Hayan, qui était à la fois faible et désespérée, mena sa grossesse jusqu'à son terme, mais elle ne put supporter le choc de l'accouchement, et elle mourut à son tour, mettant au monde Ton Ming — l'ingénieur-chauffeur de taxi qui se tenait devant moi.

Arrivée à ce point de son récit, la grand-mère de Ton Ming pleurait si fort qu'elle dut s'interrompre. Elle revivait la mort de son fils, de sa belle-fille, et, portant de nouveau le poids de toute cette misère, elle suffoquait de chagrin, de colère, et d'impuissance.

J'avais mal pour elle. Son petit-fils l'embrassa en lui parlant tendrement, et elle retrouva le courage de reprendre son récit.

Donc, à la mort de sa belle-fille, Ahwan prit avec elle le nouveau-né qui n'avait plus ni père ni mère ; et comme elle avait pris en horreur cette ruelle Potiron qui ne lui rappelait que de mauvais souvenirs, elle partit plus loin avec le bébé. Elle trouva à louer une petite baraque, dans le quartier de la maison des Liu où j'habitais, et elle vécut en faisant des lessives.

Beaucoup de gens lui donnaient leur linge à laver et elle travaillait du matin jusqu'au soir. Le petit garçon grandissait et Ahwan, les mains et les bras toujours plongés dans l'eau froide, vieillissait, et ses rhumatismes la faisaient souffrir chaque hiver un peu plus.

A la fin de l'année 1949, une douleur plus forte la cloua au lit. Cette fois, elle ne pouvait plus bouger du tout. Sa terreur était de ne plus pouvoir nourrir son petit-fils et de ne plus pouvoir payer son loyer. Que deviendrait-il s'ils étaient tous deux à la rue, elle sans force et lui encore si petit ? Ahwan se tourmentait beaucoup.

Elle se releva de cette première alerte et retomba.

C'est au cours de la rechute de sa grand-mère que Ton Ming fut attiré par les bonnes odeurs du festin de mes noces. Mon cuisinier le chassait tous les jours, mais enfin l'enfant me rencontra, comme je l'ai dit, et dès lors, non seulement la grand-mère cessa de se tourmenter pour son petit-fils affamé, mais encore elle put se nourrir elle-même convenablement, reprendre force et se remettre au travail.

Après cela, Ahwan avait franchi les plus grandes difficultés de sa vie : dans la Chine libérée, son petit-fils put bénéficier de l'enseignement gratuit, et, comme il était intelligent et travailleur, il en fit le meilleur usage. D'autre part, la masure insalubre où elle habitait dut être démolie et Ahwan fut relogée à l'emplacement de l'ancien quartier Potiron, où elle retrouva beaucoup d'amis et de relations, mais dans des immeubles neufs. Ahwan tint à me faire admirer, dans sa chambre, ses nouveaux trésors : sa radio, sa machine à coudre, toutes choses qu'elle n'avait jamais rêvé même de posséder. Elle insista, bien que l'après-midi soit déjà fort entamée, pour m'emmener visiter son quartier qui avait été autrefois si misérable : je vis l'usine, la crèche, le dispensaire, tout cela sans luxe, certes, mais propre, pratique, clair.

A soixante-seize ans, Ahwan en paraissait à peine cinquante. Je lui en fis compliment. Elle me répondit qu'elle ne s'était jamais mieux portée : elle faisait tous les jours la gymnastique préconisée par la radio, pratiquait en plus la boxe Traidji, comme ma mère, et s'en trouvait fort bien.

Tout en parlant, elle me conduisait à la sortie de l'école où m'attendait une surprise : les enfants, qui m'appelèrent « Tata Outre-Mer », m'entourèrent affectueusement en me posant toutes sortes de questions naïves et charmantes. Ils chantèrent une chanson spécialement pour moi, à la demande de leur institutrice, et j'étais bien émue de les voir si joyeux, si frais, correctement vêtus, et tous en visible bonne santé, là où jadis on mourait de misère. Autrefois, tous ces petits auraient été condamnés, s'ils survivaient aux mauvaises conditions de vie, à devenir des mendiants ou des voleurs. Au lieu de cela, maintenant, chacun pouvait se faire une vie à la mesure de son courage et de ses qualités. Leurs bonnes figures confiantes m'emplirent de joie.

Existe-t-il un spectacle plus heureux en ce monde et plus

réconfortant qu'un groupe d'enfants joyeux qui vont sans crainte vers leur avenir ?

C'est sur cette chanson enfantine que ma visite prit fin. Je me séparai d'Ahwan, dont la vie avait été si étrange et diverse, avec beaucoup d'amitié. Son petit-fils me ramena en taxi à mon hôtel, et en le quittant, j'eus un peu l'impression de quitter un neveu, ou un cousin, car nos vies, à mon insu, avaient été mystérieusement liées.

Cette fois, il me fallait quitter Shanghai.

Les dernières heures me semblèrent trop courtes. Mes parents redoutaient comme moi le moment de l'adieu, qui venait à grands pas.

Enfin, vint ce moment où je devais monter dans le train. Il y eut beaucoup de tendres paroles et de larmes. Au dernier moment, Sun Lian, mon neveu et fils adoptif, accourut sur le quai et, par la vitre baissée, jeta une lettre dans mon compartiment.

Le train filait dans la campagne quand je la lus. Il me disait son amour fidèle pour cette mère toujours absente que j'étais ; il regrettait de m'avoir si peu vue, il m'assurait que, quoi qu'il arrive, il penserait à moi. Et je crois bien qu'il avait pleuré en écrivant cette lettre, car l'écriture était parfois brouillée comme par des gouttes d'eau.

Personne ne pouvait me voir, et je pleurai moi aussi, sans retenue, sur l'amour si mal récompensé de cet enfant qui ne reçut jamais de sa mère que peines, silence et tourments : car je ne lui avais pas écrit, car il avait été en classe insulté à cause de moi. Car j'avais tout donné à Paul et à Juliette, et rien à lui.

La chanson enfantine des écoliers du quartier Potiron, et cette lettre d'amour filial, ensemble, composaient la dernière image, pour moi, de la Chine, au moment du retour.

J'eus tout le temps de rêver, pendant les longues heures aériennes qui suivirent. A mesure que je m'approchais de Paris, je retrouvais l'inquiétude de ma situation personnelle, que j'avais un peu perdue de vue pendant ce séjour où ma propre histoire s'effaçait parce que j'étais à l'écoute de l'histoire des autres.

Qu'était-il advenu, en mon absence, de ceux que j'avais laissés à Paris ? Paul et Juliette, j'étais sûre d'eux. Mais M. Tsing ? La guerre allait-elle reprendre entre nous ? Cela me faisait peur, et en même temps, me paraissait lassant et dérisoire. Et Alain ? Aurait-il pris enfin un parti, pour moi, ou sans moi ?

Mon avion atterrit à Londres. Alain avait su par mes enfants la date et l'heure de mon retour. Il m'attendait, les yeux brillants d'amour et d'impatience.

Je me sentis aussitôt reprise dans les liens de l'ancien charme, et du bonheur amer qu'il m'avait déjà donné.

13 *Paul veut être banquier / Inconstance d'Alain / M. Tsing se fait rosser / Désespoir de Juliette / Tous les bouddhas du ciel sont debout / Un concert triomphal / Origine légendaire de la nation japonaise / Naissance d'un best-seller.*

Je retrouvai Paris au mois de mai. L'année universitaire touchait à sa fin, et Paul ne tarderait pas à nous rejoindre, pour ses grandes vacances. Il terminait avec succès ses études à Cambridge, et j'étais légitimement fière de lui, de son intelligence, et du courage avec lequel il avait surmonté toutes les difficultés d'adaptation d'un étudiant amené à travailler loin de sa famille et de son pays, dans une langue étrangère.

Peu après son retour, j'eus avec lui une conversation sérieuse à propos de son avenir. Je lui demandai s'il envisageait d'aller plus loin dans la voie qu'il avait choisie — les Travaux publics — et de se perfectionner en entreprenant un nouveau cycle d'études, ou s'il voulait entrer dès maintenant dans la vie active en acceptant un poste d'ingénieur.

Ce fut pour moi un coup inattendu, quand il me répondit qu'il ne voulait ni l'un ni l'autre, et qu'il abandonnait les Travaux publics.

Je n'étais pas seulement étonnée, j'étais aussi extrêmement déçue, et je le lui dis. Quel projet avait-il donc ?

Il déclara alors qu'il voulait être banquier comme son grand-père. Je le regardai avec encore plus de surprise, et lui fis remarquer que s'il adorait son grand-père, ce n'était pas une raison pour vouloir faire le même métier que lui.

En outre, s'il n'avait pas l'intention de faire carrière dans les Travaux publics, je ne voyais pas pourquoi il s'était lancé dans ces études à Cambridge. J'étais tout à fait perplexe, car Paul n'a jamais été léger ni versatile : il sait toujours ce qu'il veut, et n'est pas de ces jeunes gens qui touchent à tout et ne s'attachent à rien.

Paul vit mon désarroi : il m'expliqua avec douceur qu'il n'avait pas fait son premier choix par goût — mais uniquement pour me faire plaisir.

En Chine, on respecte beaucoup les ingénieurs, comme on respecte les médecins. Paul savait depuis longtemps que j'espérais le voir devenir ingénieur, et il avait voulu me donner cette satisfaction. Il savait quels efforts j'avais accomplis, depuis que j'étais veuve, et comme je souhaitais pour mes enfants une carrière honorable et confortable. Il m'avait donc fait ce cadeau. Mais, pour lui-même, cette voie ne l'intéressait pas. Ce qu'il aimait, ce qui l'attirait, c'était le BUSINESS : la banque.

Nous n'étions plus du tout au temps où les parents décidaient de la carrière de leurs enfants. Je le savais bien, et je n'essayai même pas d'imposer ma volonté à Paul. J'avais trop de respect pour sa personnalité, et je savais qu'il serait vain de lui opposer mes arguments. Mais je pensais à ma belle-mère, qui aurait été bien chagrinée par ce changement d'orientation.

En effet, au temps où nous vivions tous à Shanghai, elle m'avait souvent confié que le métier de banquier exercé par son mari lui déplaisait profondément.

« Les banquiers ne sont pas humains, me disait-elle. Quand un client a beaucoup d'argent, on le traite avec toutes sortes d'égards et de prévenances : mais qu'il soit en difficulté, et c'est aussitôt le contraire. Les banquiers ont le cœur plus dur que du fer, quand le malheur arrive. Ils regardent, sans intervenir, les faillites se produire, et parfois les gens ruinés sont si désespérés qu'ils se donnent la mort. »

Pour compenser un peu le mal occasionné par le métier de son mari, elle donnait beaucoup d'argent aux pauvres, subventionnait des hôpitaux et des services de pompes funèbres afin qu'au moins les malheureux puissent être ensevelis décemment. Plus d'une fois elle exprima devant moi le vœu que personne dans sa descendance n'exerce plus jamais le métier de banquier, même s'il est vrai que c'est là le moyen de gagner beaucoup d'argent.

Paul était entré à la Banque Nationale de Paris pour y travailler comme stagiaire. J'avais été très déçue alors, car c'était un poste tout à fait médiocre, où il gagnait encore moins que ma propre employée. Je ne compris son choix que plus tard : en effet, Paul avait fait ce stage pour se conformer aux conditions exigées à l'entrée de Harvard School Business. Je ne le sus que quand il fut reçu au concours d'entrée. Trop orgueilleux pour risquer un échec devant moi, il m'avait caché ses intentions. Tel est mon fils, que je ne comprends pas toujours. Lorsqu'il a une idée en tête, il est bien rare qu'il n'arrive pas à ses fins, car il est à la fois volontaire et adroit — mais il ne met personne dans la confidence. Il ne prend jamais de front les obstacles, qu'il a toujours eu l'art de contourner. Même pour moi, qui devrais pourtant bien le connaître, il arrive qu'il soit une énigme : combien de fois ai-je observé que quand il rit, dit des bêtises pour nous amuser, et paraît tout à fait insouciant, il travaille en réalité à quelque grand dessein, qui a secrètement germé dans son esprit depuis longtemps.

Ainsi, je renonçai donc à discuter sa décision, mais j'en demeurai attristée.

J'avais bien d'autres raisons d'être inquiète et malheureuse : mon aventure avec Alain ne m'apportait guère que des chagrins. Toutes les fois que je voulais m'en dégager, rompre avec lui, et tenter de l'oublier, il me regagnait avec ses paroles fleuries, sa tendresse, et ses yeux pleins d'amour, auxquels je ne savais pas résister. Mais je ne comptais plus les rendez-vous manqués, les heures passées à l'attendre et à me morfondre — sans parler, et c'était le pire, de certaines confidences qu'il me fit et qui m'humilièrent cruellement.

Pour lui, j'étais prête à bouleverser mon existence, à quitter un homme, dur peut-être, mais avec qui je venais de vivre huit années de ma vie — qui m'avait aidée et guidée.

Alain me poussait vers un divorce auquel j'avais du mal à me résoudre. Il me fallait être fixée sur ses intentions.

C'est dans cet état d'esprit que j'allai un jour le chercher en voiture à son usine pour le mettre en demeure de s'expliquer sur son attitude à mon égard. Car cette attitude me paraissait de plus en plus bizarre. Après m'avoir attirée vers lui, il semblait de plus en plus irrésolu.

Il hésita un peu, puis reconnut qu'il valait mieux en effet que je sache tout.

Il me raconta alors une longue histoire, à laquelle sa

tante, nommée Céline, était mêlée : elle lui avait présenté, une femme, qui était devenue sa maîtresse pendant mon voyage en Chine.

Je n'en pouvais plus, de chagrin et de dégoût : cette tante d'Alain savait tout de notre situation, elle savait qu'à cause de cela j'étais en grande difficulté avec mon mari, et que mon divorce était inévitable.

Alain parlait toujours, sans rien deviner de mon bouleversement. Il paraissait même presque fier de sa conquête, et déroulait le fil de son récit sans aucune honte, me disant comment il avait passé son temps, quand il manquait nos rendez-vous : tel jour, il gardait le fils de sa nouvelle amie, tel autre jour, il lui rendait un autre service, pendant que j'attendais, comme une sotte, comme une imbécile.

Il me prit une envie de vomir, de vomir toute l'eau amère qui remontait du fond de mon estomac. Toutes les paroles fleuries et le grand amour d'Alain sombraient dans un trou noir. La tête me tournait, j'étais comme assommée.

Tandis qu'il poursuivait complaisamment son histoire, j'étais au volant, et je conduisais n'importe comment, trop vite, avec des embardées nerveuses : il s'en aperçut enfin, et freina à ma place, nous évitant de justesse un accident. Je me ressaisis alors, et je le fis descendre de ma voiture en lui criant ma honte et mon horreur : je jurai que je ne le verrais plus, et que je ne voulais pas être en concurrence dans son cœur avec toutes les femmes qu'il pourrait rencontrer ici ou là.

J'étais pleine de colère contre moi-même, dépitée, — pleine de colère aussi contre Alain, et triste, triste. Je rentrai à la maison où m'attendait M. Tsing, furieux lui aussi à cause de mon retard.

Il m'accueillit en me faisant une scène épouvantable. Quelques heures plus tard, je sentis une violente douleur au flanc, et presque aussitôt une hémorragie se déclencha.

Paul et Juliette s'étaient retirés dans leur chambre. Je me traînai jusqu'à mon lit, près de celui de M. Tsing. Plein de rancune, il faisait semblant de dormir et ne voulait pas voir que j'étais malade : je me tordais de douleur, perdant toujours mon sang.

Vers 4 heures du matin, il me sembla que j'allais mourir : tout mon corps était froid, mes yeux ne voyaient plus, je me sentais sans force. Je m'arrachai à mon lit, et rampai jusqu'au salon pour prendre le téléphone et appeler SOS Médecins, puis je retombai sur le sol, terrassée par les contractions qui ne se calmaient pas, et dans un état de grande faiblesse.

Le médecin alerté me fit une piqûre qui m'apporta un répit : le sang ne coulait plus, et la douleur s'apaisait.

A l'heure habituelle, M. Tsing se prépara pour aller à son travail, et sortit sans me dire un mot. Quels que fussent mes torts à son égard, je compris en le voyant ainsi sans pitié, dans l'état où j'étais, que tout était bien fini entre nous : il n'y avait plus rien à espérer d'un homme capable de rester indifférent devant sa femme malade au point où je l'étais.

Paul et Juliette furent consternés de me voir quand ils se levèrent à leur tour. Pleurant tous les deux, ils m'emmenèrent chez mon médecin habituel, qui m'administra d'autres piqûres, car la douleur était revenue — et me fit transporter d'urgence à l'hôpital, car il ne pouvait pas se prononcer sur la nature du mal dont je souffrais.

Je n'avais jamais été hospitalisée. Je reçus la visite de nombreux spécialistes, qui multiplièrent examens et analyses afin de pouvoir établir un diagnostic, car mon cas demeurait incompréhensible. Après la deuxième semaine, on ne savait toujours pas ce qui m'était arrivé.

Paul et Juliette se désolaient, pendant que j'étais obligée de rester dans cet hôpital, et ils avaient peur pour leur maman, ne sachant quelle maladie on allait me découvrir : ils craignaient que ce ne soit très grave — un cancer, par exemple. Juliette, surtout, toujours si proche de moi, souffrait terriblement.

Quant à M. Tsing, il n'attendit même pas le résultat de mes examens médicaux pour partir en vacances, à la date qu'il avait prévue. On me permit de rentrer chez moi : je devais suivre un traitement pendant quinze jours, et on m'examinerait à nouveau.

Les quinze jours passés, je retournai donc à l'hôpital pour cette consultation importante : encore une fois, on ne put rien déceler. Mais cette fois, le médecin m'interrogea sur ma vie. Je lui racontai tout : mes tristes histoires sentimentales, la mésentente avec M. Tsing, les colères perpétuelles qui ébranlaient la maison et mes nerfs. Il me conseilla alors de divorcer. Selon lui, j'avais surtout besoin de calme. Tous mes troubles étaient d'origine psychique et nerveuse. Il pensait que je me rétablirais tout à fait si je pouvais vivre seule, et en paix.

Les tranquillisants m'apaisèrent tout de suite : ils me

faisaient vivre dans un état bizarre, un peu comme en rêve. Je ne comprenais pas bien ce qu'on me disait, je ne trouvais pas mes mots pour répondre, j'étais comme engourdie, sans force et sans décision. Je ne souffrais de rien, je me sentais comme dans un nuage, qui m'isolait de tout.

Ainsi passa l'été. M. Tsing revint de ses vacances, dans les dispositions qui étaient les siennes avant de partir : c'est dire que les scènes recommencèrent, les cris, les hurlements et les injures. Il se passa alors un drame auquel personne autour de moi ne pouvait s'attendre — ni moi non plus. Au cours d'une de ces algarades, moi que les tranquillisants assommaient depuis plusieurs semaines, je bondis brusquement sur M. Tsing, je lui arrachai ses vêtements, et, avec des forces décuplées je le battis, le battis comme une folle déchaînée, dans un élan de haine et de violence incroyable : on aurait dit que je voulais lui faire payer tous ses reproches depuis huit ans, et toutes mes humiliations, toutes mes peines, toute mon amertume. Je ne pouvais plus supporter ses paroles méprisantes, et je le faisais taire en le frappant et en criant puisque je n'avais trouvé aucun autre moyen.

Paul s'interposa, heureusement. Il me prit dans ses bras robustes, et demanda à M. Tsing de s'en aller. Juliette pleurait, et le suppliait aussi de partir, de laisser tranquille sa pauvre maman qui était bien malade. Et en effet, bourrée de calmants comme je l'étais, si je me livrais à une telle crise, c'est que quelque chose en moi était sérieusement atteint.

M. Tsing le comprit : il avait reculé avec stupeur. Il accepta aussitôt de nous quitter et d'aller vivre ailleurs ; son déménagement fut terminé le 15 septembre.

Bien que malade, j'avais continué à travailler dur pour mes affaires — et les affaires, elles, allaient de mieux en mieux.

Quelques jours après le départ de M. Tsing, un lundi matin, j'étais à la maison avec Juliette car c'était le jour de fermeture du magasin et ce jour-là je partais plus tard. Ma fille s'était préparée pour aller en classe, et elle vint me dire au revoir au moment où j'allais sortir. « Maman, soigne-toi bien, me dit-elle, fais bien attention à ta santé, occupe-toi bien de toi. » Et elle m'embrassa avec beaucoup de paroles gentilles et affectueuses. Je regardai ma petite fille si mignonne, si douce, et je me sentis pleine de regret : à cause de moi, de mon instabilité, elle avait connu des angoisses qui ne convenaient pas à son âge, elle avait souffert beaucoup de peines et d'inquiétudes. Je l'embrassai, moi aussi, tendrement, et lui recommandai de ne pas se mettre en retard pour aller à l'école.

Au magasin, je ne pus m'empêcher de penser constamment à Juliette. Je voulus téléphoner à la maison pour savoir si elle était bien allée en classe, et je m'aperçus que la ligne du magasin était en dérangement. Je me rendis à la poste pour le signaler. Deux heures plus tard, la ligne était rétablie et le téléphone sonna.

C'était Denise, camarade de classe de Juliette et sa meilleure amie. Elle m'apprenait une nouvelle que je lui fis répéter : ma fille était à l'hôpital. J'entendais, mais je ne comprenais pas. Denise me raconta tout ce qu'elle savait.

J'appris ainsi que Juliette s'était confiée à elle : depuis plusieurs semaines, mes querelles avec M. Tsing et ma mauvaise santé tourmentaient ma fille, qui souffrait et s'inquiétait beaucoup. C'est dans l'espoir de me rendre le calme qu'elle avait demandé à M. Tsing de nous quitter, mais, en même temps, elle le regrettait beaucoup : il avait toujours été gentil avec elle, et il s'était efforcé de remplacer son père, qu'il lui semblait perdre ainsi pour la deuxième fois. En outre, Paul se préparait à partir pour Harvard, et Juliette était effrayée à l'idée de rester seule avec sa mère malade.

Denise m'assura qu'elle avait fait de son mieux pour réconforter Juliette, dont la tristesse lui paraissait de plus en plus inquiétante. Ma fille, en effet, répétait que seul son père mort avait vraiment aimé sa maman, que lui seul la protégeait, et que maintenant, désespérée, elle craignait de perdre sa mère.

C'est pourquoi, ce lundi matin, en ne voyant pas sa petite camarade en classe, Denise était sortie pour lui téléphoner. Juliette avait répondu d'une voix changée : elle prononçait difficilement les mots, et paraissait très faible. S'étant trouvée mal, elle avait pris mes tranquillisants pour se soulager, mais à une dose un peu trop forte. Denise avait alors essayé de m'appeler au magasin, où ma ligne était en dérangement. Elle avait eu alors la décision et la présence d'esprit de se rendre immédiatement à la maison en voiture, de faire enfoncer la porte, car personne ne répondait : on avait trouvé ma Juliette étendue par terre, les tranquillisants de ma pharmacie ayant commencé de produire leur effet.

Juliette avait été aussitôt transportée à l'hôpital, et Denise, mon téléphone enfin réparé, me joignait maintenant, après plusieurs tentatives infructueuses.

Ce fut comme si le tonnerre du ciel était tombé sur

moi : je ne pouvais littéralement en croire mes oreilles, je sentais dans tout mon corps une affreuse déchirure, et je demeurai d'abord hébétée, ne sachant que faire, répétant machinalement : « C'est vrai ? C'est vrai ? » Denise dut recommencer en partie son récit avant que je ne prenne conscience de la réalité.

Ma belle-mère m'avait appris, au début de mon mariage, que dans les occasions les plus graves, quand un grand malheur menace, on peut en dernier recours faire encore un vœu à Bouddha Kouan Yin : on peut lui promettre la grande prière, *Miao Fa Ly Hwo Tchin,* une prière si importante que tous les bouddhas du ciel l'écoutent debout, prêts à intervenir en faveur de celui qui lance ce grand appel. On peut promettre de lire cette longue et difficile prière, qui exige un état de concentration supérieure, de nombreuses fois, si le danger est terrible et pressant. Mais surtout, ce vœu ne doit pas être prononcé à la légère, à propos d'un péril ordinaire, car on ne dérange pas en vain tous les bouddhas du ciel, et, quelle que soit la promesse par laquelle on s'est engagé, il faut s'en acquitter entièrement, et plus encore : ajouter une ou deux prières au nombre qu'on avait fixé. Si, pour une raison majeure, on ne peut soi-même remplir l'engagement, il faut au moins en charger des prêtres, que l'on paie pour cela.

Ma belle-mère m'avait raconté qu'une seule fois dans sa vie, elle avait fait ce vœu alors qu'un incendie menaçait sa maison, et Bouddha Kouan Yin avait aussitôt détourné le vent qui chassait les flammes. Mais pour prononcer ce vœu, il faut agir seul et en secret.

Je me jetai à genoux derrière la porte de mon arrière-boutique, là où nul regard ne risquait de me surprendre, et je promis, avec toute la ferveur de mon cœur, cinq grandes prières.

Puis je courus à l'hôpital, en me disant que si Juliette n'était pas sauvée, je mettrais fin à mes jours sans aucune hésitation.

L'infirmière qui m'accueillit me rassura tout de suite : Juliette était hors de danger. Après un lavage d'estomac, elle se reposait dans sa chambre. Denise était arrivée à temps !

Je me rendis auprès du lit de ma fille. Elle commençait à s'endormir, toute pâle, toute faible, et elle ouvrit difficilement les yeux, sans retenir ses larmes. Avec une grande tristesse, elle murmura : « Pardon, maman, de t'avoir fait peur. » Il fallait que son cœur se soulage, et elle dit tout bas :

— Depuis que mon papa est mort, ma maman a beaucoup souffert, et maintenant, M. Tsing est parti. Je ne saurai pas, toute seule, m'occuper de ma pauvre maman, car elle est bien malade.

La pauvre petite me raconta que le matin même elle avait téléphoné à Alain, pour lui demander de ne plus me faire souffrir, et il lui avait répondu, avant de raccrocher brutalement :

— Si elle souffre, c'est à cause de toi.

Juliette avait été bouleversée par cette déclaration :

— J'ai pensé qu'il avait peut-être raison, maman. Tu t'es donné beaucoup de peine pour que nous ne manquions de rien, Paul et moi. J'étais si angoissée que j'ai pris tes cachets pour me calmer. Pardonne-moi de t'avoir causé de tels soucis.

Elle parlait de plus en plus faiblement, ses yeux se fermaient malgré elle, et sa voix finit par s'éteindre tout à fait. Son souffle était devenu lent et régulier. Elle dormait.

Une fille de dix-sept ans, c'est comme une petite fleur qui s'ouvre à la vie : elle s'épanouit dans le bonheur, mais elle est vulnérable, fragile, et ma Juliette avait été bien près d'être détruite par les malheurs de sa maman, qu'elle n'avait pu supporter.

...Cette fois, le choc vient de me réveiller. C'est moi qui, avec mes souffrances, ai torturé ma fille. C'est moi qui, à cause de ma vie sentimentale désordonnée, ai fait tout ce mal. Soudain, je me sens honteuse, indigne. Et, brusquement, je décide de jeter à la poubelle tous mes tranquillisants, comme si je jetais avec eux ces deux hommes à la fois, comme si je me délivrais de ces misérables et petites passions qui n'en valent pas la peine. Je me jure de ne plus vivre que pour rendre heureuse cette fille adorable que j'ai failli briser...

Mon commerce ne cessait de prendre de l'extension : en cet automne 1973, je dus déployer une activité plus grande que jamais, et ce travail exigeait de moi, outre les décisions et les soucis d'une entreprise en plein essor, un énorme effort physique. Les caisses de marchandises arrivaient en grand nombre, pour répondre à toutes mes commandes, et je passai des heures en manutention et en livraison, car je voulais tout faire moi-même pour éviter les frais inutiles. J'ai vraiment travaillé très dur pendant toute cette période.

En outre, la date de mon concert aux Champs-Elysées

approchait : je n'avais plus que deux ou trois mois pour m'y préparer. C'est dire que dans ma boutique, dès que j'étais seule un moment, je me précipitais sur mon piano, et je répétais avec fièvre, entre deux coups de sonnette. Les clients étaient parfois intrigués par les échos qu'ils percevaient en poussant la porte. Je fis faire des affiches pour mon concert, et, avant d'aller les coller moi-même sur les murs de Paris, j'en plaçai une dans le magasin.

Cette affiche me valut de nombreuses questions : mes clients se demandaient comment je pouvais être à la fois marchande et pianiste. Je répondis à tout le monde, et je me sentis entourée de sympathie et d'intérêt.

Parmi ces curieux, il y avait un journaliste, qui, trouvant mon cas original, me proposa de participer à une émission télévisée sur la Chine. Cette émission célèbre, *Italiques,* présentait au public des livres récemment parus sur un thème donné : on m'offrait de lire un ou deux livres sur la Chine, et d'en parler. Je refusai, à la grande surprise du journaliste en question : je lui dis que je n'avais pas le temps de lire, surtout en ce moment. Alors il insista pour que je vienne à son émission pour simplement jouer du piano. Ce serait une façon de me faire connaître et de donner un peu de publicité à mon concert. Ainsi fut fait. J'avais emmené avec moi Juliette, et tout se passa très bien.

Sur le plateau de télévision, je fis la connaissance de plusieurs personnes qui s'intéressèrent à moi, et ce premier contact me permit d'avoir d'autres émissions, où, chaque fois, mon concert était annoncé. Georges Walter, que je devais revoir ensuite très souvent, était parmi ces personnes. Comme il me posait beaucoup de questions sur mon histoire, je lui dis que je l'avais écrite, mais en chinois, et il me proposa de m'aider à en faire un livre français, car il était convaincu que beaucoup de lecteurs auraient plaisir à connaître mes aventures, depuis mon enfance et mon premier mariage dans une Chine encore si profondément marquée par les anciennes traditions.

Ainsi naquit le projet de ce qui deviendrait un jour *le Palanquin des larmes.* Mais à ce moment-là, mon concert passait avant tout.

À la fin de novembre, j'eus une répétition avec l'orchestre, et ce fut pour moi un grand bonheur : la musique me faisait pénétrer dans un autre monde, où mes soucis n'avaient pas de place, un monde heureux, lumineux, où je me sentais chez moi. Je ne puis dire à quel point il me fut pénible, en sortant de cette répétition enchantée, de retrouver ma boutique, les caisses, et tous ces objets que je tirais de la paille où ils étaient enfouis. Ce travail matériel, ces préoccupations terre à terre, à quoi j'étais condamnée, me firent une impression épouvantable.

Deux jours avant le concert, il fallut, avec Juliette et deux amis bénévoles, nous transformer en colleurs d'affiches : armés d'un seau de colle et de pinceaux, nous plaçâmes partout en bonne vue l'annonce du concert. Il faisait un froid très vif, et il nous fallut passer ainsi deux nuits dehors : je commençais mes journées au magasin fatiguée et glacée.

Le 1ᵉʳ décembre, j'arrivai au Théâtre des Champs-Elysées dans un état d'épuisement tel que je ne sais pas comment je fis pour jouer : j'avais rassemblé toutes mes forces, toute ma volonté, et, portée par la musique, je parvins à y mettre tout mon cœur. Si le concert fut un succès, et si le public applaudit chaleureusement, ce ne fut pas à cause de ma supériorité technique, mais parce que je mis dans mon jeu tout l'amour et toute la haine qui étaient en moi et dans les notes du concerto : une dizaine de membres de l'ambassade de Chine étaient présents parmi le public et cela m'encourageait beaucoup : c'était la première fois que ce *Concerto du fleuve Jaune* était joué en Europe, et cela donnait à mon concert la valeur d'un événement historique. Les journaux chinois publièrent la nouvelle. Je ne résiste pas au plaisir de copier un de ces articles :

Le Concerto du fleuve Jaune, *pour piano, joué à Paris.*

Le 1ᵉʳ décembre, un concert a été donné à Paris, au Théâtre des Champs-Elysées où plus d'un millier d'auditeurs ont applaudi le Concerto du fleuve Jaune, *pour piano, avec notre compatriote Chow Ching Lie en soliste. A la fin du concert, la salle a éclaté en applaudissements chaleureux, et, à la demande du public, l'orchestre et la pianiste ont repris le thème de la défense du fleuve Jaune, après quoi de nombreux auditeurs sont allés féliciter la pianiste Chow Ching Lie pour la réussite de ce concert.*

J'étais profondément heureuse que de tels articles paraissent dans mon pays : enfin, la Chine me reconnaissait pour son enfant. J'étais fière aussi d'avoir contribué à faire connaître le *Concerto du fleuve Jaune,* grande œuvre nationale créée pendant la Révolution culturelle par un groupe de l'orchestre de Pékin. Le compositeur Shi Ching Haï, qui était un jeune patriote pendant la guerre sino-japonaise, avait été très frappé par les horreurs auxquelles il avait assisté : Chinois brûlés comme des insectes, ou enterrés par les Japonais cruels. Les souffrances et les espoirs de notre peuple lui ont inspiré cette œuvre puissante qui chante la lutte pour la libération. La guerre sino-japonaise était d'autant plus atroce et absurde que Chinois et Japonais sont de même race et ont même origine : mais ils ont oublié qu'ils étaient frères.

On dit que l'empereur de Chine, Tsing Che Houang-ti, dont le nom signifie « Premier Auguste Empereur », était un redoutable tyran ; il avait rassemblé sous sa domination les fragments épars d'un pays désuni. C'est lui qui mit en chantier la Grande Muraille où tant d'hommes trouvèrent la mort. Pour assurer son pouvoir, il ne reculait devant rien ; il exila les uns, envoya les autres aux travaux forcés, interdit et brûla les livres qui lui paraissaient dangereux, et poursuivit sans pitié quiconque lui résistait. Le pays fit des progrès réels sous son règne : l'agriculture s'améliora sous sa poigne de fer. Mais que de familles séparées, que de vies humaines sacrifiées ! Devenu vieux, l'empereur ne supportait pas la pensée qu'il laisserait son œuvre inachevée et qu'un autre lui succéderait. Il ne voulait pas mourir.

Il avait près de lui un savant, Chi Foo, en qui il mettait toute sa confiance. Il lui ordonna d'inventer un médicament qui rendrait l'empereur immortel.

Chi Foo ne pouvait pas se dérober : il connaissait son maître, et savait que s'il avouait à l'empereur son impuissance, il serait condamné à mort et aussitôt exécuté. Aussi affirma-t-il avec assurance qu'il savait où trouver les plantes qui assureraient l'immortalité à l'empereur. Il parla d'une « Montagne des trois dieux », de l'autre côté de la mer, où poussent des herbes miraculeuses. Et il demanda qu'on lui permette d'organiser une expédition, avec de riches offrandes pour les dieux : il lui fallait beaucoup d'or et de bijoux, un grand nombre de jeunes garçons et de jeunes filles, de grandes réserves de nourriture, et des bateaux.

L'empereur Tsing Che Houang-ti était tout entier absorbé par sa passion du pouvoir, et d'un pouvoir qui ne cesserait jamais : il ne douta pas des affirmations de Chi Foo, et mit à sa disposition tout ce qu'il demandait. On arracha à leurs familles trois cents jeunes filles et des garçons, on empila dans les meilleurs bateaux vivres et richesses, et Chi Foo s'éloigna sur la mer avec toute son escorte en direction des Iles immortelles.

Il ne revint jamais. Il s'était installé sur la Montagne des trois dieux, avec tous les jeunes gens et toutes les jeunes filles qu'il avait emmenés : beaucoup d'enfants naquirent de ces exilés, et la nation qu'ils composèrent à eux tous fut le Japon. Ainsi la guerre entre Chinois et Japonais est-elle une lutte fratricide. C'est ce qu'exprime le *Concerto du fleuve Jaune*, qui chante l'amour de la patrie.

Avec cette soirée pour moi inoubliable, j'avais atteint pleinement un des buts que je m'étais fixés : on savait maintenant dans mon pays, sans aucun doute possible, la raison de mon départ pour la France. J'avais montré à tous quelle artiste j'étais devenue — une Chinoise à l'étranger qui fait honneur à sa patrie, et continue à la servir.

Cependant, il n'était pas temps de m'endormir sur cette victoire : un autre grand projet allait prendre corps, celui du livre qui raconterait l'histoire de ma jeunesse. Je me mis aussitôt à y travailler avec Georges Walter.

Il nous fallut toute une année pour mener notre tâche à bien. En effet, j'étais toujours aussi occupée par mon commerce, et je disposais de trop peu de temps pour répondre comme il l'eût voulu aux questions de Georges Walter qui m'interrogeait sans relâche, curieux de tout, passionné par les moindres détails de notre vie quotidienne dans le Shanghai d'autrefois.

Nos traditions, nos coutumes, notre façon d'agir et de penser, tout ce monde dans lequel j'étais née était étrange pour lui, écrivain français, et il n'en finissait pas de me questionner sur les choses qui me paraissaient les plus ordinaires et les plus simples. « La coutume est une seconde nature », dit Pascal, aussi j'avais tendance à croire « naturelles » les mœurs auxquelles j'étais accoutumée depuis mon enfance, alors que mon interlocuteur, les voyant avec les yeux de l'Occident, les trouvait curieuses, exotiques, lointaines, et, par là, attachantes.

Je versai beaucoup de larmes en évoquant les jours heureux et malheureux de mon passé. Je pleurai de tendresse en pensant à l'enfant choyée que j'avais été : je revivais les promenades avec mon père, les jeux avec mon frère et ma sœur, toute cette paix, toute cette affection qui avaient éclairé mes premières années.

L'histoire de mon mariage forcé, le chagrin de quitter ma famille, le faste de mes noces célébrées en grande pompe selon l'ancienne tradition, et ma nouvelle vie dans la riche famille

Liu, quand j'étais encore si innocente que je crus avoir épousé un monstre le soir où je me trouvai seule pour la première fois dans la chambre nuptiale avec mon mari pourtant si bon et si délicat — tout cela, en le racontant, il me semblait le vivre une deuxième fois.

Ainsi, je refis tout le chemin de mes jeunes années. Certains faits me revenaient en mémoire, que j'avais oubliés depuis longtemps : c'était comme si un projecteur illuminait le passé dans ses moindres recoins.

J'étais parfois irritée et fatiguée par les questions insatiables de mon interlocuteur ; lui-même se fâchait quand je devais le quitter brusquement, appelée par mes affaires. Mais nous revenions l'un et l'autre à l'entreprise commune qui nous liait, et que nous aimions tous les deux, pour des raisons différentes.

En dépit du profond bouleversement de retrouver ainsi, jour après jour, les joies et les peines de ma première jeunesse, cette année de travail me fit grand bien. Je vis plus clairement que je ne l'aurais fait sans cela l'ensemble de ma vie qui, devenant un livre, se détachait et s'étalait tout entière devant mes yeux.

Cela me permit de mettre mes chagrins actuels à leur juste place : je ne me désespérais plus des déceptions qui me venaient d'Alain. Mon divorce fut prononcé sans éclat et sans drame. L'ordre s'installait dans ma vie. Ce n'était pas une mince conquête.

Dès que *le Palanquin des larmes* fut en librairie, il m'apporta des joies nouvelles : beaucoup d'amis inconnus se révélèrent à moi, lecteurs de France et d'ailleurs qui m'écrivaient, me disaient leur sympathie, m'encourageaient à vivre.

Je connus aussi les servitudes et les plaisirs d'un écrivain aimé du public. La radio, la télévision m'invitaient à parler de mon livre. Tout cela — très fatigant, à vrai dire — m'intéressa vivement : j'entrevis le monde littéraire. Qui eût dit que la petite Chinoise débarquée à Orly sans savoir un mot de français en serait là après si peu d'années ?

Force m'est d'observer que le chiffre treize se signalait encore une fois dans ma vie : j'avais trente-neuf ans quand le livre parut, treize ans après mon veuvage, qui m'avait frappée treize ans après mon mariage, et j'avais été mariée à treize ans...

ÉPILOGUE

Dans les premiers jours du mois d'avril 1979, je descendis d'avion à Shanghai, et je courus faire à mes parents la surprise de ma visite : je les trouvai installés devant leur poste de télévision, et regardant une représentation de *Hamlet*.

La nouvelle ouverture de la Chine est tout entière pour moi dans cette scène si simple et familière : il y a peu de temps encore, les Chinois n'avaient pas le droit de connaître Shakespeare, et vivaient dans un ghetto culturel étroitement surveillé.

D'autre part, je surprenais mes parents au moment où ils allaient prendre leur repas, et je vis avec plaisir qu'il y avait de bonnes choses sur la table : c'est qu'aujourd'hui les fermiers qui travaillent pour l'Etat sont autorisés à posséder eux-mêmes quelques terres dont ils peuvent vendre les produits. Le temps n'est plus où à Shanghai il était impossible de trouver même un œuf en dehors des attributions officielles de vivres, sévèrement rationnés : on peut maintenant compléter ses menus avec des produits en vente libre, et cette innovation a changé la vie quotidienne des gens.

C'est ainsi que, sur la table familiale, voisinaient d'excellents plats dont le parfum me réjouit le cœur : côtelettes de porc, bouillon de poulet fumant avec des champignons, légumes-fleurs, œufs, — une vraie table de fête. Je m'installai à table avec grand appétit. Quel plaisir de retrouver l'excellent pain chinois dont je suis gourmande !

Mon séjour commençait bien, et j'allais avoir d'autres surprises.

Au temps de la Révolution culturelle, j'avais l'habitude d'être toujours très mal traitée en Chine, parce que les Chinois d'outre-mer étaient mal vus de tous, et considérés, ou peu s'en faut, comme traîtres à leur pays. Partout, à l'aéroport, à l'hôtel, dans les magasins, dans la rue, j'avais beau tirer mes cheveux, emprunter les vêtements de mes sœurs, il y avait sans doute dans mon allure quelque chose qui sentait l'Occident ; et comme il est visible que je suis chinoise, je ne bénéficiais ni de la courtoisie à laquelle les étrangers peuvent prétendre ni de la fraternité qui se manifeste entre Chinois.

En outre, j'avais un passeport français. Quand je voulais me rendre avec mes parents dans un de ces magasins Amitié qui sont réservés aux étrangers, on me laissait entrer au vu de mes papiers, mais on chassait mes parents comme des chiens. Et quand je dis « comme des chiens », je ne parle pas, bien entendu, des chiens cajolés et chouchoutés comme on les voit en France. Non. Mes parents étaient chassés comme de sales bêtes. Je ne supporte pas qu'on traite ainsi mes parents, et je me suis plus d'une fois fâchée très fort à cause de cela.

J'ai donc été cette année extraordinairement étonnée de constater le changement radical de l'attitude de mes compatriotes avec moi. Je suis arrivée à l'hôtel où je descends toujours à Shanghai, et, comme je n'avais rien réservé, on m'a dit d'abord qu'il n'y avait plus rien de libre. Prenant son courage à deux mains, mon père est allé expliquer mon cas à la direction de l'hôtel. Miracle ! On m'a aussitôt trouvé une suite : salon, chambre à coucher, salle de bains.

En fait, beaucoup de Chinois qui ont choisi de vivre à l'étranger ou qui y ont été obligés par les circonstances, reviennent maintenant, et demandent à être indemnisés pour les biens qu'ils ont perdus pendant la Révolution culturelle. Le vice-Premier ministre, Teng Hsiao Ping, s'est engagé, en effet, à les dédommager.

Moi-même, au cours de mon dernier voyage, j'ai reçu une délégation de l'usine qui appartenait à mon beau-père : les Gardes rouges qui avaient vidé ma maison de tous les objets de valeur avaient dressé un inventaire exact de ce qu'ils avaient emporté : nombreux manteaux de fourrure, bijoux très précieux, meubles et objets d'art. Un chèque m'a été remis, dont le montant représentait en effet la valeur de tout cela.

Mais je suis loin encore d'avoir tout récupéré des biens dont je suis l'héritière : maisons de rapport, terrains, usines. On m'a priée d'attendre un peu, et j'attends. Il faut un certain temps pour tout remettre en ordre après la tourmente.

Les Chinois d'outre-mer qui comme moi ont retrouvé une partie de leurs biens ne peuvent pas les emporter à l'étranger. Ils les laissent donc à leurs familles, qui en profitent pour acheter toutes sortes de choses : les magasins ne désemplissent pas. C'est en partie à cause de ce retour massif des Chinois d'outre-mer qu'il est difficile de trouver de la place dans les hôtels. Mais il y a une autre cause, l'ouverture de la Chine aux étrangers.

J'étais heureuse d'avoir obtenu une suite confortable à Shanghai : en effet, mes parents sont toujours très étroitement logés dans ma maison, et ils n'ont pas la jouissance de la salle de bains. Ma mère et ma sœur ont pu venir coucher à l'hôtel avec moi, et tout le monde a pu prendre un bain sans difficulté : les autres années, mes parents venaient aussi se baigner, mais il fallait parlementer ou se cacher, et ils étaient regardés avec mépris par le personnel. Plus rien de cela cette fois-ci.

Jusqu'à cette année, j'avais l'habitude, quand je sortais de l'hôtel, de voir devant la porte une foule de curieux qui regardaient sortir les étrangers. Cette année, il n'y avait personne. Je n'ai pas eu besoin de tirer mes cheveux ni d'emprunter les vêtements de ma sœur pour être comme tout le monde : vieilles ou jeunes, toutes les Chinoises ont aujourd'hui les cheveux frisés.

Tous les étrangers sont frappés par le nouvel aspect de la femme chinoise, qui s'habille et se coiffe le plus possible à la mode occidentale. Ce qu'on sait moins, c'est qu'il n'y a pas encore assez de coiffeurs prêts à répondre à une demande aussi soudaine et aussi massive : un rendez-vous chez le coiffeur se prend un ou deux mois à l'avance ! C'est pourquoi la plupart des femmes chinoises s'ingénient à faire toutes seules leurs mises en plis, et c'est à qui improvisera pour son compte un accessoire qui puisse le remplacer. Certaines se contentent de couper en deux les baguettes dont on se sert pour manger, elles achètent les produits nécessaires dans les grands magasins et elles enroulent leurs mèches humides autour de ce petit bâton. Cela donne des coiffures tout à fait

« personnalisées » puisque chacune se débrouille comme elle peut.

Les journaux occidentaux se sont fait l'écho du nouvel intérêt des Chinois pour la mode : après une longue période d'uniformisation, c'est un plaisir de manifester ses goûts individuels et de se mettre en valeur avec fantaisie. La présentation des modèles de Pierre Cardin a donné lieu à un grand mouvement de curiosité et d'intérêt.

Autre fait étonnant, et qui me frappa, ce fut de voir dans les vitrines beaucoup d'anciennes robes chinoises traditionnelles. Ce sont ces robes montantes, fendues très haut sur le côté et coupées souvent dans des tissus somptueux, et qui avaient disparu. Je me suis trouvée à Shanghai au moment des fêtes de Pâques, et j'ai vu avec surprise les œufs et les lapins en chocolat, comme à Paris. J'ai admiré aussi les vitrines des magasins de confection pour les enfants : j'ai acheté beaucoup de belles choses pour mon petit-fils, en particulier de charmants vêtements brodés.

Toutes les modes occidentales sont en grande faveur : c'est ainsi qu'on rencontre dans les rues et les jardins beaucoup de Chinois qui se livrent au jogging, en faveur là-bas comme ici.

On rencontre aussi, et c'est moins drôle, une quantité d'oisifs, qui errent sans but dans la ville : ce sont d'anciens Gardes rouges. Ceux-là posent un sérieux problème au gouvernement : ils n'ont appris aucun métier, ils n'ont pas pris le goût ni l'habitude du travail. Ils ont été formés à commenter sans fin le Petit Livre rouge, et à animer d'interminables discussions politiques. Les employeurs qui pourraient les embaucher évitent le plus souvent de le faire, car ils ont la réputation de n'être bons à rien, sauf à parler. Ce sont souvent des enfants d'intellectuels, qui ont un certain niveau de culture mais ne s'intègrent pas à la société active. Quelques-uns ont fait l'effort de reprendre leurs études, et, par le système des concours, qui a été rétabli, certains ont pu rattraper le temps perdu, mais ils sont en minorité.

Les Chinois sont par nature sérieux et travailleurs : c'est ce que montrent tous ceux qui ont été éduqués avant 1965. Mais cette génération est tout à fait différente. Le gouvernement encourage tout ce qui peut insérer ces garçons et ces filles dans le monde du travail : par exemple, si une mère veut donner son emploi à son fils, elle peut prendre sa retraite dès l'âge de cinquante ans et le père peut le faire à soixante ans.

Les retraités reçoivent 75 % de leur salaire. Mais les fils n'ont pas souvent envie de reprendre l'emploi des parents.

Il n'est pas rare de voir un étranger s'apercevoir soudain qu'il n'a plus son portefeuille, ou que sa valise a été visitée : à moi-même, cela m'est arrivé. Les larcins de ce genre ne sont pas sévèrement punis, et certains en abusent.

On trouve aussi des jeunes filles désœuvrées qui attendent à la porte des hôtels, quand il y a à l'intérieur un bal ou une fête. Ce ne sont pas forcément des prostituées, mais parfois des filles naïves, qui s'imaginent qu'un étranger va les épouser et les emmener vivre une autre vie ailleurs. Dans un restaurant, j'ai entendu un étranger dire en riant très fort que les Chinoises sont les femmes les moins chères du monde, et qu'on peut s'en payer une avec une bouteille de Coca-Cola : cela m'a fait mal. Bien que je n'aie pas pour habitude d'adresser la parole aux inconnus, j'ai senti le besoin d'expliquer à cet homme son erreur : ce sont souvent des filles très innocentes, qui suivent n'importe qui de cette façon, dans l'espoir qu'elles trouveront un avenir. Pour des amis de la Chine, c'est mal de parler ainsi, et de se moquer de ces filles désorientées. Certaines étaient aussi parmi les Gardes rouges : que peuvent-elles faire, maintenant que tout a changé ?

Le gouvernement a supprimé presque tous les bals qui avaient lieu dans les grands hôtels où descendent les étrangers, sauf à la foire de Canton. On assiste en ce moment à une tentative de resserrement après un excès de relâchement et de licence. On était passé d'un extrême à un autre, il faut tâcher de trouver un juste milieu, et ne pas laisser la liberté dégénérer.

J'ai visité plusieurs temples, qui avaient été détériorés pendant la Révolution culturelle : j'ai constaté avec joie qu'ils avaient été restaurés. Ils ne sont pas tous encore ouverts au public, mais dans l'un d'eux, j'ai trouvé les traces d'une cérémonie récente. Dans le fameux temple dit « du Bouddha de jade », parce qu'il contient une statue de Bouddha en jade blanc rehaussé de diamants, le trésor est intact.

Je crois fermement que nous allons assister à un retour massif des Chinois vers le bouddhisme, et que cela aidera à rétablir une moralité qui, sans religion, ne sait plus sur quoi s'appuyer. Ainsi, les bouddhistes ont été autorisés à célébrer une grande cérémonie au temple du Bouddha de jade, à la mémoire d'un moine qui a été martyrisé par les Gardes rouges. Ceux-ci avaient accusé le saint homme d'avoir violé un jeune garçon. Rien n'est plus odieux aux Chinois qu'un tel crime : le vieillard avait près de cent ans, et il a été battu avec une violence inouïe. On dit que sous les coups de ses bourreaux, le moine n'a pas jeté un cri et que son visage n'exprimait rien : ni souffrance, ni chagrin, ni colère, ni peur. Il avait fait partir son âme de son corps. Une foule énorme assistait à cette horreur. Maintenant, le vieillard est mort, à plus de cent ans, et il est révéré comme un bouddha.

Dans toutes les villes, les croyants font des collectes pour continuer à restaurer les temples. Moi-même j'ai été sollicitée en ce sens. C'est un mouvement qui vient des profondeurs de la Chine et qui ne cesse de s'étendre.

Rien d'important ne se fait en un jour : ainsi, il reste encore beaucoup de traces de la révolte des femmes, et de cette « bronchite » des maris, qui, pour éviter les cris de leurs épouses, se contentent encore de toussoter en leur présence au lieu de répondre à leurs reproches le plus souvent injustifiés. Dans ma propre famille, j'ai eu la surprise de voir mon beau-frère tousser ainsi. On montre au peuple beaucoup de films et d'images où sont représentées les anciennes misères de la femme chinoise, ceci pour apaiser les femmes d'aujourd'hui, en leur montrant, par comparaison, qu'elles ne sont pas à plaindre, et que leurs grand-mères, entre un mari sévère et une belle-mère dure et tyrannique, ont connu, elles, de vrais malheurs. Il faut espérer que les femmes, sans retomber dans l'asservissement d'autrefois, deviendront plus douces et modérées. Comme il faut espérer qu'on ne reverra plus la rébellion systématique des enfants contre leurs professeurs.

Cette rébellion, vivement encouragée par la Révolution culturelle, a eu pour résultat que personne ne voulait plus enseigner. En effet, on célébrait comme des modèles de vertus deux garçons qui étaient devenus des vedettes populaires, et chacun s'efforçait de les imiter, parmi les jeunes gens et les enfants.

Le premier, dit « le héros du papier blanc » avait rendu sa feuille blanche à un examen (il y avait encore des examens, mais c'étaient les derniers). Protestant contre le système, ce garçon écrivit une lettre dans laquelle il déclarait qu'il ne pouvait pas à la fois travailler aux champs et savoir ses leçons. Les champs étant plus importants que les leçons, il était fier d'avoir rendu sa feuille blanche. C'est à la suite de cette intervention que les concours ont été supprimés. Il fallait désormais des recommandations de hauts dignitaires du Parti

262

pour entrer dans les grandes écoles. Les enfants d'intellectuels ou d'origine bourgeoise étaient exclus d'avance.

Le second s'appelait Wang Shan et n'avait que dix ans. Il avait été puni par son institutrice, à l'école primaire. Aidé de son père, il confectionna un dazibao en se plaignant de sa maîtresse d'école, qu'il accusait d'injustice. La maîtresse d'école fut condamnée à aller faire de très humbles excuses à l'enfant, et le gamin devint, comme son aîné, une manière de héros.

Aujourd'hui, ces façons ne sont plus de mise. L'actuel gouvernement est conscient du danger qu'il y aurait, pour la Chine, à ne pas encourager ses intellectuels, dont elle a grand besoin, et dont il faut assurer la relève par un système éducatif de qualité. C'est pourquoi les concours ont tous été rétablis, et pourquoi, de l'école primaire aux universités, il faut que les élèves et les étudiants respectent leurs maîtres.

Grâce à ces mesures nouvelles, mon jeune frère, qui avait été condamné à ne pas faire d'études, pour le punir d'appartenir à une famille de bourgeois et d'intellectuels, a étudié tout seul, en travaillant la terre comme il y était obligé. Il a pu, en se présentant aux concours, se spécialiser en biochimie, et il appartient aujourd'hui à un laboratoire de recherches sur le cancer.

De la même façon, mon fils adoptif qui, on s'en souvient, a subi tant de brimades à cause de moi, sera ingénieur en électronique : maintenant, la valeur personnelle de chacun entre seule en ligne de compte, sans distinction de classe.

J'étais impatiente de revoir mon bien-aimé frère aîné, Ching Son, qui habite à Pékin avec sa femme et son fils Toutou. Je pris donc l'avion à Shanghai.

A peine installée, je m'aperçus que mon voisin, un Chinois, regardait en souriant mon bagage à main, de marque française, et c'est en français qu'il lia conversation avec moi.

Il n'avait pas pratiqué cette langue depuis l'université, et il était tout content de trouver en moi un interlocuteur pour converser. Il se présenta très courtoisement : il s'appelait Woo, comme un de mes oncles, et il était médecin. Il ne tarda pas à me raconter sa vie.

Le Dr Woo travaillait à l'hôpital de Shanghai depuis déjà bien des années, quand une jeune femme lui amena une petite fille malade, qu'il admit dans son service, en observation. La jeune femme semblait être une mère très tendre et attentive, cependant, au bout de quelques jours, elle cessa de venir voir son enfant. La petite pleurait et s'inquiétait : elle n'avait que sept ans et réclamait sa maman avec des larmes qui fendaient le cœur. Sa mère et elle habitaient loin de Shanghai, où elles étaient venues à cause de la grande réputation de cet hôpital. Le Dr Woo fut très ennuyé quand il eut tous les résultats des examens et des analyses concernant l'enfant : en effet, une intervention chirurgicale sérieuse devait être pratiquée le plus tôt possible, la petite fille ayant une malformation cardiaque, mais on ne pouvait le faire sans une autorisation écrite de la famille. Il demanda conseil à sa femme, et tous deux, après avoir bien réfléchi, décidèrent, puisque les jours de l'enfant étaient en danger, de signer cette autorisation. Si la mère ne revenait pas, ils prendraient soin de la fillette.

Malheureusement, la pauvre petite mourut, en appelant sa maman. On apprit par la suite que celle-ci était partie brusquement pour Shantung, où son mari était accusé de droitisme. Elle voulut tout tenter pour le sauver, mais il fut exécuté. Devenue à moitié folle de douleur, la femme fut enfermée.

Quant au Dr Woo, il avait commis une faute administrative, en signant lui-même l'autorisation d'opérer, et, même s'il avait agi humainement en faisant de son mieux pour sauver la petite fille, il fut accusé et condamné à nettoyer son hôpital et à accomplir toutes les tâches les plus rebutantes, tandis qu'un confrère sans compétence réelle prenait sa place, parce qu'il était bien noté politiquement.

De 1967 à 1977, le pauvre Woo avait eu à vivre ainsi, vidant les seaux et les crachoirs ; il me raconta que dans les milieux médicaux, bien d'autres avaient connu son aventure. Les médecins aux pieds nus, qui faisaient beaucoup de bien dans les campagnes, avec quelques principes d'acupuncture et des règles d'hygiène simple qu'ils inculquaient aux paysans, avaient parfois malheureusement des ambitions démesurées. Certains d'entre eux se dirent : « A quoi bon les diplômes ? Nous aussi, nous guérissons ! » Ceux-là pensèrent qu'ils pouvaient s'improviser spécialistes de n'importe quelle discipline, et ils n'eurent pas de peine à évincer en ville d'excellents médecins, parce que leurs états de service plaidaient pour eux, et qu'ils étaient très admirés.

J'appris aussi que les vrais médecins restés en place durent passer tant et tant de soirées en discussions politiques forcées, qu'ils n'avaient pas le temps d'essayer de se tenir au courant des nouvelles découvertes ; or, la médecine, dans le monde entier, ne cesse d'évoluer, ils prirent donc un grand retard. Depuis 1977, le Dr Woo a retrouvé ses fonctions à l'hôpital, et il me dit que les médecins chinois reçoivent une quantité d'ouvrages et de revues venues de l'étranger pour leur permettre de se recycler. Ces lectures remplacent avantageusement les réunions politiques qui, des heures durant, suivaient jusque-là les journées de travail.

A Pékin, je revis mon frère aîné, Ching Son, qui est maintenant professeur à la Faculté de Droit. Quand je suis arrivée à Pékin, il remplissait les fonctions de « juge provisoire », et il me proposa d'assister à un procès en divorce qu'il avait à juger. J'ai souffert pendant plus de vingt ans de la situation humiliante de mon frère qui, taxé de « droitisme », était condamné à toujours baisser la tête. Maintenant, c'est lui qui, la tête haute, jugeait autrui. J'en étais heureuse et fière.

Ce procès et sa conclusion me parurent tout à fait significatifs des changements qui interviennent dans les familles chinoises. Il y était question d'une jeune femme en colère qui avait tout cassé dans la maison, et voici pourquoi : comme elle était très affaiblie par son accouchement, elle avait reçu de sa belle-mère quatre œufs — ce qui, il y a cinq ou six ans, était un très beau cadeau. L'accouchée avait mangé trois des œufs et gardé le quatrième pour son mari. La belle-mère avait alors repris l'œuf restant, et l'avait fait manger à sa fille. C'est la raison pour laquelle l'accouchée, furieuse, avait mis la maison sens dessus dessous, et déclaré qu'elle voulait divorcer car elle en avait assez de cette belle-mère. Le mari ne disait rien, laissant les femmes se disputer entre elles.

Mon frère Ching Son leur montra à tous que cette affaire était ridicule, et le divorce n'eut pas lieu. C'est que les femmes en Chine commencent à devenir plus raisonnables. Ching Son en sait quelque chose, lui que son épouse persécutait et dénonçait sans pitié : elle a maintenant toute l'apparence d'une femme douce, amoureuse et soumise.

Autre changement qui favorise la famille : on n'oblige plus les hommes et les femmes à vivre séparés, comme il arrivait souvent au temps de la Révolution culturelle : ainsi, ma jeune sœur, qui travaille dans une usine de produits chimiques à Shanghai, partage enfin la vie de son géologue, spécialisé dans la recherche du pétrole, et ils ont un fils.

J'eus de la peine à reconnaître mon neveu Toutou, que j'avais quitté petit garçon et qui est devenu un grand et beau jeune homme. Quand Ching Son était qualifié de droitiste et devait être rééduqué, le pauvre Toutou avait été écarté des études officielles. Il étudia tout seul, mais prit un certain retard. Maintenant, par le rétablissement des concours, il a pu reprendre des études normales, et il est étudiant en médecine.

Cependant, il me fallut quitter Pékin, quitter mon frère et ma famille, car je devais me rendre à la foire de Canton.

Jamais je n'avais vu tant d'Européens à la foire : les visas avaient été libéralement prodigués. A vrai dire, il y avait tant de visiteurs qu'on ne savait où les loger : il est urgent que la Chine construise, dans ses grandes villes, des hôtels suffisants pour recevoir cette affluence nouvelle. En attendant, j'ai vu les voyageurs entassés, dans tous les couloirs et toutes les salles de mon hôtel — les hommes d'un côté, les femmes de l'autre, dormant par terre par une chaleur très forte. Je n'ai pas besoin de dire que tout ce monde était de fort méchante humeur : c'était un concert de protestations, à quoi le personnel répondait par beaucoup d'excuses et de gentillesse sincère. Certains visiteurs purent être conduits le soir par pleins avions dans une autre ville, pour y dormir, et on les ramenait le lendemain matin. Mais beaucoup restèrent à Canton, et campèrent comme ils purent.

Ceux qui sont allés en Chine y retournent toujours : nul doute que les étrangers qui auront été si mal logés pour leur premier séjour reviendront comme les autres, car ils auront été malgré tout très bien accueillis et ils auront compris que chacun faisait tout son possible pour qu'ils ne souffrent pas trop de notre provisoire manque d'hôtels assez vastes pour leur foule nouvelle. « Le ciel bleu » leur donnera le goût de revenir. En Chine, on appelle « ciel bleu » l'homme d'Etat Teng Hsiao Ping, qui se dévoue au bonheur du peuple, et ce bonheur même. J'ai retrouvé la Chine en plein « ciel bleu ».

Ce « ciel bleu » a lavé notre honte, à nous qui vivions en baissant la tête : le titre infamant de droitiste, qui frappait mon frère et mon père au temps de la Révolution culturelle, condamnant toute la famille à une vie diminuée, a été levé, et ne laisse aucune trace fâcheuse. On ne me traite plus de « sale capitaliste » : au contraire, on est fier, dans mon entourage, de ma réussite, que je dois à mon seul travail.

Ce que je n'ai pu dire dans *le Palanquin des larmes* pour ne pas aggraver la situation de ma famille, j'ai pu le dire, sans aucune crainte, dans ce nouveau livre.

J'ai fait la preuve de ce que je suis : après mon concert aux Champs-Elysées, en 1973, où j'ai eu l'honneur de jouer le *Concerto du fleuve Jaune,* après la parution, en 1975, du *Palanquin des larmes,* qui retrace toute l'histoire de ma jeunesse, plus personne en Chine ne peut me prendre pour une espionne, et les persécutions dont ma famille a souffert jadis ne sont plus qu'un lointain souvenir. Je n'ai pas besoin de dire combien je suis heureuse et soulagée de savoir que toutes ces souffrances ont pris fin : mes parents vivent enfin heureux et tranquilles. Comme je leur envoie chaque mois une aide financière, ils n'ont plus de souci matériel. D'autre part, ils ne sont plus obligés de vivre entassés dans une pièce, comme ce fut le cas, quand ils étaient avec cinq autres personnes, aux moments les plus pénibles : tout le rez-de-chaussée de ma maison, qui avait été réquisitionné par les Gardes rouges, leur a été rendu. Ils n'ont pas encore accès à la salle de bains, qui se trouve à mi-étage, ni à l'appartement du haut : mais peut-être, cela viendra. Je serais bien heureuse, quand je vais à Shanghai, de pouvoir dormir sous mon propre toit, au lieu d'aller à l'hôtel comme une touriste.

Près de mes parents, notre nourrice A Tching, qui a nourri Paul et Juliette, habite toujours l'ancienne salle de riz, mais elle se fait construire une petite maison à la campagne. Son mari est vieux, maintenant, et on dirait qu'il se prend d'affection pour elle, qui a eu une vie si dure. J'ai le projet d'emmener un jour ou l'autre A Tching à Paris, pour un séjour qui la récompensera de tout son dévouement à notre famille. Elle y fera la connaissance de mon petit-fils, Alexandre, fils de mon fils, dont la grâce et le sourire font notre joie à tous.

Car nous sommes maintenant trois générations de Liu dans notre appartement parisien : vivent avec moi mon fils Paul, et Liliane, sa belle épouse qui est une pure Chinoise, Juliette, bien sûr, toujours aimante, et ce petit enfant délicieux sur qui reposent tous nos espoirs.

Ma vaillante sœur Ching Lin est venue nous rejoindre,

pour un séjour trop court. Comme moi jadis, mais dans des circonstances bien différentes, elle suit les cours de l'Alliance française, et travaille son piano pour se perfectionner. Comme moi, elle est émerveillée par Paris : de nos fenêtres, on découvre la perspective d'une des plus belles avenues du monde.

Car mes affaires n'ont cessé de s'étendre et de prospérer.

Il me paraît bien loin, le jour où je me suis installée dans une cave de la rue de Richelieu, toute seule, avec mes perruques, mes gilets brodés et quelques bois sculptés !

Aujourd'hui, nous gérons des magasins de détail à Paris et dans la région parisienne, qui tous portent le nom de *Shanghai,* et sous le titre d'*Orient-Express,* nous avons un important magasin de gros. Toute la famille travaille activement à ces affaires qui nous laissent peu de loisirs.

Je m'occupe personnellement des objets d'art et des porcelaines, que nous importons d'une dizaine de pays, ce qui m'amène à faire de fréquents et lointains voyages : Bombay me devient aussi familier que Canton. Nous commençons aussi à exporter.

Juliette est responsable de tout ce qui concerne les vêtements, et elle aussi prend souvent l'avion. Sous son influence, le goût parisien rencontre le style asiatique. Elle déborde d'imagination et de fantaisie.

Paul a pris en charge toutes les questions de financement et d'administration, qui ne sont pas mon fort, et où il excelle. Sans lui, nous n'aurions pas pu laisser libre cours à nos affaires qui ont gonflé spontanément et que lui sait maîtriser.

En marge de ce grand travail, que j'aime et que nous aimons tous, ma joie est de me remettre au piano, après plusieurs années de silence. Je rêve quelquefois de recommencer à préparer un concert. Pourquoi pas ? J'étais faite pour la musique, et je ne me suis jamais tout à fait consolée d'avoir dû m'en éloigner. Maintenant que je suis aidée, j'envisage de revenir à ma première vocation.

Je suis une très jeune grand-mère, et s'il est vrai que je n'espère plus voir entrer par la fenêtre, un soir de pluie, le héros au noble visage que j'attendais lorsque j'étais encore une enfant, je suis toujours pleine de projets. Je n'ai pas oublié l'ancienne prédiction de cette étrange voyante, quand j'avais dix-sept ans : elle m'avait annoncé que je réussirais dans toutes mes entreprises, et que même je serais un jour connue du monde entier, mais tout cela au prix d'énormes efforts. Toute ma vie semble lui donner raison, et — ce sera ici ma conclusion — en dépit de toutes les difficultés et de toutes les épreuves que j'ai connues et qu'il m'a fallu braver, je ne suis pas fatiguée, et je me tourne avec confiance vers l'inimaginable avenir.

TABLE DES MATIÈRES

ACHEVÉ D'IMPRIMER
LE 12 OCTOBRE 1979
SUR LES PRESSES DE
L'IMPRIMERIE HÉRISSEY
A ÉVREUX (EURE)
POUR LES ÉDITIONS
ROBERT LAFFONT

No d'éditeur : H-268
No d'imprimeur : 24391
Dépôt légal 4e trimestre 1979